本书由中国社会科学院中国边疆研究所、武汉大学国家领土主权与海洋权益协同创新中心编辑出版

中国边疆学

邢广程 主编

第四辑

BORDERLAND STUDIES OF CHINA

*Vol.*4

社会科学文献出版社
SOCIAL SCIENCES ACADEMIC PRESS (CHINA)

目　录

边疆民族研究

边疆地理

与周边地区关系研究

动态与资料

CONTENTS

Research on "One Belt and One Road"

Research on Borderland Administration

Research on Border Ethnic Group

Border Geography

Research on the Relationship between the Surrounding Areas

Trend and Data

"一带一路"研究

云南融入"一带一路"建设研究[*]

中国社会科学院、云南省社会科学院
"云南融入'一带一路'建设研究"联合课题组[**]

摘　要：当前，我国正在推进"一带一路"建设。云南省作为西南边疆的一个重要省份，在"一带一路"建设中承担着"推进与周边国家的国际运输通道建设，打造大湄公河次区域经济合作新高地，建设成为面向南亚、东南亚的辐射中心"的重任。本文在简述云南与南方丝绸之路关系、对外开放历程的基础上，研究新时期云南融入"一带一路"建设的总体构想和具体路径，同时提出云南主动服务和融入国家"一带一路"建设的对策建议。

关键词："一带一路"　云南　对策

作者简介：邢广程，中国社会科学院中国边疆研究所所长、研究员；李涛，云南省社会科学院党组书记；任佳，云南省社会科学院院长、研究员；陈利君，云南省社会科学院南亚研究所所长、研究员；孙宏年，中国社会科学院中国边疆研究所西南边疆研究室主任、研究员；吕文利，中国社会科学院中国边疆研究所副研究员；罗静，中国社会科学院中国边疆研究所助理研究员；童宇韬，云南省社会科学院南亚研究所助理研究员。

2013 年 9 月和 10 月习近平主席在访问中亚和印度尼西亚时分别提出共建"丝绸之路经济带"和"21 世纪海上丝绸之路"的构想。党的十八届三

---

[*] 本文为中国社会科学院中国边疆研究所与云南省社会科学院共同承担的云南省省院合作项目"云南参与'一带一路'建设研究"的阶段性成果。

[**] 中国社会科学院中国边疆研究所所长邢广程研究员担任本课题组组长，课题组成员和本文执笔人包括李涛、任佳、陈利君、孙宏年、吕文利、罗静、童宇韬。

中全会审议通过的《中共中央关于全面深化改革若干重大问题的决定》提出，推进丝绸之路经济带、海上丝绸之路建设，形成全方位开放新格局。① 由此，推进"一带一路"建设成为中国今后一段时期对外开放的一个重点。2015 年 3 月 28 日，国家发改委、外交部、商务部联合发布的《推动共建丝绸之路经济带和 21 世纪海上丝绸之路的愿景与行动》提出，云南要发挥区位优势，推进与周边国家的国际运输通道建设，打造大湄公河次区域经济合作新高地，建设成为面向南亚、东南亚的辐射中心。② 这使云南成为参与"一带一路"建设的重要省份。云南积极主动服务和融入国家"一带一路"建设不仅会对云南的开放、发展、合作产生深远影响，而且也有利于国家整体对外战略的实施。

一　云南与"一带一路"

历史上，中国在世界经济格局中扮演着重要角色。作为世界经济发展的早期领先者，我国主要通过北方丝绸之路、南方丝绸之路和海上丝绸之路与西方联系，这加强了东西方的沟通，促进了丝绸之路沿线各国的发展，也对世界经济与文明的发展做出了重要贡献。

（一）历史上云南与丝绸之路的关系

云南省与缅甸、老挝、越南三国接壤，边境线长 4060 公里，其中，中越段 1353 公里，中老段 710 公里，中缅段 1997 公里。云南与东南亚、南亚国家的人员交流与贸易往来已有 2000 多年的历史。早在商代，云南与东南亚地区就已出现民间的边境贸易，随后不断扩大。云南省一直处于从成都平原通往东南亚、南亚的南方丝绸之路上。南方丝绸之路与其他丝绸之路一样，流通的商品种类繁多，中国的蜀布、邛竹杖和缅甸、泰国、印度等国的奇珍、盐、锦、贝币等互有流通。据《史记》记载，西汉元狩元年（前122），张骞在出使大夏时见到了从身毒国（古印度）转运出去的蜀布、邛

---

① 《中共中央关于全面深化改革若干重大问题的决定》，新华网，2013 年 11 月 15 日，http：//news. xinhuanet. com/2013 - 11/15/c_ 118164235. htm。

② 《推动共建丝绸之路经济带和 21 世纪海上丝绸之路的愿景与行动》，新华网，2015 年 6 月 8 日，http：//news. xinhuanet. com/gangao/2015 - 06/08/c_ 127890670. htm。

竹杖。① 据有关专家考证，这条通道起始于成都，"其主干道分东西二路，西路（即古旄牛道）从成都出发，经雅安、西昌，渡金沙江入滇，经大姚到大理；东路亦从成都出发，沿岷江而下，经乐山、宜宾，沿秦修五尺道南行，入滇后经昭通、曲靖、昆明、楚雄到达大理。东西二线在大理汇合后，经保山、腾冲到达缅甸，再西行至印度"②。从丝绸之路的历史来看，云南省大部分地区都在丝绸之路上，说明云南在历史上很早就建立了对外联系。早在战国时期，东南亚、南亚的贝币就沿着丝绸之路进入云南，说明历史上云南与南亚、东南亚地区不仅处于同一个贸易圈，而且还处于同一个货币圈。汉唐时代开通的"茶马古道"进一步说明了云南省在南方丝绸之路上的重要性。"茶马古道"连接川滇藏，延伸至不丹、锡金、尼泊尔、印度境内，一直到达西亚、东非红海海岸。"茶马古道"在历史上主要由马帮进行贸易运输，贸易货物以茶叶为主。云南省的西双版纳是"茶马古道"的起点。到了清代，"茶马古道"进入繁荣时期，出现了较多分支，支线与主线共同构成了普洱茶的运输网络，到达的地方也逐渐扩大。抗日战争期间，中缅公路、中印公路、驼峰航线、中印输油管道相继开通，云南成为抗战后方和战略物资的进出口通道，为中国抗日战争胜利做出了历史性贡献。

（二）现代云南的对外开放历程

1949 年新中国成立后，云南省的边境贸易经历了曲折，甚至一度中断。1951 年云南进出口额为 553 万美元，且全部为进口。1978 年也仅为 8395 万美元。1978 年改革开放以后，边境贸易逐渐成为云南省对缅、老、越三国贸易中的先导，与一般贸易优势互补，使沿边开放充满生机活力。1985 年到 1989 年 5 年间，中缅、中老间的边境贸易进出口额达到 36 亿美元，比前 6 年增长 20 多倍③，并初步形成了地方政府间贸易、边境民间贸易、边民互市等多层次、多形式、多渠道的边境贸易发展格局。到 90 年代中期，云南边境贸易占全国的一半以上，形成了全国边境贸易看云南的独特现象。④

---

① 《巴蜀文化》，http://sc.zwbk.org/MyLemmaShow.aspx? lid = 5975。
② 林文勋：《南方丝绸之路的历史特征和历史启示》，云南网，2015 年 1 月 14 日，http://shzylt.yunnan.cn/html/2015 – 01/14/content_ 3552085.htm。
③ 车志敏：《云南省跨世纪发展战略研究》，云南科技出版社，1995，第 94 页。
④ 朱振明：《云南与邻国的边境贸易及其发展》，http://www.mzb.com.cn/html/Home/report/392040 – 1.htm。

20 世纪 90 年代末，随着国家西部大开发战略的实施，对外贸易进出口总额从 1995 年的 18.96 亿美元上升到 2006 年的 62.3 亿美元，贸易额在全国排名上升到第 21 位。① 随着改革开放的深入、中国加入 WTO、"东中西"梯度开放战略的调整以及中国－东盟自由贸易区、大湄公河次区域合作的不断推进，我国全方位、多层次、宽领域的开放格局日渐形成，云南的开放型经济不断发展。2010 年云南对外贸易额达 133.68 亿美元。②

为了进一步推进我国与东盟、南亚国家的经济合作，2009 年胡锦涛总书记在云南考察时提出建设面向西南开放的桥头堡。2011 年 5 月 6 日，国务院批准并颁布了《国务院关于支持云南省加快建设面向西南开放重要桥头堡的意见》，将云南定位为向西南开放的重要门户、我国沿边开放的试验区和西部地区实施"走出去"战略的先行区、西部地区重要的外向型特色优势产业基地、我国重要的生物多样性宝库和西南生态安全屏障、我国民族团结进步、边疆繁荣稳定的示范区。③ 2012 年 10 月国家发展和改革委员会批准了《云南省加快建设面向西南开放重要桥头堡总体规划（2012～2020年）》④，使云南的开放步伐进一步加快，云南各口岸的边境贸易日益活跃，每天有近 10 万边民进行贸易往来，呈现出边民平等经商、互利合作、共同繁荣的景象。同时，云南连接我国西南周边国家的公路、铁路、水运、航空、信息、能源通道已初具雏形，初步形成了以昆明为中心覆盖东南亚、南亚的交通运输网络，这为云南与周边国家人员交流和货物往来创造了更加便利的条件。

（三）当前云南与"一带一路"的关系

云南是"三亚"（东亚、东南亚、南亚）、"两洋"（太平洋、印度洋）的结合部，是古代南方丝绸之路的前沿，是中国陆路进入印度洋最便捷的通

---

① 《2006 年云南对外贸易额超 60 亿美元》，泛亚法商网，http://www.ynfzb.cn/kmpj/FaZhiBaoLaoShuJu/132534.html。
② 《2010 年云南省外贸进出口总额 133.68 亿美元》，云南省商务厅，http://shizheng.xilu.com/20140105/1000150000510024.html。
③ 《国务院关于支持云南省加快建设面向西南开放重要桥头堡的意见》，中华人民共和国国务院办公厅网站，2011 年 5 月 6 日，http://www.gov.cn/xxgk/pub/govpublic/mrlm/201111/t20111103_64560.html。
④ 《云南省加快建设面向西南开放重要桥头堡总体规划》，新浪网，2013 年 1 月 30 日，http://news.sina.com.cn/o/2013-01-30/082226157481.shtml。

道,可将北方丝绸之路、海上丝绸之路、长江经济带连接在一起,这使云南在"一带一路"建设中占有重要地位。"一带一路"战略的实施,给云南的开放发展带来了千载难逢的机遇。

目前,国家推进的孟中印缅经济走廊、中国 – 中南半岛经济走廊是"一带一路"不可或缺的部分,也是云南参与"一带一路"建设的重要抓手和突破口。在新的形势下,加快实施"一带一路"战略、提升沿边开放水平,对于包括云南省在内的广大西部地区主动服务和融入国家战略、促进西部地区开放发展,具有十分重要的意义。

二 云南融入"一带一路"建设的基础和条件

自中国实行改革开放的政策以来,云南就结合古代南方丝绸之路的走向,不断加强与国内成渝经济区、泛珠江三角区以及东南亚、南亚的合作,不断拓展发展空间,推动经济发展。经过多年努力,云南不仅逐步改变了封闭和落后的面貌,而且在全国沿边开放中优势凸显,这为云南融入"一带一路"建设奠定了良好基础。

(一) 云南对周边国家的开放已形成良好态势

东南亚和南亚是世界新兴市场,也是中国周边地区的两大传统市场。云南作为中国连接东南亚和南亚的重要省份,一直将东南亚、南亚地区作为云南省发展外向型经济的重要目标与市场,并在对外商贸合作、投资合作、人员交流等方面走在中国各省的前列。

在对外贸易方面,2010 年云南对外贸易额超过 100 亿美元,达 133.68 亿美元,比上一年增长 66.5%。其中,出口 76.06 亿美元,同比增长 68.4%;进口 57.62 亿美元,同比增长 64.2%。东盟是全省最大的外贸市场,贸易额达 45.75 亿美元,同比增长 45.2%,占全省外贸总额比重的 34.2%;南亚国家成为云南省第三大外贸市场,贸易额 9.31 亿美元,同比增长 72%。[①] 2014 年全省对外贸易额接近 300 亿美元,其中与东盟贸易额达 879.3 亿元人民币,增长 30.5%,占全省外贸额的比重上升到 48.3%,其

---

① 《2010 年云南省外贸进出口总额 133.68 亿美元》,云南网,2011 年 1 月 12 日,http://yn.yunnan.cn/html/2011 – 01/12/content_ 1466683. htm。

中与缅甸、越南、老挝的贸易额分别增长 67.4%、16.5% 和 30.7%，是全省与东盟的前三大贸易伙伴。与南亚的贸易额达 7.87 亿美元，比上年增长 2.2%。① 东南亚、南亚已成为云南重要的贸易伙伴。

在对外投资与经济技术合作方面，云南的对外投资及对外工程承包、对外劳务输出也不断增加。2013 年全省新批境外投资企业 40 家，对外实际投资 82120.89 万美元，同比增长 15.6%。2013 年 12 月底，云南省境外投资企业已达 440 家，对外实际投资累计达 33.8 亿美元。1~11 月，云南省新签对外承包工程合同 30 份，新签合同额 121462 万美元，同比下降 2.52%；完成营业额 143806 万美元，同比增长 24.66%。2014 年，全省新批境外投资企业 92 家，对外实际投资 103093 万美元，同比增长 25.54%。至 2014 年底，云南省境外投资企业（机构）已达 532 家，对外实际投资累计达 44.2 亿美元。② 2014 年，全省共新签订对外承包工程合同 44 份，新增合同额 134406 万美元，同比增长 4.92%；完成营业额 207036 万美元，同比增长 13.93%。2014 年，全省累计派出各类劳务人员 9225 人，比 2013 年同期增加 12%。其中，工程项下累计派出 4731 人，占 51.28%，比 2013 年同期增加 34.48%；劳务合作项下 1010 人，占 10.95%（其中，经外省经营公司派出劳务人员 510 人），比 2013 年同期增长 5.13%；境外投资项下派出 3484 人，占 37.77%。中高端劳务人员比例为 7%。至 2014 年底，全省累计外派各类劳务人员 84458 人，期末在外人数 12278 人。③ 云南省商务厅对外投资管理处的数据显示，2015 年 1~6 月，云南省新批境外投资企业 48 家。对外实际投资 56890 万美元，同比增长 14%。截至 6 月底，云南省境外投资企业（机构）已达 580 家，对外实际投资累计达 49.89 亿美元。④ 1~6 月，云南省共新签订对外承包工程合同 29 份，新增合同额 44821 万美元，同比增长 85.99%；完成营业额 96874 万美元，同比增长 16.22%。⑤ 这些数据充

---

① 《2014 年云南省外贸进出口 1819.8 亿元 同比增长 16.2%》，新华网，http://news.xinhuanet.com/local/2015-02/02/c_127448326.htm。
② 《2014 年云南对外投资合作情况》，商务部驻昆明特派员办事处，http://www.fdi.gov.cn/1800000121_21_75169_0_7.html。
③ 《2014 年云南对外投资合作情况》，商务部驻昆明特派员办事处，http://www.fdi.gov.cn/1800000121_21_75169_0_7.html。
④ 《云南省口岸信息》第 81 期，云南省商务厅网站，2015 年 8 月 14 日，http://www.bofcom.gov.cn/bofcom/432941521004658688/20150814/392376.html。
⑤ 《2015 年 1~6 月云南对外经济合作业务简况》，云南省商务厅，http://www.bofcom.gov.cn/bofcom/432933824232264256/20150731/391953.html。

分反映了云南与周边国家在投资及工程承包、劳工派遣方面呈现良好的发展态势，也说明云南"走出去"进展状态良好。

云南还积极与东南亚、南亚国家开展经济合作区、开放试验区、边境贸易区等方面的合作。一是积极探索建设中越河口－老街、中缅木姐－姐告、中老磨憨－磨丁跨境经济合作区，以促进边境地区产业、贸易、仓储物流等产业发展。二是推进边境经济合作区建设，国家新批准了临沧国家级边境经济合作区。三是加快瑞丽国家级重点开发开放试验区建设。自 2010 年中共中央、国务院在《关于深入实施西部大开发战略的若干意见》（中发〔2010〕11 号）中提出建立瑞丽重点开发开放试验区以来，云南省省委、省政府高度重视并持续推进。2011 年《国务院关于支持云南省加快建设面向西南开放重要桥头堡的意见》（国发〔2011〕11 号）提出"建设瑞丽沿边重点开发开放试验区，积极支持符合条件的地区按程序申请设立海关特殊监管区域"。2012 年国务院批准了《云南瑞丽重点开发开放试验区建设实施方案》（国办函〔2012〕103 号），全面推进瑞丽重点开发开放试验区建设。2014 年 1 月云南省人民政府颁布《关于加快推进瑞丽重点开发开放试验区建设的若干政策》，提出 28 条支持政策。四是加快边境贸易发展。2013 年云南边境小额贸易额达 33.3 亿美元，增长 55.1%。2014 年达 219.7 亿元人民币，增长 6.1%，占全省贸易的比重为 12.1%。[①]

此外，云南省积极调整自身贸易结构，以适应新时期对外贸易发展的要求。近年来，电子产品、机电产品、农产品、纺织品及服装、有色金属、电力等出口增加，推动了外贸结构转型升级。2014 年全省一般贸易进出口1112.4 亿元人民币，同比增长 26.6%，占全省外贸额的 61.1%；全省加工贸易进出口 296.7 亿元人民币，增长 7.2%。机电产品出口 379.2 亿元人民币，增长 27.9%；农产品出口 177.8 亿元人民币，增长 18%；纺织品及服装出口 100.1 亿元人民币，增长 23.2%；化肥出口 61.2 亿元人民币，增长0.9%。[②] 同时，云南还采取差别化的策略深化与周边国家的经济合作。近年来，云南针对不同周边国家的发展情况和资源禀赋的差异采取差别化的政策推进合作，不断扩大合作领域，促进合作方式多元化。例如，针对缅甸与

① 《2014 年云南省外贸进出口 1819.8 亿元 同比增长 16.2%》，新华网，http：//news. xinhuanet. com/ local/2015 - 02/02/c_ 127448326. htm。
② 《2014 年云南省外贸进出口 1819.8 亿元 同比增长 16.2%》，新华网，http：//news. xinhuanet. com/ local/2015 - 02/02/c_ 127448326. htm。

云南地理位置相邻、资源丰富的特点，双方重点在矿产资源、农业、电力、旅游等方面加强合作，其中最大的合作项目中缅油气管道已建成。而针对老挝经济相对落后的情况，双方重点在农业资源开发、电力通道等方面进行合作，还在老挝建立了万象经济合作区。针对印尼有色金属资源丰富的情况，云南加强了与印尼有色金属产业的合作。而随着昆曼公路的建设及中国 – 东盟零关税政策的实行，云南与泰国的贸易与投资大幅度增加，合作领域也进一步拓宽。

（二）云南与周边国家的互联互通建设不断推进

近年来，云南省把路网、航空网、能源保障网、水网、互联网"五网"建设作为服务国家大战略、推动开放发展的基础支撑而给予大力支持，这大大提升了云南与周边国家的互联互通水平。

在路网建设方面，云南加快"七出省四出境"公路、"八出省四出境"铁路通道建设。截至 2014 年，云南通往越南、老挝、泰国、缅甸、印度的国际大通道境内段全部实现高等级化。全省公路通车里程达到 23 万公里，全省综合交通网平均密度达到 60.1 公里/百平方公里（不含民航航线里程）。目前，云南高速公路有 26 条，到 2015 年底，全省高速公路通车里程将达到 4500 公里。[①] 2015 年 1～6 月全省交通系统完成固定资产投资 346.52 亿元，比 2014 年同期增长 33.88%，完成投资任务目标 700 亿元的 49.5%。其中，高速公路完成 177.3 亿元，比 2014 年同期增长 25.39%；路网改造完成 86.95 亿元，比 2014 年同期增长 69.89%；农村公路完成 74.43 亿元，比 2014 年同期完增长 28.24%。[②] 目前，云南主要的铁路干线有沪昆线（上海至昆明）、南昆线（南宁至昆明）、贵昆线（贵阳至昆明）、内昆线（内江至昆明）、成昆线（成都至昆明）、玉蒙线（玉溪至蒙自）、广丽线（广通至丽江），同时正在加快省内铁路网及出省铁路网建设。其中，沪昆高速铁路途经上海、杭州、南昌、长沙、贵阳、昆明 6 座省会城市及直辖市，预计 2016 年年底通车，将结束云南没有高铁的历史。云桂铁路从昆明南站向东经过红河、文山、百色到广西南宁站，正线全长 710 公里，其中云南境内

---

① 《我省召开 2015 年交通运输工作会议 高速公路通车里程将达 4500 公里》，云南法治网，http：//www. ynfzb. cn/TrafficSafery/JiaoGuanXinWen/207842. shtml。

② 《今年 1 至 6 月 云南完成公路水路投资 346.74 亿元》，云南网，http：//yn. yunnan. cn/html/2015 – 07/20/content_ 3829084. htm。

434 公里，通车后将使昆明到南宁的行车时间从 12 小时缩短至 5 小时，并与南广铁路等相连，使云南融入泛珠江三角洲的通道网。泛亚铁路东线境内段已建成，中线玉溪至磨憨段已得到国家批准准备开工建设，西线保山至瑞丽段正在建设。2014 年云南铁路运营里程达 2769 公里，其中电气化铁路占60.2%。全年铁路发送旅客 3448.4 万人次，货物发送量达到 5793.3 万吨。①

在航空网建设方面，截至 2014 年，云南已拥有 12 个民用机场，是我国拥有民用机场最多的省份之一。机场密度达到每万平方公里 0.3 个，为全国平均水平的 1.7 倍。国内通航城市 101 个，国际通航城市 35 个，港澳台地区通航城市 5 个。② 以昆明为中心覆盖国内、面向东南亚南亚主要城市的航空网已经初步形成，未来还将增开和加密更多国际和地区航线，使昆明与东南亚、南亚更多城市直航。随着 2014 年昆明至巴黎航线的开通，云南实现了洲际航线零的突破。2015 年 10 月泸沽湖机场开通。目前正在加快推进沧源、澜沧等机场的建设，推进昆明—新德里、雅加达等航线开通。

在能源保障网方面，努力提升"西电东送"和"云电外送"能力，加强跨区域互联互通。云南依托自身得天独厚的地理和资源优势，加快"走出去"步伐。2004 年云南电网公司建成了云南河口至越南老街 110 千伏电力联网工程，成为我国第一个大电网"走出去"的省份。目前云南电网已实现向越南北部的老街、河江、安沛、宣光等 7 省区送电。云南电网公司还与老挝国家电力公司共同启动了 115 千伏中国云南向老挝北部地区供电项目，其中，110 千伏勐腊—那磨线已投产送电。云南与缅甸的电力联网顺利推进，输往泰国的电力协议已签署。截至 2014 年，云南电力装机容量达7257 万千瓦，其中可再生能源装机容量接近 80%，国家清洁能源基地逐步形成。③ 2014 年云南"西电东送"电量达 1013 亿千瓦时，比上一年增长43%。向越南送电 19.76 亿千瓦时，向老挝送电 2.21 亿千瓦时，向缅甸送电 0.37 亿千瓦时。④ 此外，中缅原油管道建成，云南"三干一支"成品油管道建设进入收尾阶段，天然气支线管道建设全面推进。

在互联网建设方面，成昆、南昆等省际干线光缆以及中老、中缅等陆路光缆陆续建成。2007 年中国第四个国际通信出口局——昆明区域性国际通

---

① 《云南着力"五网"建设 破除发展瓶颈》，《云南日报》2015 年 4 月 13 日。
② 《云南着力"五网"建设 破除发展瓶颈》，《云南日报》2015 年 4 月 13 日。
③ 《云南着力"五网"建设 破除发展瓶颈》，《云南日报》2015 年 4 月 13 日。
④ 《云南着力"五网"建设 破除发展瓶颈》，《云南日报》2015 年 4 月 13 日。

信交换中心建成，疏通了与泰国、老挝、缅甸、越南、柬埔寨之间的国际语音业务。2015 年 1 月，工信部组织的专家评审团一致同意昆明国际局新增与印度、斯里兰卡、孟加拉国之间的国际语音业务；同意昆明国际局开展中国电信与东南亚 5 国及印度、斯里兰卡、孟加拉国之间的数据专线业务；同意在昆明国际局设置国际互联网转接点。云南移动、联通、电信三家基础电信运营企业也开通多条面向东南亚地区的国际光缆。

在水网建设方面，云南省拥有六大水系，内河总长 14200 公里，是国内水系最多、水资源最为丰富的省份之一。云南提出"兴水强滇"战略，加快建设"两出省三出境"水运网，着力建设水源工程、城市供水、污水处理。目前，云南省最大的港口是水富港，它是云南与长江黄金水道对接的枢纽港。云南通过水道连接了与长江流域沿岸 9 个省市的经贸往来，千吨级船舶可通过上海、南京、蚌埠、徐州等港口直航太平洋。云南的煤炭、矿产、烟草、花椒、木材等资源经水富港转运到长江中下游各省市，船舶返航后又装运机器设备、钢材、粮食等物资经水富港流向全省各地。① 云南出境的澜沧江－湄公河已通航，中缅、中越陆水联运正在推进，滇中引水等重点项目正在实施，"五小水利"工程热火朝天地开展。这为云南融入"一带一路"建设、参与国际经济合作交流、实现跨越发展提供了有力保障。

水富港作为云南省第一内陆大港，从 20 世纪 80 年代起，就开始为云南进出省物资发货，先后开辟水富直达上海、南京、蚌埠、徐州等长江中下游及支流重要港口的货运航线。直至 1992 年，水富港全面建成，年货物吞吐量 30 万吨，年客运量 50 万人次。但由于宜宾至水富段通航能力弱，一直以来，水富港多半是服务短途运输，未能纳入长江航道整体运输体系。自 2007 年起，水富港进行了扩建，扩建使云南水道直接延伸至长江中下游各省份，甚至直抵太平洋。

（三）人文交流日益频繁

近年来，云南充分发挥区位优势，加强与东南亚、南亚国家政界、商界、学界等各个领域的交流，人员往来日益频繁。云南省官方领导曾多次率团出访周边国家，周边国家的高级官员也纷纷到云南访问，包括印度前总

---

① 《云南建设水运大通道"十一五"末五星级航道达 960 公里》，云南网，2012 年 12 月 18 日，http：// yn. yunnan. cn/html/2012－12/18/content_ 2538796. htm。

统、孟加拉国两任总理、缅甸最高领导人等都率庞大代表团访问云南。这使云南成为中国面向东南亚、南亚的重要人文交流基地。在文化教育交流与合作方面,各种活动日趋频繁。当前,云南省已建立对外孔子学院 5 个,孔子学堂 3 个,对外汉语教学中心 7 个。这使云南与东南亚、南亚高校之间的合作办学不断增加。近年来,云南还举办了东南亚、南亚教育展,并推出各项优惠活动以吸引东南亚、南亚国家留学生到云南。目前,越南、老挝、泰国、印度、缅甸、孟加拉国等到云南求学的学生不断增加。云南各高等院校云集了 2 万多名来自东南亚、南亚国家的留学生。[①] 云南大学、云南师范大学、云南民族大学等高校已在缅甸、老挝、泰国、孟加拉国等兴办了孔子学院、孔子课堂等。周边各国也努力吸引中国留学生。例如,泰国推出国际合作计划、制订学生交换计划。[②] 这为更深层次的人文交流奠定了良好的基础。在学术交流方面,云南省社会科学院、云南省政府发展研究中心、云南大学等科研机构和高校与越南、泰国、印度、缅甸、孟加拉国等建立了学术交流关系和教育合作关系。在云南省举办的"中国 – 南亚商务论坛""中国 – 南亚智库论坛""昆明 – 加尔各答(K2K)论坛"、中缅合作论坛、中孟论坛等各类交流活动影响不断扩大。十多年来云南省社会科学院与包括印度前总统、多任印度驻华大使和总领事、孟加拉国驻华大使及商务部长、外交部高官等在内的高层进行频繁交流,也接待大量印孟缅学者开展学术交流。云南学术界与印度新德里、加尔各答、海得拉巴、古杰拉特,缅甸仰光、曼德勒、内比都,孟加拉国达卡、吉大港等地的学术机构和智库也在不断开展互访交流。

此外,由于云南与东南亚、南亚的很多地区拥有十分丰富的旅游资源,地理位置相邻,近年来云南省的出境交通设施不断完善,云南在东南亚、南亚的知名度不断提高,旅游已成为彼此之间进行人文交流不可忽略的一部分。云南举办的国际旅游节、国际旅游交易会、中缅旅游文化交易会等各类会展活动都有缅甸、印度、孟加拉国、泰国、越南、老挝等参加。"一带一路"战略提出后,云南更加注重与邻国开展合作,共同开发重点旅游资源,推动以澜沧江 – 湄公河为纽带的云南省与东盟各国的区域旅游产业集群,形

---

① 《在云南留学生首超 3 万人东南亚南亚学生占近八成》,中国教育新闻网,http://www.jyb.cn/world/cglx/201402/t20140225_ 571376. html。

② 郑淑英:《中国云南省与 GMS 五国高等教育合作与交流研究评述》,《东南亚纵横》2012 年第 12 期。

成次区域旅游圈。① 这将为云南省与东南亚、南亚各国之间的人文交流提供更广大的空间和更多机会，同时也会为"一带一路"建设奠定良好的民意基础。

（四）区位优势独特

云南北上可连接北方丝绸之路经济带，南下可连接海上丝绸之路，向东通过长江经济带可连接"长三角"和上海自由贸易区，向西通过孟中印缅经济走廊可以连接印度洋沿岸国家。在地理上，云南地处低纬度高原，全省大部分地区冬暖夏凉，气候条件优越。在地形上，地势相对较平坦，除西北位于山高谷深的横断山区外，东部和南部为云贵高原，海拔不断降低，这使云南受崇山峻岭、雨雪冰霜等恶劣自然条件影响较小，口岸可以全天候、高效运营。目前，云南省国家一级口岸已达 16 个。②

（五）已建立许多合作机制

近年来，云南与周边国家建立了许多合作机制，如孟中印缅地区经济合作论坛、中国－南亚博览会、昆明与加尔各答国际学术会议、中国云南－缅甸合作论坛等。另外，还推进建立了大湄公河次区域合作机制以及云南－越北、云南－老北、云南－泰北等合作机制。2013 年在连续举办五届"南亚国家商品展"的基础上，经国务院批准昆明举办了首届中国－南亚博览会，现南博会已成为集商品贸易、服务贸易、投资合作、旅游合作和文化交流等为一体的高水平综合性展会，成为中国与南亚及周边国家进行互利合作的重要平台。

（六）已建立了一批对外开放载体

近年来国务院先后批准了云南瑞丽重点开发开放试验区、临沧边境经济合作区、红河保税区、云南沿边金融综合改革试验区、勐腊（磨憨）重点开发开放试验区、滇中新区等，使云南有了一批融入"一带一路"的开放载体。例如 2013 年 10 月，经国务院同意，中国人民银行、国家发展和改革

---

① 晏钢、杨伟：《云南与周边国家发展旅游产业集群的对策研究》，《云南财贸学院学报》（社会科学版）2007 年第 2 期。
② 《云南省加快推进与周边国家互联互通》，中华人民共和国商务部网站，2012 年 12 月 10 日，http://www.mofcom.gov.cn/aarticle/resume/n/201212/20121208474038.html。

委员会、财政部、商务部、海关总署等部门发出通知,印发《云南省广西壮族自治区建设沿边金融综合改革试验区总体方案》,旨在大力推动滇桂两省区沿边金融综合改革试验区建设,促进沿边金融、跨境金融、地方金融改革创新先行先试,促进人民币周边区域化,全面提升两省区对外开放和贸易投资便利化水平,为我国深入推进金融改革开放提供经验借鉴,推动国家西部大开发和沿边大开发实现新的突破发展。① 2015 年 7 月,国务院批复同意设立勐腊(磨憨)重点开发开放试验区,该试验区位于云南省西双版纳傣族自治州最南端,是我国对中南半岛合作的重要前沿,战略地位十分重要,建设试验区是加快沿边地区开发开放步伐、完善我国全方位对外开放格局的重要举措。② 2015 年 9 月,国务院批复同意设立云南滇中新区,国务院的批复指出"设立并建设好云南滇中新区,对于推进实施'一带一路'、长江经济带等国家重大战略和区域发展总体战略,为西部地区新型城镇化建设提供试验示范,培育壮大区域经济增长极具有重要意义"③。

当前,云南省是少有的同时参与两项重要国家次区域合作计划(孟中印缅经济走廊与大湄公河次区域合作)的省份,所以云南省所肩负的责任之重不言而喻。2013 年 5 月和 10 月,李克强总理和印度曼莫汉·辛格总理不仅实现年内互访,而且把建设"孟中印缅经济走廊"作为重要合作内容。2013 年 12 月还在昆明召开了孟中印缅经济走廊四国联合工作组第一次会议,签署了"会议纪要"和"联合研究框架"等文件,标志着孟中印缅经济走廊建设由"二轨"上升到了"一轨",并进入四国政府共同推进的新阶段。这些都为云南融入"一带一路"建设创造了条件。大湄公河次区域合作倡议在 1992 年由亚洲开发银行提出,包括柬埔寨、越南、老挝、缅甸、泰国和中国参加,而中国主要参与的地区为云南省。2011 年《大湄公河次区域经济合作新十年战略框架》发布。"新战略框架"提出了三个战略目标:推动次区域一体化进程,促进繁荣、公平的发展;在完善基础设施互联互通的基础上,为跨境贸易、投资、旅游等合作创造有利的政策环境;关注

---

① 《经国务院同意 滇桂建设沿边金融综合改革试验区》,云南网,2013 年 11 月 26 日,http://yn. yunnan. cn/html/2013 – 11/26/content_ 2971703. htm。

② 《国务院批准设立云南勐腊(磨憨)重点开发开放试验区》,中国新闻网,2015 年 7 月 23 日,http://finance. chinanews. com/cj/2015/07 – 23/7422888. shtml。

③ 《国务院批复同意设立云南滇中新区》,新华网,2013 年 11 月 26 日,http://news. xinhuanet. com/politics/2015 –09/15/c_ 1116566050. htm。

自然环境和社会因素，促进次区域可持续发展。

虽然近年来云南在开放发展方面取得了一定的成绩，但是总体还有很多不足之处。例如交通设施方面，现有路网覆盖面相对较窄，特别是出省出境路网布局不能满足经济发展和对外开放的需求。加上云南特殊的地理条件，路网建设成本高，对资金需求量巨大。水运的港口和航道建设滞后，安全还存在一些问题。教育资源分配不均衡，开放型人才培养不足等。这些都会制约云南融入"一带一路"的效果。

三　云南融入"一带一路"的总体构想

（一）云南融入"一带一路"的思路与定位

云南省作为中国西南重要边疆省份，是"一带一路"建设的重要参与者之一。从国家提出"一带一路"战略以来，云南省便以积极的态度参与国家战略的实施，积极融入"一带一路"建设。根据云南实际情况，云南融入"一带一路"建设的思路是：以孟中印缅经济走廊、大湄公河次区域合作为主要着力点，以推进互联互通、重新构筑南方丝绸之路为重点内容，以多边、双边合作项目为基本载体，推动投资贸易、产业发展、能源合作、人文交流，把云南建设成为连接印度洋战略通道，沟通丝绸之路经济带和海上丝绸之路的枢纽，打造和谐的周边环境，成为丝绸之路经济带西南方向的重要支点和经济增长极。

云南省融入"一带一路"的功能定位有五个：（1）"一带一路"连接交汇的战略支点；（2）沟通南亚、东南亚国家的通道枢纽；（3）承接重大产业转移和产业聚集的基地；（4）与南亚、东南亚交流合作的重要平台和窗口；（5）沿边自由贸易试验区。

（二）云南融入"一带一路"的目标

随着"一带一路"建设"愿景与行动"的出台，云南省根据其中的指导思想，结合云南省自身发展状况和当前对外开放的形势，云南融入"一带一路"的目标是成为中国面向西南开放的门户，成为中国面向南亚、东南亚的辐射中心，成为连接"一带一路"的枢纽。其具体目标有以下几个方面。

1. 在地方层面加强与南亚、东南亚国家地方政府的政策沟通

"政策沟通是'一带一路'建设的重要保障,加强政府间合作,积极构建多层次政府间宏观政策沟通机制,深化利益融合,促进政治互信,达成合作新共识"① 是当前"一带一路"建设的合作重点之一。当前,云南省与西南周边国家地方层面政府的合作与沟通已经有良好的基础,建立了多个定期与不定期交流机制,加强与周边国家的政策沟通。今后,云南将不断完善现有机制和平台,努力建立新的沟通渠道,拓展与周边国家地方层面的政策沟通。

2. 提高自身基础设施建设水平,加强与周边国家和地区的设施联通

基础设施互联互通是"一带一路"建设的优先合作领域。抓住交通基础设施的关键通道、关键节点和重点工程,优先打通缺失路段,畅通瓶颈路段,配套完善道路安全防护设施和交通管理设施设备,提升道路通达水平。加强能源基础设施互联互通合作,共同维护输油、输气管道等运输通道安全,推进跨境电力与输电通道建设,积极开展区域电网升级改造合作。共同推进跨境光缆等通信干线网络建设,提高国际通信互联互通水平,畅通信息丝绸之路。② 云南促进互联互通建设思路是构建"一纵一横"主通道和5个重要辅助通道。在"一纵一横"中,横向的通道是,以昆明为重要节点,向西依托孟中印缅经济走廊、泛亚铁路西线,打造昆明—瑞丽—腊戍—曼德勒—皎漂铁路、公路大通道,进入印度洋沿岸的国家,延伸至东亚、西亚,与南方丝绸之路会合,走向欧洲、非洲;向东依托日益完善的国内交通网络连接珠三角地区,构筑昆明—广州—深圳的东向大通道。纵向的通道是,以昆明作为重要的节点,向南依托大湄公河次区域合作,沿泛亚铁路中线构筑昆明—磨憨—万象—曼谷—吉隆坡大通道,进入南太平洋,汇入海上丝绸之路。向北,沿昆明—重庆—西安、昆明—成都—西安铁路通道,与北方丝绸之路连接。③ "一纵一横"的交通布局能更好地发挥云南在"一带一路"中

---

① 中华人民共和国国家发展和改革委员会、外交部、商务部:《推动共建丝绸之路经济带和21世纪海上丝绸之路的愿景与行动》,新华网,2015年3月28日,http://news.xinhuanet.com/fortune/2015 – 03/29/c_ 127633221.htm。

② 中华人民共和国国家发展和改革委员会、外交部、商务部:《推动共建丝绸之路经济带和21世纪海上丝绸之路的愿景与行动》,新华网,2015年3月28日,http://news.xinhuanet.com/fortune/2015 – 03/29/c_ 127633221.htm。

③ 《云南明确参加"一带一路"建设思路》,云南新闻周刊,http://finance.inewsweek.cn/20140331,80625.html,2014 – 03 – 31。

的作用。

3. 加强与南亚、东南亚各国的贸易往来，促进与周边国家的经贸合作

当前，中国的贸易伙伴以欧美日等发达国家为主，我国亟须实现出口市场的多元化。从贸易结构上看，一方面，我国传统贸易对象集中在发达国家，2013年欧美日占我国对外贸易总额的33.5%[①]；另一方面，中国与西部周边各个具有发展潜力的发展中国家之间的贸易额则相对较少，因此加强与周边国家的经贸合作势在必行。

近年来，云南省与周边国家和地区的经贸关系正在蓬勃发展。随着中国同孟加拉国、印度、缅甸的贸易额从2000年的44.53亿美元上升到了2012年的818.95亿美元；云南省与这三个国家的贸易额在同期内从4.16亿美元上升到了28.03亿美元，增长迅速。而东南亚地区则是云南省的第一大贸易伙伴，云南与东盟国家的贸易额从2001年的7.09亿美元上升到了2013年的209亿美元，翻了近30倍，占全省对外贸易总额的比重同期内从32.2%上升至42.3%。投资方面，云南省在孟加拉国、印度、缅甸的承包工程营业额从2000年的4.08亿美元上升至2012年的103.53亿美元；在这三国的直接投资额从2003年的156万美元上升至2012年的4.08亿美元。另外，云南省与东盟国家的相互投资业发展迅猛，云南省实际利用东盟投资额从2001年的1.5亿美元上升至2013年的2.6亿美元。东盟国家已经成为云南省重要的海外工程承包市场和劳务合作市场。[②]

从这样的发展趋势中，可以看出云南省与南亚和东南亚地区的经贸合作还具有很大的发展潜力。云南省要在"一带一路"建设的框架下，抓住"孟中印缅经济走廊"建设和"大湄公河次区域"合作的有利机遇，努力提高与南亚和东南亚地区的贸易水平，同时促进商品贸易和服务贸易的发展。另外，云南省也希望积极拓展与这些国家和地区的投资合作，周边各国拥有良好的投资前景，云南省希望积极推动省内企业走出去，同时吸引这些国家的企业到云南投资，双向推动投资合作。

4. 扩大与南亚和东南亚地区的民间交流，促进民心相通

加强民间交流、拓展与其他国家各个领域的合作在"一带一路"建设

---

① 张军：《我国西南地区在"一带一路"开放战略中的优势及定位》，《经济纵横》2014年第11期。

② 任佳、王清华、杨思灵：《构建新南方丝绸之路参与"一带一路"建设》，《云南社会科学》2014年第3期。

中占有重要地位。"扩大相互间留学生规模,开展合作办学。加强旅游合作,扩大旅游规模。强化与周边国家在传染病疫情信息沟通、防治技术交流、专业人才培养等方面的合作,提高合作处理突发公共卫生事件的能力。整合现有资源,积极开拓和推进与沿线国家在青年就业、创业培训、职业技能开发、社会保障管理服务、公共行政管理等共同关心领域的务实合作。加强科技合作、加强政党合作、加强民间组织交流"① 等内容都是"一带一路"建设所包括的目标。

当前,云南省与南亚和东南亚国家之间的教育合作发展迅速,许多来自南亚和东南亚地区的留学生选择到云南的高校学习交流。云南省的高校也与很多南亚和东南亚的高校建立合作机制,互派留学生、交换生以及访问学者。云南已经成为中国面向南亚和东南亚国家接收留学生的重要基地。在学术交流方面也日趋活跃,云南省社会科学院等许多科研机构及高校与中国社会科学院、中国国际问题研究所以及国外的印度中国研究所、加尔各答阿萨德亚洲研究所、印度政策研究中心、孟加拉国政策对话中心等智库研究机构建立了长期合作交流关系。云南成为沟通中国与南亚智库机构的桥梁。

未来,云南省在"一带一路"框架下,一方面,将在现有基础上继续推进与南亚、东南亚国家的教育与科研合作,努力拓展交流与合作的领域,提高合作水平,增加互派留学生和访问学者的数量;另一方面,云南省也期望建立更多的文化交流机制和平台,让南亚与东南亚地区的普通民众更加了解中国,更加了解中国的"一带一路"构想。

(三) 云南融入"一带一路"的主要任务

1. 在国家战略的指导下融入"一带一路"建设

一直以来,云南省都希望利用自身区位优势为国家的发展做出贡献。2015 年 3 月 28 日,由中华人民共和国国家发展和改革委员会、外交部、商务部共同发布的《推动共建丝绸之路经济带和 21 世纪海上丝绸之路的愿景与行动》,明确指出在推进"一带一路"建设的过程中要充分发挥各省区的区位优势,对于云南省,就是要"推进与周边国家的国际运输通道建设,

---

① 中华人民共和国国家发展和改革委员会、外交部、商务部:《推动共建丝绸之路经济带和 21 世纪海上丝绸之路的愿景与行动》,新华网,2015 年 3 月 28 日,http://news. xinhuanet. com/fortune/2015 – 03/29/c_ 127633221. htm。

打造大湄公河次区域经济合作新高地，建设成为面向南亚、东南亚的辐射中心[①]。国家对于云南省融入"一带一路"建设的明确定位和规划，使一直以来云南就拥有的区位优势能够在新的历史时期发挥更大的作用。对于云南省来说，云南在中央的战略指导下融入"一带一路"建设是一个重大的机遇，将为云南的经济发展和对外开放带来全新的局面。

当前，云南省已经在与周边国家的通道建设、互联互通建设、打造大湄公河次区域合作以及面向南亚、东南亚开放等方面取得了显著的进展，拥有在国家的"一带一路"框架下继续推动各项工作进步发展的巨大潜力。云南省将继续在国家有关战略方针的指导下，积极开展各项工作。

2. 抓住"一带一路"建设的机遇，努力推进自身经济发展

有学者指出，从中国发展的大战略来考虑，"一带"即丝绸之路经济带，是实现发展的地区均衡战略，也是对外关系结构均衡的战略。我国开放发展从沿海地区开始，经过几十年的发展，沿海地区获得了快速的发展，成为中国的经济重心。但是，这也导致了两个不均衡：一是国内东西部发展的不均衡，西部发展落后于东部；二是对外关系的不均衡，东重西轻。[②] 因此，"一带一路"对于中国国内经济发展有特殊意义，中国开展"一带一路"战略的一个重要目的就是要平衡中国的地区经济发展差异，加强中国西部地区的经济发展。有学者指出，从全国经济与国防安全的角度考虑，减少对沿海发达地区城市的依赖，把经济分散，不把蛋都放在同一个篮子中，是合理的做法。[③]

在这样的背景下，作为西部省份的云南，其经济发展水平明显落后于很多东部省份。因此，在融入"一带一路"建设的过程中，利用机遇发展自身经济，拓展自身的对外开放水平是云南融入"一带一路"建设的一条重要思路。丝绸之路经济带的构想侧重于对我国西部周边地区的开放，并强调与周边地区基础设施领域的互联互通。因此，可以说丝绸之路经济带的建设本身就要求中国的西部省份强化自身的对外开放能力，提高基础设施水平，由此才能实现与西部周边各国的开放、合作以及互联互通。因此，云南省将

---

① 中华人民共和国国家发展和改革委员会、外交部、商务部：《推动共建丝绸之路经济带和21世纪海上丝绸之路的愿景与行动》，新华网，2015年3月28日，http://news. xinhuanet. com/fortune/2015 - 03/29/c_ 127633221. htm。
② 张蕴岭：《如何认识"一带一路"的大战略设计》，《世界知识》2015年第2期。
③ 雷鼎鸣：《"一带一路"的策略考虑》，《信报财经新闻》2015年5月27日。

加大自身对外经济合作与开放力度，提高与西部周边各国的贸易、投资水平。同时，云南省也将积极发展与其他省份、其他国家以及省内合作，促进交通基础设施建设，同时也期望自身在互联互通方面的努力能够获得更多的支持。进一步而言，云南省自身的繁荣发展与"一带一路"在西南方向的发展紧密相连，云南也只有努力发展自身经济，着重对"一带一路"建设提供有力支持。

3. 扩大对南亚和东南亚国家的开放，努力建成面向南亚、东南亚地区开放的辐射中心

2013年，中央召开周边外交工作座谈会，会议指出"无论从地理方位、自然环境还是相互关系看，周边对我国都具有极为重要的战略意义"，因此"要积极运筹外交全局，突出周边在我国发展大局和外交全局中的重要作用"。有学者指出，改革开放以来，中国在第一阶段的发展中主要靠吸引外资、扩大出口来加速发展，而在中国的经济总量位居世界第二位后，中国就要实现由大变强的提升转变，实现经济发展方式的转型升级。尽管中国的经济要面向世界市场，但是，周边地区是中国未来发展的最直接和最便利的新空间。中国的周边国家只有少数几个是发达国家，西北部、南部、东南部，包括南亚、东盟、中亚等都是发展中地区，这些地区发展愿望强烈，发展潜力巨大。① 因此，中国在"一带一路"规划中也十分重视这些周边国家和地区。由于云南在地理位置上与南亚和东南亚两个地区相邻，按照中央对云南的规划，云南将积极建设成为面向南亚、东南亚开放的辐射中心。

（四）云南融入"一带一路"的重点

云南省融入"一带一路"建设的途径主要集中在合作机制建设、推进基础设施项目建设、加强经贸合作以及抓住机遇发展自身经济等几个方面。结合当前实际，云南省融入"一带一路"建设的重点应当侧重于以下几个方面。

1. 推进孟中印缅经济走廊建设

2013年10月23日，中印两国总理在北京签署了《中印战略合作伙伴关系未来发展愿景的联合声明》，双方就孟中印缅经济走廊倡议分别成立工

---

① 张蕴岭：《如何认识"一带一路"的大战略设计》，《世界知识》2015年第2期。

作组。① 当年 12 月在昆明召开了孟中印缅联合工作组首次会议，研究了孟中印缅经济走廊建设的具体规划。这标志着孟中印缅经济走廊建设进入国家层面实质性推进的阶段。2015 年 1 月库克斯巴扎召开了第二次工作组会议。毫无疑问，这一最先由云南省学术界提出的孟中印缅合作倡议，最终升格为"一轨"合作机制的"孟中印缅经济走廊"合作机制，是云南省融入"一带一路"建设的重点。

2. 深化大湄公河次区域经济合作

大湄公河次区域合作倡议在 1992 年由亚洲开发银行提出，包括柬埔寨、越南、老挝、缅甸、泰国和中国参加，而中国主要参与的地区为云南省。2011 年《大湄公河次区域经济合作新十年战略框架》发布。"新战略框架"提出了三个战略目标：推动次区域一体化进程，促进繁荣、公平的发展；在完善基础设施互联互通的基础上，为跨境贸易、投资、旅游等合作创造有利的政策环境；关注自然环境和社会因素，促进次区域可持续发展。大湄公河次区域合作是云南省参与的重要次区域合作机制，未来云南省将继续加强对该机制的参与力度，在大湄公河次区域合作框架下加强与相关国家的合作与互联互通。

3. 加快云南高铁及公路建设，促进与周边国家互联互通

交通基础设施建设是"一带一路"倡议的重要内容。当前，云南正在计划构筑东进西出、南下北上、通江达海、连接周边的立体交通网络。在铁路建设方面，对内加快推进云桂、沪昆客运专线、昆明枢纽扩能改造、大保、保瑞、大临、丽香、弥蒙等铁路建设，力争玉磨、渝昆、成昆等铁路尽早开工。对外加快中老泰高铁建设，做好中越、中缅、中印高铁前期准备工作。纵向建设成渝—昆明—曼谷通道，形成中国—中南半岛经济走廊，沟通成渝经济圈和东南亚经济圈；横向建设上海—广州—昆明—曼德勒—达卡—加尔各答通道，促进孟中印缅经济走廊与长江经济带连接，打通中国陆路进入印度洋通道，加快南亚经济圈、长三角经济圈、珠三角经济圈的衔接。

4. 加快发展重要的边境口岸城市

加快推进边境口岸城市的建设，是云南加大对外开放力度的具体政策措施，也是云南融入"一带一路"建设的重点之一。当前，云南省以瑞丽、河口、腾冲、磨憨等国家级口岸为主的地区已经形成小城镇。这些口岸城市经

---

① 《中印战略合作伙伴关系未来发展愿景的联合声明》，新华网，2013 年 10 月 23 日，http：//news. xinhuanet. com/2013－10/23/c_ 117844273. htm。

济的发展可以形成点状辐射，带动边境地带形成口岸经济带。主要布局物流、口岸、仓储、保税区和商务服务业；发展进出口加工业、特色农业，农产品加工业、食品加工业、跨境旅游业等。云南已基本形成以昆明特大城市，玉溪、曲靖、大理、个开蒙等区域中心城市，州（市）政府所在地和设市的城市、县城、中心集镇、边境口岸城镇为基础的城镇化发展格局。至 2020 年，全省规划建设 150 个城市综合体、210 个特色小镇和 200 个民族特色村寨。

5. 建设中国与南亚、东南亚智库交流中心

智库机构对地方及国家政府决策有重要影响。云南通过智库合作，可以很好地化解中国与很多东南亚、南亚国家的误解，促进双方全面合作的发展。由于云南在中国与东南亚南亚国家合作中具有重要的战略地位，所以在云南建设中国与南亚、东南亚智库合作中心，有利于助推中国与"一带一路"沿线国家的合作，服务国家面向南亚、东南亚辐射中心建设。

（五）云南融入"一带一路"的途径和方式

云南融入"一带一路"的途径和方式是：（1）强化高层引领推动。加强组织和领导，指导和协调云南推进"一带一路"建设，统筹做好对内、对外工作。加强与沿线国家的沟通磋商，达成合作共识。（2）积极响应，主动作为。在广泛开展研究的基础上，提出云南融入和服务国家"一带一路"建设的总体思路，对接沿线国家发展和区域合作规划。举办一系列以"一带一路"为主题的论坛、研讨会、博览会等。积极开展合作研究、人员培训、交流访问等合作。组织专家深入阐释"一带一路"的深刻内涵、目标、任务和积极意义，以增进理解、凝聚共识、深化合作。（3）共同确定一批能够照顾各方利益的项目，签署合作协议或合作备忘录，推动双多边务实合作。（4）稳步推动示范（重点）项目建设。在基础设施互联互通、贸易投资合作、旅游、金融、人文、环保等领域推出一批条件成熟的早期收获项目，以早出成果，形成合力。

但具体的途径和方式是多样的。根据中央的指导思想，云南融入"一带一路"的具体途径和方式主要有以下几个方面。

1. 积极推进多边、双边合作机制建设，整合现有机制

《推动共建丝绸之路经济带和 21 世纪海上丝绸之路的愿景与行动》明确指出要"积极利用现有双多边合作机制，推动'一带一路'建设，促进区域合作蓬勃发展"以强调机制合作的重要性；并提出要"加强双边合作，开展多层次、多渠道沟通磋商，推动双边关系全面发展。推动签署合作备忘录或合作规划，建设一批双边合作示范。建立双边联合工作机制，研究推进'一带一路'建设的实施方案、行动路线图。充分发挥现有联委会、经贸合作委员会、协委会、指导委员会、管理委员会等双边机制作用，协调推动合作项目实施"①。要强化多边合作机制作用，发挥现有多边合作机制作用，相关国家加强沟通，让更多国家和地区参与"一带一路"建设。② 对于云南省来说，一方面，积极推进"孟中印缅经济走廊"建设与"大湄公河次区域"合作就是融入"一带一路"建设的最重要途径；另一方面，由于现有的机制之间存在一定的联系和重叠，而各个机制的组织机构、参与机构之间又缺乏联系与沟通，因此云南在未来还将努力推动对现有合作机制的整合。

2. 加快基础设施建设项目的实施

从"一带一路"的愿景规划来看，要想打通亚太经济圈与欧洲经济圈之间的经济通道，不可能平行用力，首先需要建设铁路、公路、航空和能源管线等线路，并依托纵横交错、贯通四方的交通网，打造经济走廊，以点带面，从线到片，深化区域合作。目前，在亚洲地区，除了中国正在编制《综合交通运输"十三五"发展规划》，全力打造便捷、安全、经济、高效的综合运输体系外，东盟国家也在积极实施《东盟互联互通总体规划》，泛亚公路、铁路网正在从规划逐步走向现实。③ 在这样的背景下，积极拓展云南省与东南亚和南亚地区的公路、铁路和空中互联互动，加强交通基础设施建设，是云南省融入"一带一路"建设的主要途径之一。

在推进基础设施建设时需要采取多种模式。首先是加快大（理）瑞（丽）铁路、玉（溪）磨（憨）铁路、祥（云）临（沧）铁路等通道建设，建设交通能源走廊。其次是依托通道建设商贸、物流、信息走廊，建立自由贸易区、综合保税区、出口加工区、金融试验区等，深化产业合作，推动产业集群发展。再次，融入长江经济带。目前，长三角地区是我国重要的经济增长极，面临着产业深化发展和转型升级，云南需要加快融入长江经济带，建立大通

---

① 中华人民共和国国家发展和改革委员会、外交部、商务部：《推动共建丝绸之路经济带和21世纪海上丝绸之路的愿景与行动》，新华网，2015年3月28日，http://news. xinhuanet. com/fortune/2015 - 03/29/c_ 127633221. htm。

② 中华人民共和国国家发展和改革委员会、外交部、商务部：《推动共建丝绸之路经济带和21世纪海上丝绸之路的愿景与行动》，新华网，2015年3月28日，http://news. xinhuanet. com/fortune/2015 - 03/29/c_ 127633221. htm。

③ 赵可金：《"一带一路"的两大核心区、六条经济走廊》，中国网，2015年6月14日。

关体制，构建沿海与中西部相互支撑、良性互动的新格局，将长三角、长江中游城市群和成渝经济区三个经济板块的产业和基础设施连接起来，促进产业有序转移衔接、优化升级和新型城镇集聚发展，为云南经济发展提供新的强大的动力。最后，要加强与南亚、东南亚国家的合作，促进双向投资。

3. 努力提升云南省与周边国家和地区的经贸合作水平

当前，中国的经济发展已经与世界发展高度相关，在"一带一路"建设中经贸合作的内容占有重要比重。有学者认为，"一带一路"战略目的在于与其他国家分享中国经济建设的经验。习近平主席多次强调，"一带一路"以及"亚投行"等倡议的目的，就是将中国成功建设国家基建的经验带出去和其他有需要的国家分享。① 同时，中国希望通过"一带一路"开展大量投资项目，以投资建设推动经济。中国国内面临着所谓"产能过剩"问题，需要扩展更多的海外市场。虽然是否真的面临"产能过剩"学界尚存争议，但很多迅速发展的中国企业都渴望走出去，拓展海外市场。因此通过"一带一路"加强与其他国家的互联互通，提高市场融合程度，对中国经济发展是具有重要意义的。

因此，对于云南省来说，提高与南亚、东南亚国家的经贸合作水平，使云南成为中国与南亚国家和东南亚国家经贸合作的桥梁是当务之急。具体来看，云南省希望通过举办贸易博览会、商务论坛等方式为中国企业牵线搭桥，也希望通过扩展和提高与对象国家的贸易与投资合作水平，增加与这些地区和国家的经贸联系。

4. 夯实云南省自身经济与社会发展基础

从根本上来说，云南省应当抓住"一带一路"建设的大好时机，夯实自身基础，努力加强云南省自身的经济和社会发展。也只有保持云南省的经济发展繁荣和高速增长，保持社会稳定，"一带一路"西南方向的建设以及与西南周边国家和地区的互联互通、贸易合作才能顺利进行。一方面，云南省的经济繁荣能够对西部周边各个发展中国家和地区起到示范作用，加强中国经济的吸引力，也能加强"一带一路"构想的说服力，以便容纳更多国家和地区积极参与其中。另一方面，由于"一带一路"建设本身就包含缩小中国东西经济发展差距的目标，所以云南自身的经济发展也是云南融入"一带一路"建设的重要目标之一。因此，鉴于云南省的自身发展与"一带一路"建设西

---

① 郑赤琰：《"一带一路"是中巴两国战略的活棋》，《大马新闻周刊》第128期。

南方向的推进有着相辅相成的关系，云南省利用当前机遇努力提升本省经济和社会发展水平也是云南融入"一带一路"建设的重要途径。

四 云南融入"一带一路"建设的对策建议

（一）突出云南融入"一带一路"的关键点

"一带一路"建设是一个长期过程，内容多、覆盖范围广，云南需要突出融入的重点。当前，要突出三个重点。一是交通通道建设。交通的改善不仅可以破解制约云南社会经济发展的瓶颈，而且还可以发挥云南连接南亚、东南亚的地理优势，把云南从交通网络的终端末梢变为对外开放的前沿和枢纽。尽管目前云南已经初步形成公路、铁路、航空、水运"四位一体"的现代化交通格局，但是与"一带一路"和建设辐射中心的要求相比，交通通道建设仍然是短板。在公路方面，覆盖面小、通车里程有限，高速公路建设严重不足，尤其是与周边省区和国外的交通连接不畅，出境受阻。在铁路方面，云南位于全国铁路网的末梢，铁路里程少、规模小、布局偏、技术标准低，是全国尚未开通高速铁路的少数省份之一，已严重落后于国民经济发展及对内对外开放的需要。在水运方面，出省的金沙江、珠江水运通道不畅，出境的只有澜沧江—湄公河通航，中缅、中越陆水联运都未实现，这使得"两出省三出境"的通道远未建成。在航空方面，航线网络需要进一步构建，特别是洲际航线缺乏，昆明枢纽机场的地位还没有建立起来。为改变这一状况，云南应该在融入"一带一路"建设的过程中把交通基础设施建设作为重中之重。而在交通通道建设过程中，要将云南与北方丝绸之路经济带、海上丝绸之路、长江经济带连接起来。积极推进昆明至加尔各答、中越、中老泰、中缅等出境公路建设。早日启动中国昆明—瑞丽—缅甸木姐—腊戍—曼德勒—马圭—皎漂铁路、昆明—磨憨—老挝万象—泰国曼谷铁路、越南老街—河内—海防铁路。加快中缅陆水联运通道建设，恢复中越红河界河段航运，推动实施澜沧江—湄公河二期航道整治工程。二是突出孟中印缅（BCIM）经济走廊和大湄公河次区域（GMS）建设。孟中印缅经济走廊是"一带一路"建设的重要组成部分，得到了四国的积极响应，已经进入实质性推进阶段。当前云南要抓住其在孟中印缅经济走廊建设中优先地位的机遇，加快互联互通建设，深化产业、金融等领域的合作，使其尽快取得成效。大湄公河次区域合作及中国—中南半岛经济走廊是云南省融入"一带一路"建设的另一重点,需要继续深入推进基础设施建设、扩大贸易、投资、旅游、农业等领域的合作。同时,加强沿线主要节点物流基础设施建设,加快推进物流中心、物流园区建设。三是推进高水平合作机制建设。通过多种渠道搭建多元化平台,加强"一带一路"沿线国家政府部门的协调,形成共同推进的合力。更加主动融入"一带一路"战略,积极参与打造中国-东盟自由贸易区升级版,拓展大湄公河次区域经济合作,推动孟中印缅经济走廊建设,深化与泛珠三角、长三角、环渤海地区合作,将云南省打造成为"一带一路"中面向西南开放的重要门户。

(二) 积极争取国家资金、政策的支持

在"一带一路"建设中,国家不仅需要在战略层面上进行整体规划,统筹国内各种资源,强化对"一带一路"建设的政策支持,而且需要明确各省份在"一带一路"战略中的定位,统筹协调推进"一带一路"建设。国家应通过财政政策、货币政策、税收政策、产业政策增加对"一带一路"沿线的道路、桥梁、口岸、码头等公共工程的投入,支持沿边省份"走出去"。采用公私合营(PPP)模式、财政贴息等手段,充分调动私人资本参与的积极性,撬动更多的资金参与"一带一路"建设。在沿边金融政策方面,加强投融资平台建设,完善区域投融资机制,培育国家和区域债券市场,拓宽资金来源渠道。在沟通合作机制方面,充分利用沿线各国区域、次区域相关国际论坛、展会、博览会、洽谈会等平台,积极推动我国与"一带一路"沿线国家的合作机制建设,以官方名义与他国共同制订合作计划,促进政策沟通协调。而云南要依托现有的滇中新区、沿边金融综合改革试验区、瑞丽重点开发开放试验区以及中国-南亚博览会、昆明进出口商品交易会、国际旅游交易会等平台,发挥先行先试作用,努力开拓新的战略通道和市场空间。要有效使用现有国家基础设施建设基金和国家援助资金,并积极向国家争取相关政策,为中国与南亚、东南亚国家深化合作、国内各兄弟省份走向南亚东南亚构筑通道、搭建平台。加强与"一带一路"沿线国家及国内各省份沟通协调配合,积极利用亚投行、丝路基金等在基础设施建设方面的资金支持。

(三) 加快产业发展,深化产业合作

云南融入"一带一路"既要苦练内功,增强对外开放实力,又要主动

作为，不断深化与周边国家经济合作。在练内功方面，要大力发展经济，壮大产业，充分发挥重点地区、重点产业、重点园区、重点企业、重点产品的作用，做大做强新兴产业，把云南建成我国面向南亚、东南亚的外向型产业基地和进出口商品生产基地，为"一带一路"建设提供产业支撑。积极采取鼓励投资、激活内资、招商引资、承接产业转移、发展混合经济等措施，既有效调动本地国企、民企投资工业的热情，又大力引进外地工业企业到云南投资办厂，促使石油化工、机器制造、生物制药、农产品加工、物流产业、旅游等新兴产业不断壮大，使云南成为强大的进出口产品加工基地。[1]针对目前云南产业、企业的困难，采取加大扶持、加强管理、强化服务等办法，盘活现有经济存量。积极承接国内外产业转移，大力发展战略性新兴产业、先进制造业、现代服务业、现代农业，逐渐形成结构优化、功能完善、附加值高、竞争力强的现代产业体系。在"走出去"方面，"一带一路"沿线国家资源丰富，但经济相对落后，加快发展、摆脱贫困的愿望强烈。今后云南要充分发挥比较优势，秉持开放合作的精神，坚持开放合作、和谐包容、市场运作、互利共赢原则，兼顾各方利益和关切，以互联互通的综合运输大通道为载体，以政策沟通、设施连通、贸易畅通、资金融通、民心相通为主要内容，以经济、贸易、产业的互补性为基础，以优势产业合作为核心，以项目合作为平台，不断深化和拓展产业合作，使沿线各国获得更多利益，打造政治互信、经济融合、文化包容的利益共同体、责任共同体和命运共同体。进一步拓宽贸易领域，优化贸易结构，挖掘贸易新增长点。建立健全服务贸易促进体系，巩固和扩大传统贸易，大力发展现代服务贸易。创新贸易方式，发展跨境电子商务等新的商业形态。把投资和贸易有机结合起来，以投资带动贸易发展。鼓励云南省有条件的企业和资金进入东南亚、南亚市场，实施跨国生产和经营，引导具有比较优势的产业与东南亚、南亚进行国际融合。进一步促进政策相通和贸易投资便利化，拓宽合作领域，推进合作形式向多元化发展，进一步拓展互利互惠空间。加强与南亚东南亚国家相互开放，促进分工合作，推动上下游和关联产业协同发展，提升区域产业配套能力和综合竞争力。积极与南亚东南亚国家合作建设境外经贸合作区、跨境经济合作区等，促进产业集群发展。支持"走出去"的云南企业，积极帮助当地发展经济、增加就业、改善民生，主动承担社会责任。

---

[1]　陈霖：《云南参与"一带一路"建设应有的五大举措》，《社会主义论坛》2014 年第 11 期。

（四）加强口岸建设，促进通关便利化

口岸是开放的窗口，必须加强口岸基础设施和通关便利化建设。在口岸建设方面，利用口岸建设专项资金，优化口岸布局，改善边境口岸通关条件，将重要的通道升级为口岸，适度提高口岸密度，降低通关成本，提升通关能力。在通关便利化方面，建议成立通关便利化领导小组，完善大通关便利化会商机制，定期协调解决通关便利化出现的重大问题。建立与国家有关部门联络沟通机制，加强与兄弟省区的通关协作，探索建立报关利益共享机制。加强沿线国家基础设施建设规划、技术标准体系的对接，共同推进国际骨干通道建设。抓住关键通道、关键节点和重点工程，优先打通"断头路"，畅通瓶颈路段。推动国家加强与云南周边国家双边投资保护协定、避免双重征税协定磋商，消除投资壁垒，保护投资者的合法权益，协调解决工作签证、投资环境、融资需求、优惠政策等问题。降低非关税壁垒，共同提高技术性贸易措施透明度。推进沿线国家加强信息互换、监管互认、执法互助等方面的海关合作，以及检验检疫、认证认可、标准计量、统计信息等方面的多双边合作。积极推进建立统一的全程运输协调机制，促进国际通关、换装、多式联运有机衔接，逐步形成兼容规范的运输规则，实现国际运输便利化。推动口岸设施建设，畅通陆水联运通道，增加航线和班次，加强物流信息化合作。强化省级层面与周边国家的双边（多边）联络协调机制，协调解决与周边国家便利通关方面的问题。加快建设电子口岸，推动口岸各方信息资源实现跨地区、跨部门、跨行业信息共享和联网核查。完善政、银、企合作机制，加快推进跨境金融合作，探索建立完善人民币回流机制，进一步拓展人民币跨境业务，扩大人民币结算范围。充分发挥丝路基金以及各国主权基金作用，引导商业性股权投资基金和社会资金共同参与"一带一路"重点项目建设。积极与有关国家共同完善风险应对和危机处置制度，构建区域性金融风险预警系统。

（五）推动中国（云南）沿边自由贸易试验区建设

构建中国（云南）沿边自由贸易区不仅有助于实现中国区域经济的均衡发展，有助于贯彻中国周边睦邻外交政策，实现中国与西南周边国家毗邻地区共同发展，而且也是响应中国在新时期探索内陆沿边开放新模式的需要。一是推进沿边涉外经济合作管理体制改革。在口岸方面，创新口岸管理

模式，促进通关便利化；在人员流动方面，创新人员流动便利化机制；在跨境经济合作方面，探索境外经贸合作区发展的体制制度。二是加快沿边金融体制机制创新。积极扩大人民币区域结算范围；探索形成人民币对缅老越孟印等周边货币汇率市场形成机制；鼓励金融机构发展境外人民币贷款业务。三是支持沿边自由贸易区主角企业进入体制机制创新。加快改革投资审批制度，推行先照后证，可借鉴中国（上海）自由贸易试验区的做法；降低服务业准入门槛；梳理"走出去"行政审批事项，制定行政审批"负面清单"；建立境外投资公共信息平台。四是促进政府职能的根本转变。树立政府服务于经济发展的意识；加快下放行政审批权；适当使各个沿边自由贸易区各点的行政权加以提高，使之扩大行政管理权限；建立全省自上而下的统筹协调机制，实现底层与顶层设计的统一。

（六）深化人文交流，促进民心相通

尽管"一带一路"建设对沿线国家的开放和发展都有积极作用，但自中国提出该战略构想后，也遭到了一些国家政府部门官员及学者的质疑，担心这是中国扩大影响力的做法。这说明中国要顺利推进"一带一路"建设还需要与沿线国家加强协调和沟通，以达成更多共识，才能更好地推进。云南与南亚、东南亚国家交往历史悠久，许多民族跨境而居，有民心相通的基础，但由于交通不便、经济落后，使得彼此之间的交流与合作仍然十分有限，再加上部分国家政治经济转型、非传统安全问题突出、域外大国势力介入等，还需要进一步促进民心相通。为此，要不断加强公共外交和民间外交，做好民心相通工作，进一步恢复几千年来的民间友好关系。彼此之间不仅要加强政策、技术、标准等领域的协调和沟通，而且要促进信息沟通、人文交流等，使不同文明互鉴共荣，各国人民友好相处。特别是要加强人文交流，以加深彼此了解，夯实合作的社会基础。要建立长效人文交流机制，形成多层次、广领域的人文交流模式，让沿线民众更了解彼此的想法。要大力开展文化、教育、旅游、医疗卫生、节能环保、科技、体育等方面的合作，进一步活跃青年、妇女、学者、教师的交流，以拉近彼此感情。应更加重视海外华侨华人的作用，丰富交流合作形式与内容。扩大相互间留学生规模，加强青年学生之间的友好往来。互办文化年、艺术节、文艺演出等交流活动，联合申请世界文化遗产，共同开展世界遗产的联合保护工作。加强体育合作，积极开展体育交流活动。进一步扩大旅游规模，联合打造有特色的国际精品旅游线路和旅游产品，提高游客签证便利化水平。加强医疗卫生合作，提高合作处理突发公共卫生事件的能力。加强科技合作，促进科技人员交流，合作开展重大科技攻关，共同提升科技创新能力。加强与南亚、东南亚民间团体的友好往来，积极开展城市交往，互结友好城市。支持云南与南亚、东南亚国家智库之间开展联合研究、合作举办论坛等。加强传媒交流合作，塑造和谐友好的舆论环境。

（七）大力培养高素质人才

大力培养高素质人才既是提高云南融入"一带一路"能力的必然选择，也是服务国家战略的必然要求。但高素质人才的培养离不开教育模式的改革，也需要推动人才培养主体多样化。一是加强高校建设。政府、社会、高校要合力协作，推动国际人才培养模式创新，加快区域性高水平大学建设，提高地方高校服务区域发展能力。[①] 二是加强语言人才培养。加大力度在大专院校开设周边国家语种班，相继建立缅语学校、孟语学校、老语学校、泰语学校、印语学校以及其他一些语种学校。三是大力培养优秀的外向型人才。积极培养外语人才、外贸人才、外联人才，使云南成为一个密集的面向南亚东南亚的外向型人才平台。四是强化优秀企业家队伍培养。加大力度实施优秀企业家培育计划，逐步产生一批又一批具有全球战略眼光、市场开拓精神、管理创新能力，精通战略规划、资本运作、品牌打造、生产营销，敢于走出去闯天下的一流企业家。五是大力培养优秀的技术人才。加大力度实施新兴产业技术人才培育计划，坚持政府培育与企业培育并举，本土人才培养与引进外地人才并重，逐步形成大批掌握新兴产业技术、能够攻克关键核心技术、乐于到异国他乡开发创业的一流技术精英。

---

① 段从宇、李兴华：《"一带一路"与云南高等教育发展的战略选择》，《云南行政学院学报》2014 年第 5 期。

"一带一路"背景下的对外开放地缘布局[*]

王志民

摘　要： "一带一路"战略，是依据我国经济新常态下国内地缘经济政治环境新态势和亚太地缘经济政治环境新变化，所做出的陆海双栖经济走廊合作机制的战略抉择。"一带一路"将通过政策沟通、设施联通、贸易畅通、资金融通、民心相通等"五通"与沿线国家在基础设施建设和先进装备制造业方面实施产能合作，构建命运共同体、利益共同体和责任共同体。"一带一路"战略以六大经济走廊建设为重点，进而打造海上战略支点，并与沿线国家实施战略对接，形成新时期我国对外开放的总体布局。

关键词： "一带一路"　产能合作　对外开放　地缘布局

作者简介： 王志民，对外经济贸易大学全球化与中国现代化问题研究所所长、教授。

对外开放是中国的基本国策，是我国走和平发展道路的重大战略抉择。当今中国经济社会发展仍然处于重要战略机遇期，既意味着新的机遇，也面临着诸多挑战。改革开放进入攻坚期和深水区，社会矛盾凸显，艰巨性、复杂性前所未有，调结构、转方式、促创新任重道远。以开放促改革促发展，是我国改革开放以来经济社会发展的成功经验。中国正以地缘经济政治环境为依托，构建丝绸之路经济带与21世纪海上丝绸之路的双栖经济走廊及内

---

* 本文系国家社会科学基金项目"建设南方'丝绸之路经济带'的地缘经济政治环境研究"（14BGJ003）的研究成果。

生动力和合作共赢的双轮驱动机制，确定"一带一路"对外开放总体布局，助推亚欧大陆经济一体化。

一 以地缘为依托的双栖经济走廊战略抉择

中国的改革开放所走的是一条从非均衡发展到均衡发展的道路。就中国的对外开放而言，历经了从 20 世纪 70 年代末 80 年代初的四个经济特区、14 个沿海开放城市的划定到 80 年代中后期开始的沿江、沿路内陆地区的开放，再到西部对外开放等三个地缘层次。这一模式源于改革开放的总设计师邓小平提出的"两个大局"战略，其基本设想是首先利用东南沿海地区的良好区位优势，发展加工工业，先让东部地区发展起来，全国都要服从这个大局。而东部地区发展到一定阶段后，国家会拿出更多的资源帮助内地发展，东部地区不仅要服从这个大局，而且东部沿海地区还要拿出更多力量来帮助内地发展。"两个大局"的战略使国家在资源有限的条件下优先保证东部地区发展，使我国改革开放从东到西梯级推进，逐渐形成全国范围内的对外开放总体格局。

（一）经济新常态下中国国内地缘环境的新态势

中国经济发展长期受到"胡焕庸线"的制约，这是"两个大局"战略提出的重要参考，也是"一带一路"战略抉择的地缘经济政治重要依据。[1]我国著名地理学家胡焕庸先生（1901～1998）于 1935 年发表《中国人口之分布》一文绘制出中国第一张等值线人口密度图，并划分了我国人口密度的对比线。这条人口密度对比线自东北黑龙江省瑷珲（1983 年改称黑河市）至西南云南省腾冲县，从而形成一条由东北至西南的 45 度直线。此线将全国分为东南和西北两部分，最初称"瑷珲—腾冲一线"，后改为"爱辉—腾冲一线""黑河—腾冲一线"，被称为"胡焕庸线"。胡焕庸线对中国经济布局、交通发展特别是对外开放战略的顶层设计具有极为重要的参考价值。此

---

[1] 2014 年 11 月 27 日，李克强总理在国家博物馆参观人居科学研究展时，曾发出"胡焕庸线怎么破"之问："我国 94% 的人口居住在东部 43% 的土地上，但中西部一样也需要城镇化。我们是多民族、广疆域的国家，我们要研究如何打破这个规律，统筹规划、协调发展，让中西部老百姓在家门口也能分享现代化。"参见《李克强之问："胡焕庸线"怎么破?》，人民网，2014 年 11 月 28 日，http://politics.people.com.cn/n/2014/1128/c1001-26113082.html。

线以东地区占我国国土面积的 43.71%，却养育了 94.39% 的人口，创造了 95% 以上的国内生产总值；以西地区占国土面积的 56.29%，而人口仅占 5.61%。胡焕庸线看似是一条人口分割线，实际上还是地貌上的区域分割线、气象上的降雨线、文化转换的分割线。胡焕庸线还与我国 400 毫米等降水量线基本重合，而 400 毫米等降水量线是东部季风区与西北干旱半干旱区的分界线，历史上曾是农耕文明与游牧文明的分界线。

实现从非均衡发展到均衡发展不是一蹴而就的，当然也不是一个自然演进的过程。如今，胡焕庸线已经成为衡量我国城镇化水平的分界线。此线以东地区的城镇化水平大大高于全国平均水平，而此线以西地区的城镇化水平大大低于全国平均水平。仅以交通运输为例，截至 2013 年，胡焕庸线以东地区交通运输线路里程达到 391.9 万公里，占交通运输线路总里程的 85.5%；以西地区交通运输线路里程仅为 66.6 万公里，占交通运输线路总里程的 14.5%，东部地区交通运输线路里程是西部地区的 5.9 倍。世纪之交，党和政府提出了一系列改革开放的重大战略举措，先后提出"西部大开发""振兴东北"和"中部崛起"等战略，当时东部地区专注于迎接加入 WTO 的历史性机遇，加之我国西部地区与西部周边国家在经济上互补性不强，因而西部大开放的外部条件尚未成熟。2010 年是一个历史性标志，中国经济规模上升至世界第二位，这意味着国家有更多的财力、物力投入西部地区，国家开始不断加大援疆、援藏的资金投入。这也意味着邓小平提出的"两个大局"战略的第二个大局建设已经具备地缘经济条件，西部地区不仅能够大规模吸引外国投资，而且可以吸引东部地区的资金。2014 年 2 月 10 日，国家发改委公布西部大开发九大重点领域，包括加快推进交通、水利等重点基础设施建设，启动实施新一轮退耕还林工程；推进特色产业发展；发展科技文化和民生事业，不断提高群众生产生活条件。[1] 这一系列转变，都为西部地区内引外联，辐射周边创造了软硬件环境，使我国西部地区成为推进"一带一路"的核心区域。

（二）亚太地缘经济政治环境的新变化

美国"重返亚太"实施所谓"再平衡"战略，进一步加速了我国向西

---

[1] 《今年西部大开发将锁定基础设施建设等九大重点领域》，新华网，2014 年 2 月 10 日，http://news.xinhuanet.com/fortune/2014-02/10/c_119267955.htm。

开放的历史进程，成为"一带一路"战略出台的地缘经济政治背景。2010年，奥巴马政府高调宣布"重返亚太"，其目的是遏制中国崛起的步伐。而日本、菲律宾等东亚国家紧密配合，不断挑起与中国的领土争端。日本不顾中日曾经就钓鱼岛问题达成"搁置争议"的共识，在钓鱼岛问题上动作不断，不断在东海划界问题上制造矛盾。日本扮演着美国"重返亚太"遏制中国的急先锋，日本对菲律宾、越南既赠送军机，又赠送军舰，以增强菲、越在南海对抗中国的军事实力。菲律宾不仅与美国签署《加强防务合作协议》，联合军事演习，而且不断挑衅中国领土主权的底线，配合美国"重返亚太"，搞什么"南海问题仲裁"，逮捕与审判中国渔民，甚至把中国比作纳粹德国。也有某些国家试图通过"经济上靠中国、安全上靠美国"而两面下注，不惜损人利己以实现其利益最大化。与此同时，美国决定逐步将60%的军力部署在亚太地区，试图与日、韩、澳、菲、新等国打造"亚太小北约"以遏制中国崛起。目前，美国、日本、菲律宾，甚至包括越南相互配合，对中国已经基本形成遏制包围态势。美国对华政策已由过去的"接触为主，防范为辅"转变为"防范为主，接触为辅"。美国在南海问题上由后台走向前台，从过去的"不持立场"转向"持有立场"，公然为某些南海争端国站台。

美国"重返亚太"不仅仅限定于"高政治"领域，而且"低政治"与"高政治"相互配合对中国形成双重压力。美国各项举措极大影响中国经济快速发展的国际环境，从中也体现出美国遏制中国的基本意图。如美国在经济上积极推进 TPP（Trans-Pacific Partnership Agreement，跨太平洋战略经济伙伴关系协定）和 TTIP（Transatlantic Trade and Investment Partnership，跨大西洋贸易与投资伙伴协议）谈判，并将中国排除在外。TPP 原本是新加坡、新西兰、智利、文莱等四个小国于 2005 年签署的《跨太平洋战略伙伴协定》（四国被称为 P4）。2008 年，美国宣布加入 TPP 谈判。之后，包括加拿大、日本在内的 12 国开始谈判，并于 2015 年 10 月达成基本协议。其实，新一轮的国际竞争实质上是国际规则的竞争。美国总统奥巴马多次直言不讳地表达不能由中国制定规则，而要由美国主导国际经济规则的制定。被称为"亚太经济北约"的 TPP（其内部贸易额将占世界贸易总额的 40%），就是美国制定亚太地区经济规则的突破口。奥巴马在 2015 年国情咨文中呼吁国会支持 TPP 和 TTIP 时指出："中国正想要给世界上增速最快的地区确立规则""这会给我们的工人和商业带来不利。我们为什么要让这一切发生？我们应该来书写规则，我们应该来定义游戏规则。"①

（三）"一带一路"陆海双栖经济走廊合作机制的战略抉择

改革开放以来，中国一直是自由贸易的积极支持者，也是多边贸易体制的积极参与者和维护者。中共十八届三中全会提出要以周边为基础加快实施自由贸易区战略，形成面向全球的高标准自由贸易区网络。习近平主席指出：我国积极参与国际经贸规则制定、争取全球经济治理制度性权力的重要平台，我们不能当旁观者、跟随者，而是要做参与者、引领者。② 中国对外开放的确面临"高政治"和"低政治"的双重挑战，特别是区域经济合作机制超大型化的趋势如 TPP 和 TTIP 的巨大压力。为此，中国应该采取非对称性战略，向西开放、出台"一带一路"战略，就是要避开美国的锋芒，与沿线国家建立共同发展、互利共赢的合作机制，在国际经济规则方面赢得话语权。2013 年 9 月 7 日，习近平主席在哈萨克斯坦纳扎尔巴耶夫大学演讲时首次提出共建"丝绸之路经济带"，基本思路是通过以点带面、从线到片，逐步形成区域大合作格局。2013 年 10 月 3 日，习近平主席在印度尼西亚国会演讲时提出建设"21 世纪海上丝绸之路"倡议，"一带一路"双栖经济走廊合作机制构想基本形成。2013 年 11 月，中共十八届三中全会通过的《中共中央关于全面深化改革若干重大问题的决定》指出："加快同周边国家和区域基础设施互联互通建设，推进丝绸之路经济带、海上丝绸之路建设，形成全方位开放新格局。"③

"一带一路"是一项复合型国家战略，目的是要与沿线 60 多个国家合力打造一条世界上最长、最具发展潜力的经济大走廊。所谓经济走廊，实际是以地缘上相邻国家的部分地区为依托，逐步扩展，以铁路、公路、航空、航运线为纽带，建立以交通沿线为辐射的优势产业群、城镇体系、口岸体系以及边境经济合作区，以形成优势互补、区域分工、共同发展的国际经济走廊。④ 中国本身就是一个海陆兼备的地缘大国，拥有 3.2 万公里

① 《奥巴马发表 2015 年国情咨文称，不能让中国制定地区规则》，《重庆晨报》2015 年 1 月 22 日。
② 《加快实施自由贸易区战略，加快构建开放型经济新体制》，《光明日报》2014 年 12 月 7 日。
③ 《中共中央关于全面深化改革若干重大问题的决定》（二〇一三年十一月十二日中国共产党第十八届中央委员会第三次全体会议通过），《人民日报》2013 年 11 月 16 日。
④ 王志民：《建设西南次区域经济走廊的地缘战略思考》，《中国浦东干部学院学报》2014 年第 4 期。

的海岸线，300 多万平方公里海洋面积。中国人很早就开发和利用海洋资源，郑和七下西洋闻名于世。遗憾的是，就在地理大发现到来之时，明清政府采取了闭关锁国的政策，甚至颁布禁海令，使中国与商业革命之后的近代化潮流失之交臂。今天，党的十八大首次提出建设海洋强国的战略，不仅将极大促进海洋事业的大发展，使海洋产业成为国民经济的支柱产业，而且将重塑海洋文明，维护与改善中华民族的生存空间。"一带一路"战略将实现海陆统筹，并将发挥中国自身优势，与沿线国家实现优势互补，合作共赢，共同发展。

二 构建内生动力与合作共赢双轮驱动机制

任何经济体的发展动力均包括内生动力和外生动力两个方面，且两者相辅相成。"一带一路"战略涉及沿线 65 个国家和地区，正是经济全球化背景下中国经济进入新常态下对外开放的战略抉择，它以产能合作和先进装备制造业"走出去"为目的，加速国内发展与造福沿线国家并重，将中国经济发展的内生动力与外生动力有机结合，进而实现互利共赢，构建中国与沿线国家"双轮驱动"的新型区域合作机制。

我国对外开放的发展进程，实际上就是我国经济改革与国际经济循环互动的过程。我国对外开放的形式经历了由改革开放初期的"三来一补"（来料加工、来样加工、来件装配和补偿贸易）到"三资企业"（在中国境内设立的中外合资经营企业、中外合作经营企业、外商独资经营企业等三类外商投资企业）的结构性转变，我国成功承接了国际产业结构调整和转移的难得机遇，使中国经济融入国际经济大循环之中。改革开放以来，我国曾两次承接世界范围内的产能转移而实现了经济腾飞。第一次是 20 世纪 80 年代，我国抓住了国际上以轻纺产品为代表的劳动密集型产业向发展中国家转移的历史性机遇，大力发展加工工业，形成了中国自身的比较优势；第二次是 20 世纪 90年代，我国又一次抓住了国际产业结构调整和转移的难得机遇，极大地促进了机电产业的发展，使我国机电产品在国际市场上占有一席之地。[①] 这两次承接国际产能转移，使中国实现了向"世界工厂"的历史性转变。

---

① 王志民：《全球化下的对外开放——世纪之交对外开放的若干战略抉择》，北京出版社，2006，第 3 页。

被称为"世界工厂"的中国已经成为当之无愧的世界经济大国，但中国经济大而不强，此时中国还不是经济强国，仍然处于全球价值链的中低端。1997年，中国政府提出实施"引进来"和"走出去"相结合的对外开放战略，目的是充分利用国际国内两种资源和两个市场，平等参与国际经济竞争。但是"走出去"，建立中国的跨国公司，将中国企业做大做强，不是一蹴而就的事情。即使在中国加入WTO的2002年，中国对外直接投资额也仅有27亿美元。中国对外投资经历了一个从量变到质变的过程。2014年是中国对外开放的一个转折点，中国实际对外直接投资额达到1231.2亿美元，对外投资额首次超过吸引外资额而成为对外净投资国。今后相当长时期，中国对外投资依然呈增长趋势。据世界银行统计数据，2014年，中国的GNI与GDP之比为97%，而日本则为116%。这说明，中国经济发展不仅需要引进外资及充分挖掘内生动力来实现，同时也要靠对外投资的外生动力即投资对象国的互利共赢来推动。正确选择投资地，确保投资收益，防范投资风险，这的确由市场导向来决定，但也需要与其他国家建立相应的经济贸易机制来规范和保障，"一带一路"构想无疑是最佳选择。

中国已经是世界最大的外汇储备国、第一大商品贸易国和第三大对外投资国，还是将近130个国家的最大贸易伙伴。我国钢铁、水泥、汽车等220多种工业品产量居世界第一位。产能过剩问题突出，已经严重制约经济社会发展，成为跨越"中等收入陷阱"和全面建成小康社会的巨大障碍。其实，中国的产能过剩并非绝对过剩，而是相对过剩，面临的是产业结构升级问题。2008年国际金融危机之后，发达国家推出"再工业化"战略，发展中国家开始大力发展制造业。中国同时面临发达国家的高端制造业回流和发展中国家中低端制造业分流的双重挑战，必须通过产业结构升级来应对。然而，中国经济出现新常态，要实现产业结构升级，就必须实现由主要出口一般工业品向主要出口高技术产品、现代信息技术和服务转变，产能转移便迫在眉睫。

产业结构升级是中国经济发展的必然趋势。中国被誉为"世界工厂"，虽然是经济大国，但仍处于价值链的中低端水平。基础设施建设和中低端制造业是中国的比较优势，但已经基本饱和，钢铁、水泥、电解铝等大宗商品已经出现严重过剩，进入微利时代。同时，中国开始出现土地价格上涨、劳动力工资提高、人口老龄化等问题，这些因素都动摇着中国中低端制造业的根基。最严重的问题是，中国制造业一直处于微笑曲线的生产和制造环节即低利润环节。中国经济发展战略转型刻不容缓。就国家层面而言，应坚持走新型工业化道路，大力倡导科技兴国以提升全民族文化素质和科技水平，增加研发投入以提高国家核心竞争力，建设创新型国家。就企业层面而言，应鼓励加大研发强度，实现企业的转型升级。企业转型升级的现状并不令人乐观。同为高科技大型企业的华为和联想在研发投入上却有天壤之别。2014年，华为的研发支出就达408亿元，是联想过去10年研发投入的总和。

以开放促改革促发展，是我国改革开放30余年的一条基本经验。产能合作是中国经济与世界经济互动的必然结果，中国产业进入国际经济大循环，只有通过外生动力和内生动力相互作用才能实现。产能过剩无疑已经成为中国经济发展的一个巨大包袱，但处于工业化中期的中国制造业相对于处于工业化初期的其他发展中国家，存在着垂直分工，经济互补性很强。如果中国的产能转移到处于工业化初期的其他发展中国家，将极大弥补这些国家的技术不足，很快就能转变为生产能力和市场需求。如今，石油、钢铁、水泥等大宗商品价格下降，那些主要靠能源出口的发展中国家同样遇到极大的经济困难。对于这些国家而言，转变发展模式，发展制造业，是最佳选择，这也为中国与"一带一路"沿线国家的产能合作提供了难得的历史机遇。

"一带一路"构想，联通东亚经济圈与西欧经济圈，不仅有众多的发展中国家，而且有西欧的英国、法国、德国等发达国家。中国的产能合作当然要与"一带一路"发展中国家，甚至域外国家实施产能合作。实际上，中国处于价值链中端水平的现状更需要与处于价值链高端的发达国家实施产能合作，这对于中国产业结构升级具有极为重要的价值。"一带一路"经济走廊的合作机制，将产能合作融入东盟、南亚、西亚、北非、东非、中东欧等多个经济板块，充分利用沿线国家和地区的比较优势，形成多国经济共同发展的合力效应。2015年7月2日，中华人民共和国政府和法兰西共和国政府发表《关于第三方市场合作的联合声明》，将实现中国的中端工业生产线和装备制造水平、法国等发达国家制造业的高端水平与大多数发展中国家的工业化初期水平实现产能优势的有机整合。这是一个标志性的事件，意味着将有更多的国家参与到高端、中端和低端产能合作的国际经济合作之中。

中国与发达国家在产能合作方面有着巨大的潜力空间，且西欧的英、法、德等发达国家与美、日等国不同，经济合作特别是在技术转让方面障碍较小。中法两国可以在核电、高铁等领域开展与第三方合作，实现中国、法国和第三方市场的互利三赢。这种合作形式将中国的中端装备与法国的先进技术和核心装备结合起来共同开发第三方市场，对中国而言，意味着存量资产得到盘活，产业链迈向中高端；对法国而言，意味着更多的出口与就业；对第三方市场而言，则意味着获得更高性价比的装备与工业生产线，满足自身工业化的需求。① 第三方市场不仅可以真正做到开放合作、和谐包容、市场运作和互利共赢，将中国国内发展和"一带一路"沿线国家有机整合，使所有沿线国家受益，实现中国国内产能与国际产能的良性互动。中国与比利时也一致同意合作开拓第三方市场。中比还为此签署了互联互通、金融、通信、微电子、教育等 12 项双边合作文件。② 2015 年 10 月 22 日，中英发表《关于构建面向 21 世纪全球全面战略伙伴关系的联合宣言》指出："双方愿进一步加强国际产能合作，并对开展三方合作持开放态度。双方支持两国企业将中方产能和装备制造与英方专业知识结合起来，开展合作。"③ 中法、中比、中英合作共同开发第三方市场必将产生联动效应，这种示范效应将不仅仅局限于"一带一路"沿线国家，甚至非"一带一路"沿线国家也会参与进来。美国霍尼韦尔董事长兼首席执行官高德威在写给李克强总理的信中说："我们在中国的业务，已经在积极拓展您提到的'第三方市场'。"④

三 "一带一路"的对外开放总体战略布局

"一带一路"的一个着眼点是通过推进产能合作，推动中国经济"调结构、转方式"，促进"中国制造 2025"与"互联网＋"的结合，进而实现由"中国制造"向"智能制造"的转变。而这一目标的实现，只能通过深化改革和对外开放来完成。无论国内改革还是对外开放，都不是一个简单的经济问题，是离不开政治外交的推进和人文交流的纽带作用的。"一带一路"正是新时期中国改革开放的顶层设计，其目的是构建东西互动的对外开放新格局。"一带一路"作为中国对外开放总体战略布局，主要体现在以

---

① 史麟：《国际产能"第三方市场合作"如何从蓝图变为现实》，人民网，2015 年 7 月 1 日，http：//politics. people. com. cn/n/2015/0701/c1001 - 27239632. html。

② 《中比将合作开拓第三方市场》，《北京日报》2015 年 6 月 30 日。

③ 《中英关于构建面向 21 世纪全球全面战略伙伴关系的联合宣言》，《人民日报》2015 年 10 月 23 日。

④ 《全球企业巨头致信李克强：中国增长了，我们都会跟着增长》，中央政府门户网，2015 年 8 月 24 日，http：//www. gov. cn/xinwen/2015 - 08/24/content_ 2919040. htm。

下几个方面。

第一，"一带一路"以"五通三同"为核心价值，引领新时期中国对外开放。

国际局势错综复杂，影响和平与发展的不确定因素日益增多，后危机时期的世界经济仍在底部徘徊。发达国家在后危机时代经济恢复仍存在诸多不确定性，新兴经济体经济增速下滑，特别是美国"重返亚太"的"再平衡战略"及TPP达成基本协议，均对中国经济发展产生不利影响。与此同时，乌克兰危机并未出现缓和迹象、伊斯兰国（IS）恐怖活动不断。美国加强了与东亚国家的同盟关系，试图打造"亚洲小北约"，遏制中国的战略不会轻易改变。与此同时，国内改革开放已处于深水区，社会矛盾凸显，进入经济结构转型升级、强力反腐制度化的秩序重塑的重要时期。以习近平为总书记的党中央在提出"一带一路"战略的同时，将政策沟通、设施联通、贸易畅通、资金融通、民心相通等"五通"作为具体内涵，并作为推进"一带一路"战略的切入点。

随着全球化的曲折发展，全球性问题日益突出。全球性问题需要国际社会合力应对，"一带一路"正是中国提出的参与全球治理的战略举措，为此，中国提出以构建命运共同体、利益共同体和责任共同体的"三同"为理念，并以"五通三同"为核心价值与沿线国家一起共同塑造应对全球性问题挑战的新型价值观和治理观。"一带一路"顺应和平、发展、合作、共赢的时代潮流，秉持的是和平合作、开放包容、互学互鉴、互利共赢丝路精神，坚持共商、共享、共建原则，以丝路精神化解风险，托起构建区域合作机制的希望。正是在"五通三同"理念基础上，中国与50多个国家一起筹建亚投行，为"一带一路"提供融资支持。"一带一路"以"三同"理念为基础，通过"五通"的形式来推进中国对外开放，实现与沿线国家的全方位务实合作，从而打造"一带一路"沿线国家经济合作、政治互信、人文交流，实现构建利益共同体、责任共同体和命运共同体的良好预期。

第二，"一带一路"以六大经济走廊建设为重点，进而打造海上战略支点。

"一带一路"与京津冀协同发展和长江经济带一起被确定为优化我国经济发展空间格局的三大战略。京津冀协同发展是中央政府为疏解北京的非首都功能的重要举措，同时也顺应经济社会发展规律对京津冀地区进行业态重组，具体措施主要集中在城乡协同、城际协同、区域协同、互联互通、生态保护协同等方面。长江经济带则是我国的新区域开放开发战略，以期逐渐形成涵盖沿海、沿江、沿边的东西互动对外开放格局。随着"一带一路"战略的全面铺开，我国正与"一带一路"沿线国家一道，积极规划建设中蒙俄、新亚欧大陆桥、中国—中亚—西亚、中国—中南半岛、中巴、孟中印缅等六大经济走廊建设。根据"一带一路"工作领导小组办公室负责人、国家发展和改革委员会西部开发司巡视员欧晓理在2015第五届能源高层对话上所说，六大国际经济走廊的建设要根据不同情况有所侧重，其中建设新亚欧大陆桥经济走廊，要以基础设施互联互通为现状，以产业合作建设为载体。中蒙俄经济走廊，关键是把丝绸之路经济带同俄罗斯跨欧亚大铁路、蒙古国草原之路的倡议进行有效对接。中国—中亚—西亚经济走廊，要加强与伊朗、土耳其等走廊关键国家的合作，积极参与推进土耳其东西高铁等走廊关键线路的建设和运营，推动建立共同建设、共担风险、共享收益的合作机制。中国—中南半岛经济走廊，是要加强与泰国、柬埔寨的合作，海陆并举，推动走廊建设。对中孟印缅经济走廊，要加强政府合作机制，推动一批基础设施项目建设。①

推进21世纪海上丝绸之路，海上战略支点建设事关海上通道安全，促进与沿线国家经济贸易往来和政治互信，已经成为重中之重。《推动共建丝绸之路经济带和21世纪海上丝绸之路的愿景与行动》明确提出："海上以重点港口为节点，共同建设通畅安全高效的运输大通道。"② 目前，青岛、湛江、广州、泉州、福州、海口、北海等多个国内城市获批为"21世纪海上丝绸之路战略支点城市"。同时，海上支点要与"21世纪海上丝绸之路"沿线国家通过基础设施建设实现设施联通及产业园区建设，实施收购、参股、租赁等投资形式，对一批优良港口进行工业生产、贸易合作等综合开发，如印度尼西亚的苏门答腊岛和加里曼丹岛的一些港口、缅甸的仰光港和若开港、巴基斯坦的瓜达尔港既能促进当地经济社会发展，又能扩大中国对海上通道沿线重要港口的管控能力。

第三，"一带一路"与相关国家发展战略相契合，战略对接意义重大。

"一带一路"战略构想在经济上可以帮助中国走出经济疲软特别是出口

---

① 《我国将推进"一带一路"六大经济合作走廊建设》，中央政府门户网站，2015年9月23日，http://www.gov.cn/xinwen/2015-09/23/content_2937361.htm。

② 《推动共建丝绸之路经济带和21世纪海上丝绸之路的愿景与行动》，新华网，2015年3月28日，http://news.xinhuanet.com/finance/2015-03/28/c_1114793986.htm。

乏力的困境，同时也是对冲美国"重返亚太"实施"再平衡战略"的破局之策。为此，"一带一路"首先必须与俄罗斯国家复兴战略和俄罗斯主导的欧亚经济联盟的战略对接。俄罗斯因"乌克兰危机"受到西方经济制裁，加大了"向东看"的步伐。普京总统指出，愿将俄方跨欧亚铁路与"一带一路"对接，创造出更大效益。[①] 2015 年 5 月 8 日，中俄签署《关于丝绸之路经济带建设和欧亚经济联盟建设对接合作的联合声明》，为"一带一路"与欧亚经济联盟对接奠定了制度化基础。"一带一路"与印度"向东行动"战略对接也存在巨大空间。中印虽然都是发展中大国，但经济互补性很强。莫迪总理积极推动"印度制造"，为中印产能合作提供机遇。中国已在印度的古吉拉特邦和马哈拉施特拉邦建立了产业园区，还要在未来 5 年内向印度的工业和基础设施投资 200 亿美元。"一带一路"沿线国家中，俄罗斯位于丝绸之路经济带的咽喉位置，而印度位于陆上和海上丝绸之路的交汇之地，俄、印的作用很关键。[②]

"一带一路"沿线大都是中小国家，与中小国家的战略对接意义重大。哈萨克斯坦最早与中国探讨产能合作，"一带一路"战略与哈国内的"光明之路"经济发展战略对接成效显著。2014 年，哈萨克斯坦总统纳扎尔巴耶夫提出"光明大道"新经济计划，旨在促进经济结构转型，扩大就业，实现经济增长，与"一带一路"形成互补合作关系。蒙古国提出将其"草原丝绸之路"与"一带一路"战略对接。中韩正在就"一带一路"与欧亚倡议对接，使中国的 7 大战略新兴产业和韩国 13 大增长动力形成合作新机制。中国还就"一带一路"战略与土耳其的"中间走廊战略"、白俄罗斯的"2030 年经济发展战略"及中越"两廊一圈"、印尼的"全球海洋支点"规划对接达成共识。这些战略对接，将"一带一路"合作机制推向新的阶段。

第四，"一带一路"战略倒逼国内改革，极大地推动经济结构升级和增长方式转型。

面对复杂的国际国内形势，特别是 TPP 和 TTIP 等大型区域合作组织的压力及国内改革进入攻坚期的现实，中国需要再次拿出改革开放初期那种"杀出一条血路来"的精神，实现"调结构、转方式"。改革对企业来说，需要不断解放思想，提高研发能力，在全球价值链环节中从"微笑曲线"

---

① 《习近平会见俄罗斯总统普京》，《人民日报》2014 年 2 月 7 日。
② 李兴：《中俄印关系是推动丝绸之路经济带建设的关键》，《人文杂志》2015 年第 1 期。

的中端向两端延伸，这必然激发企业的创新动力和创新能力；改革对政府而言，必须做好产能合作和培育新兴产业的工作，进而实现国家治理体系和治理能力现代化。改革又意味着观念的更新。"一带一路"战略将推动中国企业"走出去"，更多地化解贸易壁垒的风险，推动国内改革朝着制造业高端方向发展，与沿线国家实现互利共赢。

"一带一路"还肩负着中华文明的传承与现代文明的创新，实现经济和文化双重收益。从某种意义上说，"一带一路"的"民心相通"，体现的是沿线国家对中国崛起的人心向背。中国实体经济的发展不仅是一个技术创新的积累过程，而且是一个文化演进和传播的过程。"走出去"的中国企业要在商言商，但更要眼光长远，赋予其产品和服务更多的文化内涵，在树立中国产品品牌的同时打造中国文化品牌，不仅多做"得人心、暖人心"的事，还要从人力、物力、财力上支持更多的中国非政府组织（NGO）"走出去"。产能转移又意味着中国产业向高端制造升级，为此，必须在加大研发投入的基础上，培育中国制造的精益求精的"极致精神"，赋予中国品牌独特的文化神韵，实现硬实力和软实力的双重提升。

"一带一路"横穿并环绕亚欧大陆，连接东亚、东南亚、南亚、中亚、中东、北非、中东欧、西欧等多个经济板块，已被纳入中国大国崛起的战略，成为引领中国改革开放的管总的战略，并得到近60个国家的积极响应。"一带一路"战略意在构建亚欧大陆经济圈，同时将中国与非洲合作、中国与南美合作视为"两翼"，这也将逐渐形成"一圈两翼"的中国对外开放新格局，势必为中国崛起提供强有力的地缘经济政治支撑。

广西沿边开放发展浅析

乌兰巴根

摘　要： 本文根据广西商务厅公布的 2014 年对外经贸数字，分析总结广西对外贸易发展，结合广西地区发展战略及国家新近发布的"一带一路"构建愿景文件，对广西沿边开发开放战略做出分析，以期为"一带一路"战略在西南边陲地区的运作及广西本地发展路径等问题提供参考意见。

关键词： 广西　沿边开发开放　"一带一路"

作者简介： 乌兰巴根，中国社会科学院中国边疆研究所助理研究员。

广西壮族自治区地处中国西南，兼有陆海边疆，是一个沿海、沿江、沿边的多民族边疆省份，也是中国唯一一个与东南亚国家陆地和海洋相连的省份。广西陆地边境线长 1020 公里，海岸线长 1595 公里。广西境外与越南陆海毗连，有防城港、百色、崇左 3 个边境地级市的 8 个边境县（市、区）与越南广宁、谅山、高平 3 个边境省接壤，共有口岸 25 个，其中有东兴、友谊关、水口、龙邦等 4 个陆路一类口岸，凭祥铁路一类口岸，防城港、北海港、钦州港（含果子山港）、江山港、企沙港、石头埠港等 6 个沿海一类口岸。此外，还有防城区峒中、宁明县爱店、凭祥市平而、龙州县科甲、大新县硕龙、靖西县岳圩、那坡县平孟等 7 个二类口岸和里火等 25 个边民贸易互市点。在国际经济地图上，广西正好处于泛珠江三角区域与东盟自由贸易区两大市场之间，具有自然形成的战略地位和得天独厚的陆海边疆开发开放条件。

笔者曾作为国情调研组成员，结伴单位同事，前往广西沿边、沿海市、县及相关陆海口岸进行调研，得所直感；同时听取当地相关部门的座谈介绍，对广西对外经贸合作、沿边沿海开发开放情况有了一些了解，因而对其社会经济发展、沿边沿海开发开放前景萌生了一些想法。鉴于"一带一路"战略构想的设计与着手落实，笔者认为有必要对广西这一陆海相兼的特殊边境省份做一社会经济发展评估，分析它的对外经贸合作情况，展望其未来发展趋势和前景，并为它的发展提出建议，以期为广西如何承接"一带一路"战略构想而使其落实提供参考。

一　广西对外经贸合作发展现状

近几年来，广西利用地理位置上的便利条件和丰富的口岸资源，以本自治区"十二五"发展规划为背景，积极推行沿边开放发展政策，对外经贸合作呈现新的趋势。

广西"十二五"发展规划纲要在有关对外开放方面明确指出："用好中国－东盟自由贸易区深入发展的重大机遇，全方位、多层次、宽领域扩大对外开放，全面参与国际国内多区域合作，以开放促发展、促改革、促创新，加快形成对外开放新格局和参与国际国内竞争新优势。"[1] 在此方针指导下，广西把开放合作重点放在东盟各国，例如《纲要》相关部分指出："在中国－东盟自贸区框架下拓展新的开放领域及合作空间，把广西建成我国与东盟开放合作的新高地。加强办好中国－东盟博览会和中国－东盟商务与投资峰会的机制化建设，务实推进泛北部湾经济合作和中越'两廊一圈'合作，深度参与大湄公河次区域合作，积极争取更多的中国－东盟合作机制和机构落户广西，加快建设面向东盟的南宁商务总部经济基地。深化与东盟国家互利共赢的全方位、多领域开放合作，不断扩大教育卫生、文化体育、广播影视、新闻出版等的交流合作，建设中国－东盟青少年培养基地，推进交通、电力、电讯、信息网络等的互联互通。发挥钦州保税港区、南宁保税物流中心、凭祥综合保税区的出口加工、保税物流等功能，争取北海出口加工区扩区升级和铁山港、涠洲岛对外开放，完善内陆'无水港'网络，大力发展保税物流和保税加工。加快建设南宁国家内陆开放型经济战略高地、东兴国

---

① 《广西壮族自治区国民经济和社会发展第十二个五年规划纲要》，广西壮族自治区人民政府网站，http://www.gxzf.gov.cn/zwgk/fzgh/ztgh/201105/t20110524_323633.htm，访问时间2015年4月5日。

家重点开发开放试验区，推进南宁－新加坡经济走廊、凭祥－同登、东兴－芒街、龙邦－茶岭跨境经济合作区建设。"①

对外开放合作不仅包括进出口贸易和各类港口、经贸区的建设，还包括本地企业对外投资，即"走出去"战略。对此《纲要》予以明确阐述：

"开展以东盟为重点的多种形式投资、贸易、产业等合作与交流，鼓励和支持汽车、机械、农业、林业、矿业、农垦、制糖、能源、中医药和科技、教育、文化等行业领域的骨干企业'走出去'，带动一批上下游中小企业走向国际市场，建立资源开发和农产品加工基地，以及科技文化教育交流基地，推动承建周边国家的交通、能源等基础设施项目，扩大与东盟、非洲等国家的农业国际合作。鼓励企业以收购、兼并、上市、重组等方式开展境外投资。稳步推进中国－印尼经贸合作区、中国－埃塞俄比亚农业技术示范中心、玉林－文莱合作开发水稻基地等建设，力争建设更多的境外经贸合作区。以东盟、非洲、南美等为重点，支持企业直接参与国际工程招投标、境外工程分包和劳务合作，积极参与国家援外项目建设。落实支持企业'走出去'的各项政策措施。维护企业海外权益，防范各类风险。"②

从数据统计上看，广西各地的对外贸易发展各有增减，然而沿边沿海各市、县的情况一直保持快速增长的态势。2014 年全区进出口总额为 4055305 万美元，同比增长 23.5%。

如按企业类别分析的话：

民营企业总额 2144756 万美元，占比 52.9%，同比增长 31.4%；

外商投资企业总额 1060230 万美元，占比 26.1%，同比增长 12.0%；

国有企业总额 850276 万美元，占比 20.9%，同比增长 20.9%。

如按贸易方式分析的话：

一般贸易总额 1466222 万美元，占比 36.2%，同比下降 1.6%；

加工贸易总额 838377 万美元，占比 20.7%，同比增长 63.6%；

边境小额贸易总额 1472781 万美元，占比 36.3%，同比增长 28.0%；

对外承包工程总额 3688 万美元，占比 0.1%，同比增长 49.6%；

其他贸易总额 274236 万美元，占比 6.8%。

---

① 《广西壮族自治区国民经济和社会发展第十二个五年规划纲要》，广西壮族自治区人民政府网站，http://www.gxzf.gov.cn/zwgk/fzgh/ztgh/201105/t20110524_323633.htm，访问时间 2015 年 4 月 5 日。

② 同上。

如按产品类别分析的话：

机电产品总额 1398137 万美元，占比 34.5%，同比增长 48.9%；

高科技产品总额 465403 万美元，占比 11.5%，同比增长 47.4%。[①]

如按各市分析的话：

崇左最多 1469407 万美元，同比增长 43.0%；

南宁 481410 万美元，同比增长 9.0%；

钦州 533447 万美元，同比增长 51.1%；

北海 350016 万美元，同比增长 29.7%；

防城港 546866 万美元，同比增长 27.3%；

柳州 226825 万美元，同比下降 21.3%；

梧州 124948 万美元，同比下降 29.2%；

其余各市均在十万美元以下，兹略。[②]

如按国家或地区来分的话：

亚洲国家最多，总额 2739927 万美元，同比增长 30.3%；亚洲国家或地区包括印度、日本、韩国，以及中国香港、澳门、台湾，其中香港的总额最高，分别为 264549 万美元，同比增长 50.1%；台湾居次，总额 137506 万美元，同比增长 170.6%。

东盟组织总额 1988602 万美元，同比增长 24.9%；其中越南就有 1633772 万美元，同比增长 28.7%。

欧洲（欧盟之外，包括俄罗斯）总额 193110 万美元，同比下降 22.7%。

欧盟组织总额 141457 万美元，同比下降 19.4%。

非洲总额 209141 万美元，同比增长 79.3%。

拉丁美洲总额 427053 万美元，同比增长 47.7%，其中巴西总额 215989 万美元，同比增长 20.7%。

北美洲总额 333543 万美元，同比下降 3.1%。

大洋洲总额 152528 万美元，同比下降 15.7%。[③]

---

① 《2014 年广西进出口贸易分类统计表》，广西商务厅网站，http：//www.gxswt.gov.cn/htmlcontent/tjxx，访问时间 2015 年 4 月 5 日。

② 《广西进出口总值表》，广西商务厅网站，http：//www.gxswt.gov.cn/htmlcontent/tjxx，访问时间 2015 年 4 月 5 日。

③ 《2014 年广西对主要国别（地区）进出口情况》，广西商务厅网站，http：//www.gxswt.gov.cn/htmlcontent/tjxx，访问时间 2015 年 4 月 5 日。

从上列统计数据看，在 2014 年广西对外贸易中，亚洲国家和地区仍是主要贸易对象，贸易量稳步增长，其中越南的总量最高，增长速度也很可观，中国香港、台湾的增长比例呈现飙升势头，然而绝对量仍不及越南。非洲、拉丁美洲的贸易量仍呈现增长，相比之下，欧洲、北美洲和大洋洲这些地区却出现下降势头，而且跌幅也不小。单从贸易总额看，就能看出全球经济不景气，尤其西方发达国家经济疲软。但从广西的角度看，这一不景气似乎干系不大，因为广西目前的贸易对象主要是东盟，其中越南是重点，贸易量稳步增长。由于越南推行较为积极的开放政策，国内经济建设和市场化程度得到快速发展，对外贸易量也逐年连续增长，与中国广西的进出口量具有可持续发展的基础。

从上列数据，也可看出广西进出口贸易的一些特点。比如，各市进出口增减情况互有不同，崇左、钦州、北海、防城港四个市增长幅度也可观，然而柳州和梧州却下降，幅度也不小。地区之间的差异应由各市地理位置不同、主要贸易伙伴的情况有变等情况来解释。就国内贸易主体而言，民营企业（包括集体企业和私营企业）的占比最高，且增长速度最快；外资企业总量颇高，然而增长速度缓慢；国营企业占比略低，然而增长速度可观。需要关注的是贸易方式问题。从数据统计上看，边境小额贸易占比最高，一般贸易居次。之所以边境小额贸易占比如此高，是因为广西与越南的贸易很大程度上以边民小额免税贸易为主要形式。越南目前是广西最大的贸易伙伴，然而越南北部陆上对外贸易却以边民小额贸易为主要推动引擎。这种情况可能还要延续一段时间，原因是多方面的：一方面，中越陆上边境都是山区，交通设施暂时还未达到理想的水平，交通运载量有限；另一方面，中国方面，在广西边区目前尚未形成一定规模的产业贸易地带，加之边区人口偏少；还有对方即越南的经济发展水平和对外贸易规模、向中国输出的产品类别等也影响两国贸易形式。

除了进出口贸易外，对外投资和引进外资两项数据，也是估算广西对外经贸合作的重要指标。据广西商务厅公布的统计数字：

"2014 年 1～11 月，我区核准企业境外投资 57 个（含增资和境外机构），较去年同期增加 15 个，协议总投资额 236770 万美元，其中中方协议投资额 211955.8 万美元，比去年同期增加 177%。实际投资额 15062 万美元，同比增长 86.51%。投资目的地涉及中国香港、马来西亚、越南、泰国、柬埔寨、文莱等国家和地区。行业主要涉及钢铁、矿产资源开发、投资服务、农产品种植与加工、日用品生产、运输和机械制造等。"①

2014 年 1 ~ 11 月，广西实际利用外资总额 88975 万美元，其中中国香港总额 47192 万美元，占比 53.04% ；其次为投资性公司，总额 14421 万美元，占比 16.21% ；再则为瑞典，总额 11799 万美元，占比 13.26% 。其余还有英属维尔京群岛、毛里求斯、新加坡、萨摩亚、美国、泰国、加拿大等国家或地区②，但各自所占比例不高。

广西境外投资快速增长，得益于国家大力推行的开发开放政策，也是中国经济实力稳步增长，经济总量跃居世界第二位的直接反映。境外投资增速将会持续长久，也可预期。从投资目的国分析，主要还是集中在包括中国香港在内的东南亚国家和地区，这显然与广西所处的地理位置、由来已久的经贸往来关系有关。从这一特点看，广西未来对外经贸关系发展，将以东南亚地区为发展重点，似乎成为必然趋势，无可更改。利用外资方面的情况，也反映这一趋势。中国香港作为最大的资金来源地区，对广西的投资与其自身经贸合作的总趋势、总联系相一致。

综上所述，广西近几年来，由于推行积极有效的对外开放政策，在进出口贸易、引进外资及对外投资等方面，均取得了较为可观的成绩。由于全球经济不景气，与西方发达国家之间的贸易量、投资量呈现萎缩，然而与东南亚地区、东盟组织，尤其与越南的经贸合作呈现稳步、快速的发展态势。鉴于中国整体经济发展及其影响力的稳步增强，中国与东盟之间经济合作的不断升格，加上本区社会稳定、民族关系和谐、沿边开发开放积极，广西在陆海两路上与东盟尤其与越南的经贸合作，必将日益增强。这对本区经济社会发展、国家"走出去"战略的实施及"一带一路"构想的实现都具有积极意义。

二 广西对外开发开放存在的问题

广西对外贸易、引资及投资等方面呈现较为乐观的形势，然而从长远发展的角度看，也有不少问题有待解决。

---

① 《2014 年 1 - 11 月对外投资统计》，广西商务厅网站，http：//www.gxswt.gov.cn/htmlcontent/tjxx，访问时间 2015 年 4 月 5 日。
② 《2014 年 1 - 11 月广西直接利用外资分国别汇总表》，广西商务厅网站，http：//www.gxswt.gov.cn/htmlcontent/tjxx，访问时间 2015 年 4 月 5 日。

（一）广西沿边口岸基础设施仍需改善

广西虽然兼有陆海边疆，开发开放先决条件得天独厚，但是由于接壤的越南经济发展起步较晚，总量有限，所以比起其他沿海地区，其开发开放在深度和广度上仍显滞后。

广西边境口岸普遍存在道路建设滞后、公路等级低，口岸闸口狭小、通货能力不强，货场规模较小、扩展余地受限以及口岸查验设备老化等诸多问题。

广西全区都是山区，交通基础设施建设难度很大，加上资金短缺，目前仍然跟不上经济发展及对外开放的步伐。我们在调研、座谈时，当地相关部门及口岸一线工作人员一再谈到交通设施滞后问题。广西社会科学院相关调研组撰写的报告也反映了这一情况，如云倩等人撰写的《广西沿边开发开放调研报告》指出："各口岸均存在基础设施建设滞后的问题。除凭祥市的口岸有铁路和南友高速公路以外，其他沿边地区的边境口岸多为二级路或者是更低等级的公路。东兴市目前唯一的口岸通道是20世纪50年代兴建的中越大桥，桥面双向两车道，通关能力受限。东兴市作为西南边陲第一口岸城市，至今仍未建铁路、机场，口岸经济的发展受到严重制约。那坡平孟口岸升格为国家一类口岸后，基础设施建设有所改善，但目前口岸通往县城及周边地区的公路仍是三级柏油公路（平孟至那坡县城二级公路正在修建当中），不适应大型货车过货通行。"[①] 其他各种基础设施均存在不同程度的滞后。例如，口岸检验检疫方法老套，过货率低，不同程度地制约货物通关速度。我们在调研中发现，崇左市凭祥市友谊关口岸目前正在筹建货物检验检疫流水系统。该系统较之传统的检验检疫方法，先进了一大步，能够对通关车辆、货物快速完成检验检疫各种相关流程，将为口岸过货率的提高发挥重要作用。类似系统其他口岸也应建立。广西边境口岸及其他边民互市点相关设施，一般都由地方政府负责建设、维修及升级，然而地方政府在财力上心有余而力不足，社会资金也因为本地区产业落后、不成规模而不易进来，所以建设资金短缺仍是基础设施建设的瓶颈问题。另外，山区自然条件也约束着基础设施建设的推进。铁路、公路建设本身就造价昂贵，加上山高沟深，钻山搭桥，不仅需要大量资金，还需要更大的工程量。就连口岸办公场所的建设也需要削山填沟，弄出一点平地，建设进程举步维艰，堪称愚公移山。

---

① 云倩、张磊、颜洁、黄志勇：《广西沿边开发开放调研报告》，《东南亚纵横》2014年第1期。

（二）广西本区产业结构面临调整

产业结构的调整一直以来是中国经济发展中的重大问题，国家决策部门及有关专家学者一直呼吁、探讨中国产业结构的调整。广西作为边境地区，工业基础薄弱，尚未培育内部较为系统的产业结构和外向影响较大的产业品牌。目前，广西边境地区产业以过路贸易服务、边民货物交易和边境旅游为主。这些产业，工业含量少，结构单一，力度不足，而且严重依赖内地市场需求。过路贸易服务，只是一种零星的服务行业，规模与发展前景不大。边民货物交易确系目前占比最大的外贸形式，然而这种小农时代的贸易形式断难适应现代化经济的发展。旅游业也是一个不甚稳定的产业。笔者在调研中发现，广西各边境市县，除了红木加工等个别的品牌产业之外，其余流通的商品都是一些日常用品、首饰、玩具等小件物品，口岸上的各类服务行业也与内地并无二致，尚未形成独具特色、交易价值较高、规模可观的口岸经济。这与广西整个地区的产业现状、产业结构有关。广西虽然在甘蔗、糖业及红木加工等传统特色产业上仍有雄厚实力，然而鲜有其他大型企业、规模化的制造业，尤其是高端技术产品企业几乎没有。即使糖业和红木产业较有名气，然而放诸整个中国的大市场和东盟产业链条中，其质与量显然不足为继。就拿红木加工来说，原料供应基本依靠从外进口，依赖性大，成本亦高，售价昂贵。红木原本不可多得，再生周期漫长，加上原料产国纷纷管制，原料来源与日俱减，产业前景尤其堪忧。产业的单一性和初级加工性，得益率低，竞争力弱，一旦受到外力冲击，将难以为继。"此外，沿边地区的企业多为传统的进出口服务型企业，流动性较大，对政策的敏感度较高，一旦优惠政策发生弱化，随即可能转移到其他地区。大型加工企业及现代服务性企业的缺乏成为制约沿边地区开发开放的重要因素。"①

然而，与之互动的却是发展势头强劲、一体化进程较快的东盟组织，随着中国与东盟贸易自由化的推进，广西将越来越面临中国-东盟这一大市场的分工整合。因此，加强产业结构调整，建立较为系统、先进的产业结构，以面对东盟-中国内地的经济连环与互动，是将来广西社会发展和对外经贸合作的根本问题。其中培育本地大型工业企业，发展本地特色产业及树立本地特色产品品牌，是提升产业结构、提高影响力的重中之重问题，也是拉动本区经济、贸易的一大引擎。这需要政策扶持、投资导向及产品研发等多种具体措施。

---

① 云倩、张磊、颜洁、黄志勇：《广西沿边开发开放调研报告》，《东南亚纵横》2014年第1期。

（三）广西本区沿边开发开放面临外部竞争压力较大

广西由于本身经济发展起步较晚，在沿边开发开放上受到周边先发地区的竞争乃至挤压。广西的主要贸易、合作对象是越南，然而越南与中国其他沿海地区还能海路相通，很多越南产品以海路方式运往中国其他沿海港口，由该港口销往内地。缘此，广西所得到的份额大大减少。中国的部分产品也同样由海路运往越南，不经过广西境内，直达越南港口。另外，陆上口岸也有不少份额被其他省份占去。就中国内部而言，云南省对东盟的开发开放，是广西沿边开发开放的最大的竞争对手。云南很早就开始参加大湄公河次区域开发合作，率先成为中国西南对东盟开放的省份。凭借这一国际次级区域开发合作项目，云南的众多对外陆路口岸获得了各种优惠优先政策扶持，抢占了与东盟国家陆上经贸合作先机。另外，云南在地缘上与缅甸、老挝、越南三国毗连，地缘条件极为有利，经贸合作扩展余地广大。云南省适时抓住机遇，除了发展口岸经济外，还提出了优先发展六大新兴产业、面对东盟提高工业化程度的观点①。由于天时地利条件优越，云南省自身以"中国 – 东盟的桥梁"定位。广西虽然早在 2005 年 7 月就加入这一开发项目，然而由于地缘上的不利，发展空间大大受限。再说东邻广东，也是广西的强劲竞争者。广东虽然陆路上与东盟没有毗连，然而海上可以通达越南及其他东南亚国家。广东具有产业优势。由于开发开放得早，它有一套成熟的国际贸易机制，更有一批竞争力强的产业群体，所以它与东盟的贸易额占去了一大比例。面对与广东的竞争，广西在基础设施、产业结构方面的缺陷逐渐暴露。除了内地东西二邻之外，中国香港、澳门等其他沿海发达地区，也是抢占东盟贸易的竞争户。

广西具有陆海边疆，与东盟重要国家越南仅一线之隔，然而其口岸硬件设施滞后、内部产业结构欠佳及外部竞争激烈等不利因素，在一段时间内影响广西沿边开发开放，从而使广西从对外合作中得到的利益受限。

三 对广西沿边开发开放的政策建议

如上所述，广西对外经贸合作已取得很好成绩，然而也存在各种困境、

---

① 王永刚：《云南优先发展六大新兴产业》，原载《云南日报》，转引自云南省商务厅网站，http：//www.bofcom.gov.cn/bofcom/432922855076790272/20150318/386857.html。

难题，乃至潜在不足。广西如要凭借陆海边境及区位优势，发展对外经贸合作，借以促进本地区社会经济发展，就应先稳固已有的对外经贸合作，使其持续发挥作用；逐步改善各种条件，完善机制，解决现有难题，消除潜在不足；然后才能面对环邻竞争，取得经济社会发展的强大助力。

随着中国经济实力的增强及开放战略的重新布局，广西面临更好的发展机遇。党的十八届三中全会指出："适应经济全球化新形势，必须推动对内对外开放相互促进、引进来和走出去更好结合，促进国际国内要素有序自由流动、资源高效配置、市场深度融合，加快培育参与和引领国际经济合作竞争新优势，以开放促改革。要放宽投资准入，加快自由贸易区建设，扩大内陆沿边开放。"①

2015 年 3 月 28 日，国家发展和改革委员会、外交部、商务部联合发布了《推动共建丝绸之路经济带和 21 世纪海上丝绸之路的愿景与行动》（以下简称《愿景与行动》），文件强调政策沟通、设施联通、贸易畅通、资金融通、民心相通，第六部分"中国各地方开放态势"中明确指出："西南地区，发挥广西与东盟国家陆海相邻的独特优势，加快北部湾经济区和珠江－西江经济带开放发展，构建面向东盟区域的国际通道，打造西南、中南地区开放发展新的战略支点，形成 21 世纪海上丝绸之路与丝绸之路经济带有机衔接的重要门户。发挥云南区位优势，推进与周边国家的国际运输通道建设，打造大湄公河次区域经济合作新高地，建设成为面向南亚、东南亚的辐射中心。推进西藏与尼泊尔等国家边境贸易和旅游文化合作。"②《愿景与行动》提出的"五通"，如实地反映了"一带一路"战略构想互利互惠的实质和具体实施内容，涵盖了各个互动层面。文件从广西陆海兼拥的自然条件出发，充分考虑了它与东盟陆海相连的区位优势；兼顾广西经济开放发展重点，点出北部湾与珠江－西江经济区；按照互联互通的要求，给广西以国际通道的定位；从全国经济平衡发展的角度，给它以西南、中南开放发展战略支点的定位；从"一带一路"衔接的战略高度，给予衔接门户的定位。文件提到的一个优势、两个经济区、一个通道、一个支点和一个门户，从不同的角度、从不同

---

① 《十八届三中全会报告》，百度文库，http://wenku.baidu.com/link? url = Jo9EwrNOaMwPg7 uQ9As7ZpZ6JKNsU5UobuWgE888K5p-gOTqW23hxzl2zTLJ4Jylf0LL5H-Sqv6mWdFc1cZNBURg 1VStETy73w654xliuQq。

② 国家发展和改革委员会、外交部、商务部联合发布：《推动共建丝绸之路经济带和 21 世纪海上丝绸之路的愿景与行动》，新浪财经，http://finance.sina.com.cn/china/20150328/140021834007.shtml? sina-fr = bd.ala.xw。

的战略层面，反映了广西区位优势、发展现状及未来需求，而各个层面的定位贯穿着两个核心内容：开放与发展。文件兼顾广西本地开放发展的需求与国家战略布局的要求，既突出广西的区位优势，又考虑到它的开放、发展的方向，还阐明了它在全国一盘棋中的位置及在国家开放、发展大局中所要承担的义务。广西应该结合自身发展现状及发展需求，按照上述文件所示布局及定位，以"一带一路"建设为契机，全方位地重新审视本区经济战略，用开放与发展为核心内容，以现有经济发展水平及对外经贸合作为基础，统筹规划今后经济战略，以期提高本区社会经济发展水平，拉近与发达地区的距离，争得与自己所处优势区位相称的经济地位。

（一）应该统筹制定本区开放与发展战略，以顺应落实国家布局及定位

上述三部委联合发布的《愿景与行动》，从国家开放全局及"一带一路"战略高度出发，结合广西区位优势及地区发展需求，已经明确指明了广西的开放发展的方向。广西方面应该参照该愿景与行动指南，根据自身实际情况及未来发展需求，统筹合理地制定本区开放发展战略，全面铺开沿边开放发展的大局面，综合利用各种开放措施，促进口岸经济与特区、自贸区等共同发展，使本地区社会经济发展及沿边开放符合国家布局要求，谋求从大开放、大战略构建中获得本地区的开放与发展。制定开放战略，须从本地实际出发，结合国家大布局，好搭上"一带一路"构建的便车。本地层面上应以口岸经济、特区经济为重点，采取各种边区优惠政策，招商引资，充分利用国家投资与社会融资，搞好交通设施等基础建设，为开放发展创造良好的硬件基础。在地区层面，则应避免竞争，发挥自身的独特优势，突出本地特色，明确战略目的，有的放矢。《愿景与行动》从全国一盘棋的全局出发，根据各地各自区位优势及发展水平，给沿边各省区以各自相应的定位，目的就是要各省区发挥各自的区位优势，按自身特点，与邻近国家，采取积极的开放举措，以此避免内部竞争，重复建设，妨碍资源的高效配置。广西方面既然与云南同属西南，又同样毗连越南，那么与越南互动时，就应充分评估本地优势和劣势，制定符合自身的开放政策，避免与云南等省区发生不必要的重复和竞争。

（二）应该加强基础设施建设，为开放提供良好的硬件准备

上述《愿景与行动》已经把广西定位为国际通道和"一带一路"衔接

门户，这意味着对广西交通设施提出了新的更高的要求，将广西的基础设施建设，尤其道路建设提升到国家全球开放战略的高度，超出了广西本地开放与发展的水平要求。广西交通条件原本欠缺，需要很大的力度去建设。《愿景与行动》中提到的高度，为广西的道路建设带来了机遇，借此广西可以大力投入道路建设，动用财政投资，利用社会融资，全面建设全区交通道路，改善交通条件，建好符合国家开放要求的公路网络、铁路网络、港口设施及航空设施，打好互联互通的基础，以迎接"一带一路"建设可能带来的新一轮开放潮流和发展高潮。长期以来，在广西的交通设施建设中，资金是个瓶颈问题。中国正在倡议筹建的亚洲基础设施投资银行为包括广西在内的基础设施建设欠缺的地区带来了新的机遇。广西将有机会利用亚投行的资金，大力建设基础设施。

边境开放程度是沿边开放的关键所在，开放程度的高低主要源于国家开放政策及本地发展需求。中国目前对外开放，在程度上日益宽松，逐步与国际市场接轨是大势所趋。广西可以根据国家对外开放政策，提高开放程度、扩大开放面积。笔者在广西边区调研时，多次听到当地有关部门对开放引进劳动力问题的看法。据了解，广西每年收割甘蔗所需大量劳动力，本地不敷用度，雇用国内劳动力则嫌价格贵，人手也难招募。相比之下，越南的劳动力资源丰富，而且比国内劳动力低廉很多。然而，国家没有引进劳动力的相关规定，口岸上无法办理相关手续，越南拥有的大量的劳动力可望而不可用。类似现象广西方面可以请示敦促国家有关部门尽快拿出相关规定，争取解开劳动力引进相关死结，这对地区发展很有必要，也是开放发展的一个具体步骤。口岸基础设施建设及管理模式的改善，是对外经贸合作的关键问题。口岸基础设施建设包括交通设施、关口设施、检验检疫系统设施等方面。广西沿边口岸的海路、陆路交通设施，应构建综合网络，以保障口岸与口岸之间、口岸与腹地之间畅通无阻。"加速构建广西沿边地区综合交通网络。公路方面，按照一类口岸通高速，二类口岸通二级、县城之间通二级、乡镇通三级、村村通等级公路的标准，全面规划公路建设。加快崇左－靖西、靖西－那坡、崇左－水口、靖西－龙邦、那坡－富宁高速公路建设，并尽快规划建设东兴至防城港的高速公路，以高级公路将东兴—防城港—南宁连接起来，提升东兴口岸的对外输送能力，并通过与南宁的互联弥补空运的缺失。"① 除了基础设施建设之外，应该加强边区经济，

---

① 云倩、张磊、颜洁、黄志勇：《广西沿边开发开放调研报告》，《东南亚纵横》2014年第1期。

包括各种产业园区、互市贸易区、边境经济合作区、综合保税区、跨境经济合作区建设项目，为沿边开放发展创造良好的互动空间。

（三）应优化本区产业结构，以面对东盟－中国大市场的分工整合

广西应根据自身发展需求，从长远计，调整产业结构，优化产业体系，优化资源配置与利用。《愿景与行动》既然给广西以战略支点的定位，那么广西不光是一个国际通道，还应当担负起中国东南部、中部新兴发展地区的责任，利用"一带一路"构建所提供的便利条件，培育发展前景可观、规模较大的实体经济。除了升级传统的优势产业之外，广西还应该积极承接东部产业转移，根据当地生态、技术及劳动力条件，有选择性地发展一些新兴制造行业，这对广西的未来长远发展很有必要。

综上所述，广西近年来在对外经贸合作、沿边开放发展方面取得了很好的成绩，表现出后起之秀的强劲风貌。然而由于各种原因，仍有很多难题、困境及潜在不足制约着自身的顺利发展。有幸的是，国家已经出台"一带一路"构建愿景与行动方案，给广西以多重开放发展定位，这为广西的开放发展指明了方向。相信广西相关部门一定会抓住机遇，发挥广西陆海兼有的天然优势，大展宏图，推动本地社会经济发展再上一个新的台阶。

边政研究

中国边疆学

（第四辑）

汉初北部边疆置郡问题蠡探[*]

——以汉匈间的军事行动为视角

尤　佳

摘　要： 汉匈间的军事行动显示，汉初地处北部边疆的九原地区大部分辖域仍在汉中央政府的统治之下，汉廷于此地设置了一系列重要城邑。汉初，中央在此应未设置郡级行政建制，这些城邑很可能东属云中郡管辖。直至元朔二年（前127），汉武帝击匈奴、收"河南地"、置朔方郡时，该地区很可能才析自云中郡而设置为五原郡。北部边疆地区在汉代的交通与军事上都具有十分重要的战略地位，它是汉王朝与匈奴之间军事竞逐的核心区域。

关键词： 汉初　北部边疆　郡县设置　汉匈关系

作者简介： 尤佳，云南民族大学人文学院历史学系副教授、硕士生导师。

由于传世文献记载的不足，关于汉初九原地区是否置郡问题的研究一直难以深入。学界的一般看法是，汉初该地区没入匈奴，至武帝元朔二年（前127）收"河南地"后，才在此地设置五原、朔方二郡。[①] 囿于史料，当时人们只能作如是观。张家山汉简出土后，其中《二年律令·秩律》记录了有关秦汉时期地理、职官等领域的珍贵信息，为人们推究《史记》《汉

---

* 本文为国家社科基金项目"中国边疆治理传统战略研究"（14XZS002）、国家民委研究项目"基于课程群建设的民族院校中国史学科课程体系与教学内容改革研究"（13052）、云南省高等学校卓越青年教师特殊培养项目（2014YJ008）的阶段性成果。

① 参见谭其骧《西汉地理杂考》，《长水集》上，人民出版社，1987，第96~97页；周振鹤《西汉政区地理》，人民出版社，1987，第155页。

书》未详载的汉初地理情况提供了很大帮助，尤其有利于人们加深对汉初北部边郡范围、郡县设置等问题的认识，如关于汉初九原边地是否拥有郡级行政建置问题的认识。已有学者利用简牍材料进行了探讨，提出了新观点，其中最具有代表性的是周振鹤与辛德勇两位先生的看法。周先生认为，《秩律》所载九原地区后属五原郡辖下的九原、西安阳等七县①；在吕后二年（前186）以前东属云中郡统辖，武帝所收河南地只相当于《汉书·地理志》记载的朔方郡地。五原郡地在元朔二年以前，一直是在汉帝国疆域范围内，只是未单独立郡。他推测，五原郡乃是在置朔方郡的同时，析云中郡西部地而置。② 晏昌贵、王翠、马孟龙等亦持相似观点。③ 辛先生对汉初九原地区是否独立设郡的问题，持不同意见。他认为，九原郡在西汉初年，还是应当如《汉书·地理志》所记载的那样，独立存在，武帝元朔二年时只是因辖境扩展，始更名为五原郡；《二年律令·秩律》所列云中、九原等十三县，也应当参据《汉书·地理志》五原、云中两郡所辖县份，将其分别归属于九原郡和云中郡。④ 赵志强亦持此见。⑤

此外，还有其他一些观点。如肖爱玲认为，汉初九原地区并未置郡，五原郡乃设于武帝时。但与周振鹤先生的观点不同的是，她认为，汉初此地尽管没有设郡，但至迟在吕后二年，该地县邑均已直属中央所有。所以，她在其专著所附的《高祖十二年（前195）郡国形势表》里，在中央所辖汉郡栏中未列出五原郡。⑥ 还有，朱郑勇对高祖时帝国北部的疆界是否到达阴山南麓，还意存怀疑。他主张，云中郡的北界至惠帝、高后初年时才到达阴山

① 张家山二四七号汉墓竹简整理小组：《张家山汉墓竹简》之《二年律令·秩律》，文物出版社，2001，二年律令图版，第443、447、448、458号简，第43~45页；释文注释，第193~197页。
② 周振鹤：《〈二年律令·秩律〉的历史地理意义》，中国社会科学院简帛研究中心编《张家山汉简〈二年律令〉研究文集》，广西师范大学出版社，2007，第359页。
③ 分别参见晏昌贵《〈二年律令·秩律〉与汉初政区地理》，中国地理学会历史地理专业委员会《历史地理》编委会《历史地理》第21辑，上海人民出版社，2006，第51页；王翠、马孟龙《汉高帝十年侯国地理分布研究》，中国地理学会历史地理专业委员会《历史地理》编委会《历史地理》第26辑，上海人民出版社，2012，第82~83页。
④ 辛德勇：《张家山汉简所示汉初西北隅边境解析——附论秦昭襄王长城北端走向与九原云中两郡战略地位》，《历史研究》2006年第1期。
⑤ 赵志强认为，九原郡即自赵武灵王初置一直到西汉前期，始终存在，并保持独立建置，虽然疆土时有盈缩，但从未并入他郡。此说详见赵志强《秦末汉初北部边界考略》，《中国历史地理论丛》2011年第3期。
⑥ 肖爱玲《西汉城市体系的空间演化》，商务印书馆，2012，第37~38页。

南麓。所以他认为，高帝时秦九原郡在阴山南麓的土地，仍有可能陷于匈奴。至于汉朝收复这片土地后，是将之归于云中郡，还是重置九原郡，作者认为，"于史无证，只好阙疑"①。

基于此，笔者以为这一问题还有必要进一步阐释论证，并尝试运用新的研究视角予以申说，不当之处，敬祈大家批评指教。

一

上述诸说，除辛德勇先生对自己的观点做了原因分析外，其余诸家都未就各自主张做充分的解释、说明。因而，本文的学术检讨拟以辛文为主要对象进行分析与讨论。

辛德勇先生经过深入、细致的论述与考证后推断，九原郡在汉初独立存在，辖有《二年律令·秩律》所列九原、西安县等七县。在对辛先生的观点进行讨论之前，笔者拟首先对其论证过程进行一个梗概的梳理。

辛先生论证的基础之一是：高祖末年，云中郡辖有十二县。其史料依据源于《史记·绛侯周勃世家》，此卷叙述周勃平定代地之经过曰："击陈豨，屠马邑。所将卒斩豨将军乘马絺。转击韩信、陈豨、赵利军于楼烦，破之。得豨将宋最、雁门守圂。因转攻，得云中守遫、丞相箕肆、将勋。定雁门郡十七县，云中郡十二县。因复击豨灵丘，破之，斩豨得豨丞相程纵、将军陈武、都尉高肆。定代郡九县。"辛先生据此认为，云中郡辖有十二县，但如此推断也产生出一个问题。据该卷记载，高祖十一年（前196），云中、雁门、代三郡共辖有三十八县。但《汉书·高帝纪下》记高祖六年（前201）刘邦封刘喜为代王事云："壬子，以云中、雁门、代郡五十三县立兄宜信侯喜为代王。"比较这两则史料，我们发现，自高祖六年至十一年的短短五年间，三郡辖县竟减少了十五个，平均每郡减少五县。对此，辛先生的解释是，"陈豨叛乱与朝廷平叛的军事行动，以及匈奴连年侵袭所造成的人口损耗，完全有可能导致朝廷裁减撤销一些县级建制。……云中、雁门、代郡三郡的属县，从高祖六年的五十三县下降到高祖十一年的三十八县完全合乎情

---

① 朱郑勇：《西汉初期北部诸郡边界略考》，《中国历史地理论丛》2008 年第 2 期。

理；高祖末年云中郡下辖十二个县，这一数目无可置疑。"①

接下来，辛先生进一步阐述，平定陈豨叛乱后，刘邦对代国的封域进行了调整，将云中郡一分为二，分云中县以东部分置定襄郡，属代国；以东部分仍沿用云中郡名，属汉。基于之前的结论——云中郡辖有十二县，辛先生参照两郡的地域范围、户口数额及后来的辖县情况等因素认为，调整后的云中、定襄两郡最初各自应下辖六县。辛先生最后得出结论，从汉朝建立之初直到吕后二年，云中、九原两郡一直独立存在，二者并未合并在云中郡的名下。在做出该判断的同时，他还进行了反证，说："若是假设九原、云中两郡在汉初已经合为一郡，那么，《秩律》所载云中、九原等十三县，统统隶属于云中，也就意味着在汉高祖十一年到吕后二年这十年间，云中郡迅速增加了大约七个县。考虑到这一时期束手挨打的边防态势，当地不断遭受侵袭抄掠的社会生活状态，这种可能性恐怕微乎其微，几可排除。"②

辛德勇先生的探讨予人的启发与教益颇大，但某些方面似乎堪容商榷。

首先，关于"云中郡十二县"的理解。

辛先生立论的基础，或说是论证的起点是：云中郡领辖十二县。之后他据此认为，在高祖十一年析分云中郡为新云中郡与定襄郡时，两郡的属县各为六个。如此，便与《二年律令·秩律》所记后属云中郡六县之数目相合。这样，也就排除了张家山汉简所示后来辖于五原郡的九原、西安阳等七县并入云中郡的可能性，此七县也就只能由袭秦之旧的九原郡来统属了。但是，高祖十一年之前，云中郡的属县确实是十二个吗？《史记》"云中郡十二县"一语是否一定表明云中郡的辖县数为十二呢？这是一个根本性的问题。

辛德勇先生所依据的《史记·绛侯周勃世家》"定雁门郡十七县，云中郡十二县"的句式在《史记》中很常见，如《史记·靳歙列传》记其平定陇西事云："（靳歙）西击章平军于陇西，破之，定陇西六县。"那当时陇西郡辖县数目是六吗？这段文字反映的是楚汉战争时期的战事，此时秦朝刚刚灭亡，刘邦甫立为汉王，是时陇西郡的属县情况当与秦时相差无几。检诸相

---

① 辛德勇：《张家山汉简所示汉初西北隅边境解析——附论秦昭襄王长城北端走向与九原云中两郡战略地位》，《历史研究》2006年第1期。

② 辛德勇：《张家山汉简所示汉初西北隅边境解析——附论秦昭襄王长城北端走向与九原云中两郡战略地位》，《历史研究》2006年第1期。

关研究成果，谭其骧先生主编的《中国历史地图集》标注，秦陇西郡可考之县有七：上邽、下辨、西县、临洮、冀县、狄道、枹罕。① 马非百先生《秦集史》考证，秦陇西郡置有十二县，较前者多出五县：榆中、绵诸、成纪、故道、獂道。② 后晓荣先生利用秦汉考古文物资料考证，秦陇西郡领县有二十一个。③ 综合以上诸说，秦末陇西郡统辖的县份数目至少有七个，"定陇西六县"只表明靳歙于陇西郡降定六座县城，并非说他平定了该郡所领的全部六县。

《史记》中之"定"也多书为"降"或"降定"等，如《史记·樊哙列传》记樊哙击陈豨叛军事曰："因击陈豨与曼丘臣军，战襄国，破柏人，先登，降定清河、常山凡二十七县，残东垣。"又《史记·卢绾列传》："赵相奏斩常山守、尉曰：'常山二十五城，豨反，亡其二十城。'"据《卢绾列传》可知，汉初常山郡共有二十五城，即二十五县。④ 所以，《樊哙列传》之"降定清河、常山凡二十七县"表明，樊哙所定二十七县绝不可能是清河、常山两郡领辖的县数之和。因为常山郡既已辖二十五县，清河郡岂能仅统两县。关于清河郡的辖县数目，据周振鹤先生考证，高帝九年至武帝元朔元年（前128）间之清河郡（国）当为元朔四年（前125）之清河国除去蒲领、枣强二县。而元鼎四年之清河国拥有县十五、侯国四，则高帝九年（前198）至武帝元朔元年间之清河郡（国）应辖有十七个县级单位。⑤ 所以，陈豨叛乱的高祖十年（前197）至十一年（前196）间，清河、常山二郡领县应在四十二县左右，司马迁所谓"降定清河、常山凡二十七县"也如靳歙"定陇西六县"一样，表述的是樊哙降定了此二郡属县中的二十七城，并非其辖县总数。再如，高祖六年，刘邦以太原郡三十一县封韩王信，同年秋，韩王信即以马邑降匈奴，周勃从高祖击之，"降太原六城"⑥。很明

① 谭其骧主编《中国历史地图集》第 2 册《秦关中诸郡图》，中国地图出版社，1982，第 5～6 页。
② 马非百：《秦集史》，中华书局，1982，第 38 页。
③ 后晓荣：《秦代政区地理》，社会科学文献出版社，2009，第 150～159 页。
④ 中国古代，"城""县"称谓使用时常可互换，某"城"即为某"县"，"城"某地即是"县"某地。语详周振鹤、李晓杰《中国行政区划通史（总论·先秦卷）》，复旦大学出版社，2009，第 312～313 页；李孔怀《中国古代行政制度史》，复旦大学出版社，2006，第 30 页。
⑤ 周振鹤：《西汉政区地理》，第 91～92 页。
⑥ 《史记》卷 57《绛侯周勃世家》，第 2069 页。

显，周勃降定的六城乃是太原郡属县之一部。①

类似史实，《史记》中还有不少，在此不再赘述。观上述诸例，我们可以明确《史记》所载"定某郡若干县""降（定）某郡若干县"等，并非一定确指此数即为该郡属县数目总和。我们需要根据具体的史实、语境等因素进行具体的分析，尽可能做出符合史实、接近历史真相的判断。

其次，辛先生推算，高祖十一年析分云中郡后，新云中郡约辖六县，并认为这六县应当就是《二年律令·秩律》所列后属云中郡的云中、咸阳等六县。笔者以为，这个推断是否成立可能还存在不确定性。

辛先生曾经分析，代国自高祖六年始封至十一年平定陈豨叛乱的五年间，属县由五十三县降至三十八县的问题。他认为，五年间三郡减少了十五个县的合理之处在于，陈豨反叛与匈奴连年侵袭造成的人口耗损，完全有可能导致朝廷裁撤一些县级建制。我们知道，陈豨反于高祖十年，十一年叛乱被平定，这一年的平叛期内朝廷正忙于兴兵戡乱，应当未徨调整代国的行政建置。所以准确地说，代国三郡减少十五个县，实际应当是在四年内发生的，这十五个县的裁撤与陈豨谋反、汉廷平叛所引发的人口损耗没有关系，主要是由匈奴频繁的寇扰劫略所致。

但匈奴的连年侵袭同样也存于高祖十一年至吕后二年的十年间，既然出于同样原因，四年内代国三郡可以减少十五县之巨，那么十年间云中郡是否就一定能保持六县不变呢？倘若数量有所变化，就难以与汉简所记之云中、咸阳等六县数目相合了。如此，辛德勇先生关于汉初云中郡辖县数量与九原郡当独立存在的推论，似乎会有些危险。

加之《二年律令·秩律》还漏载了部分城邑②，其已载的县目中尚有一些无考者，那吕后二年时云中郡实际辖县是否只有六个，就不好确定了。如此，则辛先生估算的云中郡领县数目与真实情况或许还存在更大的出入，这

---

① 王鸣盛也注意到了太原郡三十一县与六县的问题，曰："《高纪》六年以太原郡三十一县为韩国，徙韩王信都晋阳。高祖之六年在周勃降太原之后，而其数与《勃传》及《地志》皆不同。"但王氏未就此疑问进一步深究下去，其实这种矛盾出现的原因在于，不同文献所记数字反映的并不都是太原郡辖县的总数。《史记·高祖本纪》与《汉书·地理志》记载的均是太原郡辖有的县份总数，唯时间不同而已；《史记·绛侯周勃世家》书写的则是周勃平定的县数，二者本就不同。参见王鸣盛撰，陈文和、王永平、张连生、孙显军校点《十七史商榷》卷15"郡国属县之数"条，凤凰出版社，2008，第82页。
② 肖爱玲考证与分析《二年律令·秩律》记载的265个城邑，认为其遗漏了汉初部分县，她推测西汉初年（高祖登基之时）的中部汉郡区域城市可确定名目至少应有278城。语详肖爱玲《西汉城市体系的空间演化》，第147～148页。

样恐怕就更难得出原先的结论了。

二

若汉初九原边地沿袭秦九原郡建制，至元朔二年九原郡方更名为五原郡，那么就有一个疑问摆在我们面前：为什么在元朔二年之前的八十年中，史籍中从未出现过九原郡名，反倒是在武帝朝及之后，五原郡名却时常出现呢？以下，就汉匈间的军事行动来透析这个问题。

检核史料，元朔二年后，汉代五原郡名最早见诸史乘是在武帝元鼎五年（前112）。《汉书·武帝纪》云："（元鼎五年）西羌众十万人反，与匈奴通使，攻故安，围枹罕。匈奴入五原，杀太守。"笔者做了一个统计，《史记》《汉书》中去除对同一事件的重复记载，总共记载了二十四项涉及五原郡的事例。其中武帝朝最多，共十二件，昭帝时一件，宣帝时三件，元帝时两件，哀帝时一件，王莽时期五件。以上只是对见诸史籍的资料所进行的统计，未被记载的史实应还有不少。为清眉目，笔者列表如下。

《史记》《汉书》关于五原郡史实记录简表

序号	时间	事件	史料出处
1	元朔二年（前127）	收河南地，置朔方、五原郡	《汉书》卷六《武帝纪》
2	元鼎五年（前112）	匈奴入五原，杀太守	同上
3	元鼎六年（前111）	故太仆贺将万五千骑出九原二千余里	《史记》卷一一〇《匈奴列传》
4	元封元年（前110）	（冬十月，汉武帝）行自云阳，北历上郡、西河、五原，出长城，北登单于台，至朔方，临北河	《汉书》卷六《武帝纪》
5	元封元年（前110）	（夏五月，汉武帝）自辽西历北边九原，归于甘泉	同上
6	太初三年（前102）	汉使光禄徐自为出五原塞数百里，远者千余里，筑城鄣列亭至庐朐	《史记》卷一一〇《匈奴列传》

序号	时间		事件	史料出处
7	武帝	天汉元年（前100）	发谪戍屯五原	《汉书》卷六《武帝纪》
8		天汉四年（前97）	游击将军韩说步兵三万人出五原	同上
9		征和二年（前91）	匈奴入上谷、五原，杀略吏民	同上
10		征和三年（前90）	匈奴入五原、酒泉，杀两都尉	同上
11		征和三年（前90）	三月，遣贰师将军广利将七万人出五原	同上
12		征和三年（前90）	(雷电) 以五原属国都尉与贰师将军俱击匈奴，没	《汉书》卷十七《景武昭宣元成功臣表》
13	昭帝	元凤三年（前78）	匈奴三千余骑入五原，略杀数千人	《汉书》卷九十四上《匈奴传上》
14	宣帝	本始二年（前72）	云中太守田顺为虎牙将军，三万余骑，出五原	同上
15		五凤二年（前56）	守左冯翊五原太守延寿	《汉书》卷十九下《百官公卿表下》
16		甘露二年（前52）	匈奴呼韩邪单于款五原塞，愿奉国珍，朝三年正月	《汉书》卷八《宣帝纪》
17	元帝	初元元年（前48）	元帝初即位，呼韩邪单于复上书，言民众困乏。汉诏云中、五原郡转谷二万斛以给焉	《汉书》卷九十四下《匈奴传下》
18		竟宁元年（前33）	竟宁中，(冯立) 以王舅出为五原属国都尉。数年，迁五原太守，徙西河、上郡	《汉书》卷七十九《冯立传》
19	哀帝	建平年间（前6—前3）	(刘歆) 求出补吏，为河内太守。以宗室不宜典三河，徙守五原，后复转在涿郡，历三郡守	《汉书》卷三十六《刘歆传》

续表

序号	时间		事件	史料出处
20	新莽	始建国二年（10）	遣五威将军苗䜣、虎贲将军王况出五原	《汉书》卷九十九中《王莽传中》
21		始建国二年（10）	遣尚书大夫赵并使劳北边，还言五原北假膏壤殖谷，异时常置田官	同上
22		天凤二年（15）	谷常贵，边兵二十余万人仰衣食，县官愁苦。五原、代郡尤被其毒，起为盗贼，数千人为辈，转入旁郡	同上
23		地皇二年（22）	转天下谷币诣西河、五原、朔方、渔阳，每一郡以百万数，欲以击匈奴	同上
24		地皇二年（22）	左迁鲁匡为五原卒正	《汉书》卷九十九下《王莽传下》

　　《史记》《汉书》关于五原郡的记载多与汉匈间的军事行动有关。以武帝元鼎五年（前112）至宣帝本始二年（前72）为例，该时期涉及五原郡的十三件事例中，有十件都是关于匈奴入侵五原或汉军自五原出击的描述。

　　如《汉书·武帝纪》记载，元鼎六年（前111），公孙贺出九原长途奔袭二千余里。又，征和二年（前91），匈奴入侵五原、上谷两郡，杀略吏民。征和三年（前90）正月，匈奴复入寇五原、酒泉两郡，杀死都尉两人。是年三月，汉廷遂组织了大规模的反击，"遣贰师将军广利将七万人出五原，御史大夫商丘成二万人出西河，重合侯马通四万骑出酒泉。成至浚稽山，与虏战，多斩首"。此次出击，武帝共调遣十三万将士，从南、西南两个方向对匈奴进行了远距离攻击，取得了丰硕的战果。汉军出动的总兵力中，有一半以上是以五原郡为出征前的屯戍地。此役汉军后方大本营可能即设于五原郡，五原郡在军事、地理上的战略地位可见一斑。王子今先生在评价河套地区的历史文化地位时说："河套地区乃是汉王朝出击匈奴的主要军事基地，也是汉匈军队长期激励争夺的主战场。"① 其中自然也包含对五原郡重要战略地位的肯定。

---

① 王子今：《秦汉时期河套地区的历史文化地位》，《宁夏社会科学》2006年第2期。

三

既然九原边地在汉代拥有如此突出的地位，且在武帝朝及之后的时间里频频见诸史籍，缘何在元鼎五年之前的九十余年中九原郡名却一次都未出现呢？这岂非显得很不合理？可能的一种解释便是：汉初，中央在九原地区并未独立置郡。我们知道，匈奴实行的是划分驻牧地、分部统治的管理模式。《史记·匈奴列传》载匈奴东、中、西三大游牧区的方位曰："诸左方王将居东方，直上谷以往者，东接秽貉、朝鲜。右方王将居西方，直上郡以西接月氏、氐、羌。而单于之庭直代、云中。各有分地逐水草移徙。"文中所谓"直"，训为"当"，乃正对之意。这则史料告诉我们，左贤王的王庭正位于汉上谷郡之北，右贤王庭正居于上郡之北，而单于庭正对着代、云中两郡。亦邻真等人考证，汉时匈奴的左贤王庭约在今内蒙古锡林郭勒盟一带，其游牧区包括今内蒙古锡林郭勒草原、西拉木伦河与老哈河流域、科尔沁草原和呼伦贝尔的大部；右贤王大致在今巴盟南部，其辖域包括今鄂尔多斯高原、黄河以北地区、巴丹吉林沙漠和额济纳河流域。而单于庭在今内蒙古的阴山山地，今呼和浩特平原和乌兰察布丘陵地带为匈奴单于的游牧区。[①]

从地理方位看，汉之五原郡北与匈奴为邻，南与上郡接壤。在《二年律令·秩律》所列后属五原郡的七县中，西安阳位于郡域最西部，南舆居于五原郡之东南角，其余五县布列其间，它们如同一个月牙环绕于上郡北部。结合《内蒙古历史地理》关于匈奴三部的地望考证，九原地区实属匈奴右贤王部与上郡之交通要冲。同时，又因其地域东西狭长，东与云中郡为邻，其东南部还延伸至云中郡南侧，所以，九原地区也处于单于庭之南向，地理位置十分重要。在此，我们也会产生一个与上文类似的疑问：如果汉初于该地设有郡级建置——九原郡，那为何史籍在述及匈奴各部王庭方位时，历数上谷、代、云中、上郡等缘边诸郡，唯独不提及它呢？虽说上郡也是边郡，然其只是西部临边，其北部仍密实地被九原地区所环抱。倘若汉初已设置九原郡，《史记·匈奴列传》对右贤王庭的描述似应以"右方王将居西方，直九原"为宜。但史籍未如是记载，这似乎再次表明，汉初中央应该未在九原地区设郡，该地很可能东归云中郡管辖。

---

① 周清澍主编《内蒙古历史地理》，内蒙古大学出版社，1994，第30页。

史籍中我们常看到匈奴入侵上郡的事例。如《史记·孝文本纪》载，文帝前五年（前175），"匈奴大入上郡"；后六年（前158）冬，"匈奴三万人入上郡，三万人入云中"。《史记·孝景本纪》记景帝中六年（前114）六月，"匈奴入雁门，至武泉，入上郡，取苑马。吏卒战死者二千余人"。上述史料记载了武帝以前匈奴南袭上郡或云中的战事。尤其关于景帝中六年"匈奴入上郡取苑马"的事件，史籍记载得较为详细，完整描述了匈奴军队南下的行军路线。匈奴军队由雁门郡入边，沿西南方向行经云中郡武泉县，穿越整个云中郡境后，进入上郡境。《孝景本纪》对匈奴的这次军事行动记录了相关的三处地名，涉及雁门、云中、上郡三郡。我们可稍做分析，匈奴部队若由雁门郡沿西南方向进抵上郡，应当要穿越云中郡和九原地区。除非匈奴军队行至云中郡东南边界时，折而东行，再向南迂回，走大半个环形后，转而西进，这样方可绕开九原地区而进入上郡。如此行军，甚是周折迂回，可能性很小。所以，匈奴军队此次入侵应当路经九原地区，但史籍记载了行经的郡县，独不书九原郡，似也表明，其时当无九原郡建置。

此外，《史记》《汉书》中也多见汉军出击匈奴的记载。如《史记·匈奴列传》记叙卫青收复"河南地"的经过云："卫青复出云中以西至陇西，击胡之楼烦、白羊王于河南，得胡首虏数千，牛羊百余万。于是汉遂取河南地，筑朔方，复缮故秦时蒙恬所为塞，因河为固。"《汉书·武帝纪》记同一事件曰："遣将军卫青、李息出云中，至高阙，遂西至符离，获首虏数千级。收河南地，置朔方、五原郡。"通过上述史料，关于卫青在此次大战中的行军路线，我们能够大致描绘出来。卫青大军先从云中郡出发，循西北方向而行，抵达高阙后，转而向南用兵，略取"河南地"后，抵至陇西郡。"其行军路线大体成一马蹄形，把在这马蹄形内驻牧的匈奴属部楼烦王部和白羊王部击走，占领了河南地。"[1] 其间，卫青大军路经的地方还有城塞"符离"，其地望不详。观卫青的行兵路线，其从云中抵至高阙乃是一个自东南向西北的行军方向。高阙，在战后所置朔方郡临河县之西北，即今内蒙古临河县西北石兰计山口处。汉军行经云中郡、后来的五原郡与朔方郡，转而向南直至陇西，其间之要冲高阙、城塞符离等，史书一一有载。假若当时已设有九原郡，其作为必经之地，为何在这么重大的军事行动中，史籍中却没有关于它的记载呢？颇疑《史记·匈奴列传》所记"出云中以西"，可能

---

① 林幹：《匈奴通史》，人民出版社，1986，第54页。

即暗含了九原地区，因其地当时辖于云中郡，故谓之"云中以西"。

又，《汉书·匈奴传上》记宣帝本始二年（前72）朝廷发兵与乌孙合击匈奴事曰："御史大夫田广明为祁连将军，四万余骑，出西河；度辽将军范明友三万余骑，出张掖；前将军韩增三万余骑，出云中；后将军赵充国为蒲类将军，三万余骑，出酒泉；云中太守田顺为虎牙将军，三万余骑，出五原：凡五将军，兵十余万骑，出塞各二千余里。"在此次汉军出击匈奴的军事行动中，有一处颇为值得关注的细节——虎牙将军、云中太守田顺统三万余骑自五原郡出击。由五原郡出征的领兵主将是邻郡的云中郡守，而非本郡之守、尉，汉廷的这项军事调配部署颇耐人寻味，似乎暗示了五原与云中两郡不同寻常的关系与某种特殊的历史因缘，这或可权充为九原地区曾隶属过云中郡的一则旁证。

综上，通过对汉匈间常年军事行动的排比与分析，笔者推测，汉初当无九原郡建置，阴山南麓后属五原郡的七县当时很可能划属东邻的云中郡管辖。直至武帝元朔二年，汉廷在开置朔方郡时，可能才析分云中郡西部而设五原郡。需要说明的是，以上是笔者提出的一种看似较为合理的推测，希望能有助于学界加深对于这一问题的认识。

论北魏对西北边疆的经略

王明前

摘　要：边疆问题影响北魏政治始终，并最终演化为倾覆北魏皇祚的导火线。虽然北魏的边疆经略取得显著成就，但是由于北魏经济尚处于由游牧生产方式向农耕生产方式的转化过程中，北镇问题因孝文帝汉化进程过于急进而激化。代北和迁洛鲜卑人逐渐发生族群分化，北部边境屏障自我坍塌。

关键词：北魏　西北边疆　北镇问题

作者简介：王明前，厦门大学马克思主义学院讲师。

　　史学界对北魏经济史的研究已经取得了显著成就，尤其是对北魏前期社会性质以及迁都前后均田制、三长制对经济转型的影响诸问题的研究建树颇多，亦对北魏各经济区域的经济发展状况做出过一定探研。① 北魏虽然统一北方，但是北面和南面分别面临游牧民族柔然和东晋、南朝的军事威胁，边疆问题始终困扰着北魏统治集团。对此学术界尚缺乏必要关注。笔者认为边疆问题影响北魏政治始终，并最终演化为倾覆北魏皇祚的导火线。笔者不揣

---

① 相关研究参见高敏《魏晋南北朝经济史》，上海人民出版社，1996；唐长孺《魏晋南北朝史论丛》，河北教育出版社，2000；唐长孺《魏晋南北朝史论丛续编》，河北教育出版社，2000；韩国磐《南北朝经济史略》，厦门大学出版社，1990；韩国磐《北朝隋唐的均田制度》，岳麓书社，2003；〔日〕掘敏一《均田制的研究》，福建人民出版社，1984；蒋福亚《魏晋南北朝社会经济史》，天津古籍出版社，2005；〔日〕谷川道雄《隋唐帝国形成史论》，上海古籍出版社，2004；逯耀东《从平城到洛阳——拓拔魏文化转变的历程》，中华书局，2006；张继昊《从拓拔到北魏——北魏王朝创建历史的考察》，稻乡出版社，2003；李凭《北魏平城时代》，社会科学文献出版社，2000；孙同勋《拓拔氏的汉化》，国立台湾大学文史丛刊，1962；吕清培《北魏孝文帝的华化运动》，华明出版社，1969；侯旭东《北朝村民的生活世界》，商务印书馆，2010；陈守实《中国古代土地关系史稿》，上海人民出版社，1984；等等。其他相关论文散见文内注。

浅陋，拟以上述思路为线索，分别对北魏不同方向的边疆经营做条陈缕析，进而探索边疆问题的焦点北镇问题与迁都之间的关系，以期增加学术界对北魏经济史的学术认知。

一 北魏对西部疆土的经营

北魏对西部疆土的经营，是在先后攻灭盘踞关中及其以北地区的赫连夏，以及割据凉州的北凉的过程中逐步展开的。早在太宗时期，河西游牧部落便不断向北魏境内迁徙。天赐三年（406）六月，"西河胡张贤等率营部内附"①。神瑞元年（414）五月，"河西胡酋刘遮、刘退孤率部落等万馀家，渡河内属"②。神瑞二年（415）二月，"河西胡刘云等率数万户内附"③。之后世祖夺取统万，摧毁为患多年的赫连夏政权，加之先期已从夏手中夺取长安，从而获得了历史上西部重要的关中经济区。

根据世祖"修其教不改其俗，齐其政不易其宜"的经济策略，凉州成为北魏重要的畜牧业区，保留其原有区域经济特色。"世祖之平统万，定秦陇，以河西水草善，乃以为牧地。畜产滋息，马至二百余万匹，橐驼将半之，牛羊则无数。高祖即位之后，复以河阳为牧场，恒置戎马十万匹，以拟京师军警之备。每岁自河西徙牧于并州，以渐南转，欲其习水土而无死伤也，而河西之牧弥滋矣。"④ 太平真君五年十月，北魏打败吐谷浑王慕利延后，吐谷浑贵族伏念等"率其部一万三千落内附"⑤。吐谷浑邻近河西，又是被晋王伏罗率领的凉州驻军击败，因此这些吐谷浑民户被安置于凉州从事游牧生产的可能性更大。460年，北魏"发并、肆州民五千余人治河西猎道"⑥，是一项旨在沟通平城中心经济区与河西凉州经济联系的宏观经济行为。

在保留凉州游牧区域经济特色的同时，北魏也通过移民屯垦加强凉州的农业经济基础。对此崔浩力谏世祖："昔平凉州，臣愚以为北贼未平，征役不息，可不徙其民。案前世故事，计之长者。若迁民人，则土地空虚，虽有镇

---

① 《魏书》卷3《太宗纪》。
② 《魏书》卷3《太宗纪》。
③ 《魏书》卷3《太宗纪》。
④ 《魏书》卷110《食货志》。
⑤ 《魏书》卷4下《世祖纪》。
⑥ 《资治通鉴》卷129，大明三年三月条。

成，适可御边而已，至于大举，军资必乏。陛下以此事阔远，竟不施用。如臣愚意，犹如前议，募徙豪强大家，充实凉土。军举之日，东西齐势，此计之得者"。① 崔浩充分考虑了凉州的军事地理价值，并参考西汉成例，力主移民农垦，为凉州迅速融入北魏国家经济一体化做出贡献。袁翻则建议把内附北魏的柔然部落安置在凉州。他认为"其婆罗门（柔然部落首领名——笔者注）请修西海故城以安处之。西海郡本属凉州，今在酒泉直抵、张掖西北千二百里，去高车所住金山一千余里，正是北虏往来之冲要，汉家行军之旧道，土地沃衍，大宜耕殖。非但今处婆罗门，于事为便，即可永为重成，镇防西北。宜遣一良将，加以配衣，仍令监护婆罗门。凡诸州镇应徙之兵，随宜割配，且田且成。虽外为置蠕蠕之举，内实防高车之策。一二年后，足食足兵，斯固安边保塞之长计也"。他预计"入春，西海之间即令播种，至秋收一年之食，使不复劳转输之功也。且西海北垂，即是大碛，野兽所聚，千百为群，正是蠕蠕射猎之处。殖田以自供，籍兽以自给，彼此相资，足以自固。今之豫度，似如小损，岁终大计，其利实多"②，从而实现实边、抚民兼顾的综合效益。北魏夺取上邽后，刘洁"抚慰秦陇，秋毫无犯，人皆安业。世祖将发陇右骑卒东伐高丽。洁进曰：陇土新民，始染大化，宜赐优复以饶之。兵马足食，然后可用。世祖深纳之"③。孝文帝延兴年间，朝议欲废敦煌之成，"欲移就凉州"。韩永力排众议，表示："敦煌之立，其来已久，虽邻强寇，而兵人素习，循常置成，足以自全。若徙就姑臧，虑人怀异意，或贪留重迁，情不愿徙。脱引寇内侵，深为国患。且舍远就近，遥防有阙。一旦废罢，是启戎心，则夷狄交构，互相来往。关右荒扰，烽警不息，边役烦兴，艰难方甚"④。以上地方官员的施政思路均与崔浩相仿，追求农垦实边的政治与经济效益。

北魏屯田条件相当恶劣，如不能实现自给，则需内地物资支援。这使运输问题显得十分棘手。蒲古律镇将刁雍建议以船运代陆运，提高运输效益。⑤ 泰常七年（422）他上表称："奉诏高平、安定、统万及臣所守四镇，

---

① 《魏书》卷 35《崔浩传》。
② 《魏书》卷 69《袁翻传》。
③ 《魏书》卷 28《刘洁传》。
④ 《魏书》卷 42《韩秀传》。
⑤ 张维慎：《论北魏时期刁雍在薄骨律镇的水利建设与屯田》，《宁夏大学学报》（人文社会科学版）2006 年第 3 期。

出车五千乘，运屯谷五十万斛付沃野镇，以供军粮。臣镇去沃野八百里，道多深沙，轻车来往，犹以为难，设令载谷，不过二十石，每涉深沙，必致滞陷。又谷在河西，转至沃野，越度大河，计车五千乘，运十万斛，百余日乃得一返，大废生民耕垦之业。车牛艰阻，难可全至，一岁不过二运，五十万斛乃经三年。臣前被诏，有可以便国利民者动静以闻。臣闻郑、白之渠，远引淮海之粟，溯流数千，周年乃得一至，犹称国有储粮，民用安乐。今求于牵屯山河水之次，造船二百艘，二船为一舫，一船胜谷二千斛。一舫十人，计须千人。臣镇内之兵，率皆习水。一运二十万斛，方舟顺流，五日而至，自沃野牵上，十日还到，合六十日得一返。从三月至九月三返，运送六十万斛，计用人功，轻于车运十倍有余，不费牛力，又不费田。"① 刁雍对蒲古律镇有一整套严谨的农垦方案。他在事先对水文、山川地理状况做了翔实的调查后，上书请求在富平艾山兴修大型水利工程。他指出："夫欲育民丰国，事须大田。此土乏雨，正以引河为用。观旧渠堰，乃是上古所制，非近代也。富平西南三十里，有艾山，南北二十六里，东西四十五里，凿以通河，似禹旧迹。其两岸作溉田大渠，广十余步，山南引水入此渠中。计昔为之，高于水不过一丈。河水激急，沙土漂流，今日此渠高于河水二丈三尺。又河水浸射，往往崩颓。渠溉高悬，水不得上。虽复诸处按旧引水，水亦难求。今艾山北，河中有洲渚，水分为二。西河小狭，水广百四十步。臣今求入来年正月，于河西高渠之北八里，分河之下五里，平地凿渠，广十五步，深五尺，筑其两岸，令高一丈。北行四十里，还入古高渠，即循高渠而北，复八十里，合百二十里，大有良田。计用四千人，四十日功，渠得成讫。所欲凿新渠口，河下五尺，水不得入。今求从小河东南岸斜断到西北岸，计长二百七十步，广十步，高二丈，绝断小河。二十日功，计得成毕，合计用功六十日。小河之水，尽入新渠，水则充足，溉官私田四万余顷。一旬之间，则水一遍；水凡四溉，谷得成实。官课常充，民亦丰赡。"鉴于"平地积谷，实难守护"的窘境，他建议"求造城储谷，置兵备守。镇自建立，更不烦官。又于三时之隙，不令废农。一岁，二岁不讫，三岁必成。立城之年，必在水陆之次。大小高下，量力取办。"②

当然，在处置柔然的问题上，北魏也曾有过重大失误。永平元年

---

① 《魏书》卷38《刁雍传》。
② 《魏书》卷38《刁雍传》。

（508），朝廷拟议迁徙显祖时安置在高平、蒲骨律二镇的柔然降户千余至淮北。太仆卿杨椿引前例"先朝处之边徼，所以招附殊俗，且别异华戎也。今新附之户甚众，若旧者见徙新者必不自安，是驱之使叛也"。他提醒朝廷"且此属衣毛食肉，乐冬便寒。南土湿热，往必歼尽。"① 事实果然如杨椿所料。

关中地区虽然在前秦、后秦时期得到一定发展，但是在被赫连夏占据后，经济逐渐凋敝，直到北魏攻灭夏政权后才得以逐步恢复。世宗时，华州刺史元燮上书建议选择地理位置更优越的冯翊古城取代李润堡，理由是前者和洛阳之间有更便利的水路交通优势。他陈述道："窃见冯翊古城，羌魏两民之交，许洛水陆之际，先汉之左辅，皇魏之右翼，形胜名都，实惟西蕃奥府。今州之所在，岂唯非旧，至乃居冈饮涧，井谷秽杂，升降劬劳，往还数里，谮诸明昏，有亏礼教。未若冯翊，面华渭，包原泽，井浅池平，樵牧饶广。采材华阴，陆运七十；伐木龙门，顺流而下。陪削旧雉，功省力易，人各为己，不以为劳。"② 尉拨"出为杏城镇将，在任九年，大收民和，山民一千余家，上郡徙各庐水胡八百余落，尽附为民"③。

可是，至孝文帝时，关中形势仍不稳固。"关右之民，自比年以来，竞设斋会，假称豪贵，以相扇惑。显然于众坐之中，以谤朝廷。"④ 北魏为稳定洛阳中心经济区，对关中从安全角度大力经营。永熙（533）二年，贺拔岳任都督雍华北华等二十二诸军事，"自诣北境，安置边防，率部趣泾州平凉西界，布营数十里，使诸军士田殖泾州"⑤。

二 北魏长城的修筑

为保卫北部边境免遭柔然侵犯，捍卫农耕文明成果，北魏继承历代中原王朝传统，致力于长城的修筑。太宗泰常八年（423）二月，"筑长城于长川之南，起自赤城，西至五原，延袤二千余里，备设戍卫"⑥。孝文帝时，

① 《资治通鉴》卷147，天监七年八月癸巳条。
② 《魏书》卷19下《景穆十二王列传》。
③ 《魏书》卷30《尉拨传》。
④ 《魏书》卷47《卢玄传》。
⑤ 《魏书》卷80《贺拔胜传》。
⑥ 《魏书》卷3《太宗纪》。

源贺提出在筑长城的同时辅以屯田的北疆防御策略。他建议"请募诸州镇有武健者三万人，复其徭赋，厚加赈恤，分为三部。二镇之间筑城，城置万人，给强弩十二床，武卫三百乘。弩一床，给牛六头；武卫一乘，给牛二头。多造马枪及诸器械，使武略大将二人以镇抚之。冬则讲武，春则种殖，并戍并耕，则兵未劳而有盈畜矣。又于白道南三处立仓，运近州镇租粟以充之，足食足兵，以备不虞，于宜为便。不可岁常举众，运动京师，令朝廷恒有北顾之虑也。"① 可惜此议未能通过。而持同议的源怀经过不懈努力，终获朝廷认可。他请求世宗："准旧镇东西相望，令形势相接，筑城置戍，分兵要害，劝农积粟，警急之日，随便剿讨。如此，则威形增广，兵势亦盛。且北方沙漠，夏乏水草，时有小泉，不济大众。脱有非意，要待秋冬，因云而动。若至冬日，冰沙凝厉，游骑之寇，终不敢攻城，亦不敢越城南出，如此北方无忧矣。"② 同时，北魏对北邻柔然的内附要求欣然接受。宗室拓跋孚建议："借其所闲地听使田牧；粗置官属，示相慰抚；严戒边兵，以见保卫。驭以宽仁，縻以久策。"③ 这当然比修筑长城的政治成本要低。长城的修筑为北魏农业经济的转型构筑了外围屏障。"建筑长城和拓跋化农业发展有密切关系，因为长城本身意义，就是分隔草原与中原两种不同文化类型的象征。"④

尽管北镇以军事防御为主要功能，但其经济生活一旦与内地隔绝，不仅会损害北镇的经济基础，而且会危害国家安全。因此有识之士呼吁朝廷重视北镇与内地的经济联系问题。高闾首先肯定长城有五大利处："计筑长城其利有五：罢游防之苦，其利一也；北部放牧，无抄掠之患，其利二也；登城观敌，以逸待劳，其利三也；省境防之虞，息无时之备，其利四也；岁常游运，永得不匮，其利五也。"⑤ 他进而建议："以北镇新徙，家业未就，思亲恋本，人有愁心，一朝有事，难以御敌。可宽其往来，颇使欣慰，开云中马城之食以赈恤之，足以感德，致力边境矣。明察畿甸之民，饥甚者，出灵丘下馆之粟以救其乏，可以安慰孤贫，乐业保土。使幽、定、安、并四州之租，随运以溢其处。开关弛禁，薄税贱粜，以消其费。清道路，恣其东西，

---

① 《魏书》卷41《源贺传》。
② 《魏书》卷41《源贺传》。
③ 《魏书》卷18《太武王列传》。
④ 逯耀东：《从平城到洛阳——拓跋魏文化转变的历程》，中华书局，2006，第37页。
⑤ 《魏书》卷54《高闾传》。

随丰逐食，贫富相赡。可以免度凶年，不为患苦。"① 同时，均田制也未贯彻到边地。"自比缘边州郡，官至便登疆场统戍，阶当即用。或值秽德凡人，或遇贪家恶子，不识字民温恤之方，唯知重役残忍之法。广开戍逻，多置帅领；或用其左右姻亲，或受人货财请属。皆无防寇之心，唯有聚敛之意。其勇力之兵，驱令抄掠，若值强敌，即为奴虏，如有执获，夺为己富。其羸弱老小之辈，微解金铁之工，少闲草木之作，无不搜营穷垒，苦役百端。自余或伐木深山，或耘草平陆，贩贸往还，相望道路。此等禄既不多，资亦有限，皆收其实绢，给其虚粟。穷其力，薄其衣，用其工，节其食，绵冬历夏，加之疾苦，死于沟渎者常十七八焉。"②

三　北镇与迁都问题

北镇本来是维护平城中心经济区安全的屏障。平城时代，北魏对北镇十分重视。神鹿二年（429），世祖"徙柔然高车降附之民于漠南，东至濡源，西暨五原阴山，三千里中，使之耕牧而收其贡赋，命长孙翰、刘絜、安原及侍中代人古弼同镇抚之。自是魏之民间马牛羊及皮为之价贱"③。世祖时，赵逸任赤城镇将，"绥和荒服，十有余年，百姓安之"④。但是到孝文帝时，北镇经济问题已很严重，尤以粮食缺乏为甚。因此，为稳固北部边境的经济基础，高闾建议："宜发近州武勇四万人及京师二万人合六万人为武士。于苑内立征北大将军府，选忠勇有志者以充其选，下置官属。分为三军，二万人专习弓射，二万人专习刀，二万人专习骑槊，修立战场，十日一习。采诸葛亮八阵之法，为平地御寇之方。使其解兵家之宜，识旌旗之节，器械精坚，必堪御寇。使将有定兵，兵有常主，上下相信，昼夜如一。七月发六部兵万人，各备戎作之具。敕台北诸屯，随近作米供送六镇。至八月，征北部率所镇与六镇之兵，直至碛南，扬威漠北。狄若来拒，与之决战；若其不来，然后分散其地，以筑长城。计六镇东西不过千里，若一夫一月之功当三步之地，三百人三里，三千人三十里，三万人三百里。千里之，强弱相兼，

① 《魏书》卷54《高闾传》。
② 《魏书》卷69《袁翻传》。
③ 《资治通鉴》卷121，元嘉六年十月条。
④ 《魏书》卷52《赵逸传》。

计十万人一月必就。军粮一月，不足为多，人怀永逸，劳而无怨。"① 这其实仍然是采用军事屯垦方法解决北镇的军粮问题，力求经济自给。

尽管历史传统和北魏自身实践均证明军事屯垦是解决边境经济问题的有效手段，但是，"北镇与伊洛社会组织不同。迁于洛阳的北人早已成为编民，中国传统的宗法组织成为他们的社会组织，但北镇却不相同，除一部分编民外，更多的是府户、部落与罪人"②。这使鲜卑人在迁都后由于国家经济重心南移而必然出现族群分化。结果，迁都后北境经济发展滞后于南部。"北边荒边，因以饥馑，百姓困弊。"③ 特别是北魏朝廷因迁都和汉化，对北镇问题的态度早已不如平城时期那样重视。"自定鼎伊洛，边任益轻，唯底滞凡才，出为镇将，转相模习，专事聚敛。或有诸方奸吏，犯罪配边，为之指纵，过弄官府。政以贿立，莫能自改。"④ 源怀则上表反映均田制在北镇落实不力的弊病："景明以来，北蕃连年灾旱，高原陆野，不任营殖，唯有水田，少可灾亩。然主将参僚，专擅腴美，瘠土荒畴给百姓，因此困敝，日月滋甚。诸镇水田，请依地令分给细民，先贫后富，若分付不平，令一人怨讼者，镇将已下连署之官，各夺一时之禄，四人以上，夺禄一周。北镇边蕃，事异诸夏，往日置官，全不差别。沃野一镇，自将已下八百馀人，黎庶怨嗟，佥曰烦猥。边隅事鲜，实少畿服，请主帅吏佐五分减二。"⑤

为此，北魏朝廷对北镇居民极力安抚。肃宗时，"以沃野、怀朔、薄骨律、武川、抚冥、柔玄、怀荒、御夷诸镇并改为州，其郡县戍名令准古城邑。诏（郦）道元持节兼黄门侍郎，与都督李崇筹宜置立，裁减去留，储兵积粟，以为边备"⑥。这是迁洛后的北魏对六镇的一次区域经济整合努力，试图给予六镇与内地一样的政治待遇。熙平二年（517）十月，诏称"北京根旧，帝业所基，南迁二纪，犹有留住。怀本乐故，未能自遣，若未迁者，悉可听其仍停，安堵永业。门才术艺，应于时求者，自别征引，不在斯例"⑦。这些都试图协调南迁洛阳后原平城中心区与洛阳新中心区之间的关系。北魏朝廷此诏表面上表示并不因迁都而偏废旧都，希望未迁者"安堵

---

① 《魏书》54《高闾传》。
② 孙同勋：《拓拔氏的汉化及其他》，稻乡出版社，1962，第154页。
③ 《资治通鉴》卷145，天监元年八月乙亥条。
④ 《魏书》卷18《大武五王列传》。
⑤ 《魏书》卷41《源贺传》。
⑥ 《魏书》卷89《郦道元传》。
⑦ 《魏书》卷9《肃宗纪》。

永业"，但是两地自然条件和经济基础迥异，加之政治中心随迁都而南移，国家经济整合的基点和重心也必然相应南移。

孝文帝以果敢的决心强制推行汉化，迁都洛阳，改姓易服，成为中国古代著名的改革事件，为后世史学家高度肯定。其实，通过上述分析可以看出，孝文帝迁都的时机并不十分成熟。因为北魏经济尚处于由游牧生产方式向农耕生产方式的转化过程中。北境虽然通过长城的修筑和自身军事实力阻挡了柔然的袭扰，但是南部与南朝边境地区的拉锯局面仍然使疆土变动不定。孝文帝以"代在恒山以北，为九州之外，以是之故，迁于中原"① 的理由迁都，如果作为选择可以进一步促进各经济区域整合的新重心，本身并非不明智。但是迁都后孝文帝仍然不断南伐的举动则充分证明，孝文帝迁都与汉化的最主要动机并不是致力于巩固农耕生产方式的转化成果，以洛阳为中心致力于境内各经济区域的整合，而是以洛阳为跳板，南下实现统一。孝文帝的国家行政意识过于超前，在并未充分巩固和消化生产方式转化成果的条件下，便把南征作为主要任务，这至少不是最佳选择。其实，北魏经过世祖到孝文帝几代帝王对南朝的持续用兵，特别是趁南朝宋齐交替之际，凭借本来就占有的军事优势，陆续将青、齐、徐、兖诸州和淮北、淮南纳入版图，更加强了北魏的地缘政治优势。北魏所需要的是在充分实现自身各经济区域的整合，以提高其综合经济基础特别是主体农业经济的基础的同时，等待南朝政局出现可资利用的变局。而北魏计不出此。孝文帝南迁后想利用南朝齐梁交替之际不断南征，虽然有局部胜利，但是斯时南朝局势迅速稳定，而北魏自己反而延误了促进国家经济一体化的最佳时机。孝文帝去世后，由于汉化进程过于急进，代北和迁洛鲜卑人逐渐发生族群分化，北部边境屏障自我坍塌。北魏终于尝到了边疆问题处理不当的苦果。

---

① 《魏书》卷14《西河公敦传》。

九世班禅圆寂、转世与国民政府的治藏政策研究（1937～1949）

孙宏年

摘　要： 1937 年 12 月至 1949 年 10 月，在民族多难、国家危亡的背景下，九世班禅圆寂后的致祭、部属安置、法体返藏、灵童寻访和十世班禅坐床不仅是西藏地方和国民政府关注的重要问题，西藏地方因班禅方面与达赖系统、噶厦的分歧、斗争而出现复杂的情况，相关事务涉及青海、西康等邻近省份及其地方势力，而且英帝国主义也直接或间接地进行干预。在这一背景下，国民政府在九世班禅圆寂后把致祭、转世等事务置于治理西藏、维护西南边疆稳定和国家统一的"大方略"之中，有关政策、措施与当时中央政府有关治藏、安边的其他政策、措施相互协调，努力稳定西南边疆局势、维护国家统一。而且，国民政府在九世班禅圆寂后把褒扬、奖励与法制约束结合起来，对于爱国的班禅系统给予明确支持、有力保护，又不放松管理，从而有效地激励了西藏地方的爱国力量。在处置九世班禅灵童寻访、十世班禅坐床时，国民政府坚持把宗教仪轨与历史定制结合起来，坚决维护中央政府的主导性和权威性，在复杂的国内外局势变化中有力地维护了中央政府在边疆地区的权威。

关键词： 九世班禅圆寂　致祭　坐床　国民政府 治藏政策

作者简介： 孙宏年，历史学博士，中国社会科学院中国边疆研究所研究员。

20 世纪 30 年代，十三世达赖喇嘛、九世班禅额尔德尼先后圆寂，他们的转世灵童寻访、认定等问题引起西藏地方各界高度关注，同时也成为中华民国中央政府制定治藏政策时必须涉及的重大问题。对于这两位大活佛转世灵童的寻访、认定及十四世达赖喇嘛、十世班禅的坐床问题，牙含章、张云等学者在论著中①做过简要介绍，也有一些论文有所涉及。② 今天，这些问题研究仍需要进一步深化，特别要深入挖掘、利用已公布的档案文献，把这两大活佛转世问题置于近代中国边疆治理、中国历史发展的大视野之下进行探讨。本文拟以档案文献、口碑史料等为依据，从边疆治理的角度，阐述国民政府在九世班禅额尔德尼（以下简称"九世班禅"）圆寂后相关问题的政策，特别是转世问题上的政策、措施，分析此事的影响，不当之处，恳请方家指正。

一

藏传佛教大活佛的转世问题从清代起就成为中央政府治藏政策涉及的重要问题，清前期中央政府在西藏逐步确立了以格鲁派达赖喇嘛系统为主导的西藏政教合一制度，作为藏传佛教格鲁派（俗称黄教）的两大转世活佛，达赖喇嘛、班禅额尔德尼由中央政府册封，1793 年的《钦定藏内善后章程二十九条》明确规定为"黄教教主""互为师弟"，转世时通过金瓶掣签制

---

① 牙含章：《达赖喇嘛传》，人民出版社，1984，第 327～330 页；《班禅额尔德尼传》，华文出版社，2000，第 293～303 页。张云：《漂泊中的佛爷——九世班禅内地活动的前前后后》，第 133～135 页。此外，加拿大学者谭·戈伦夫（A. Tom Grunfeld）在《现代西藏的诞生》（The Making of Modern Tibet）对此也有涉及，其第四章"近代"的"班禅喇嘛"一节中声称班禅是"达赖喇嘛长期的对手"，但只是根据麦克唐纳的《旅藏二十年》等人的论述，不加论证地讲"班禅喇嘛及其属僚曾几次企图扩大他们在紧邻日喀则以外地区的世俗势力"（详见〔加〕谭·戈伦夫《现代西藏的诞生》，伍昆明、王宝玉译，中国藏学出版社，1990，第 107～108 页）。

② 相关论文如芊一之《九世、十世班禅与西藏问题》（《藏学研究论丛》第 2 辑，西藏人民出版社 1990 年 8 月版），格桑卓嘎《十三世达赖喇嘛土丹嘉措是如何选定的》（《中国藏学》1991 年第 2 期），豆格才让、扎呷《班禅世系的产生及历世班禅的转世过程》（《中国藏学》1991 年第 1、3 期），李鹏年《浅析吴忠信是主持十四世达赖认定坐床专使，还是观礼贵宾》、唐洪波《九世班禅返藏问题与英国的阻挠活动》、陈玮《浅析北洋政府维护西藏主权的措施及其得失》（均载《藏学研究论丛》第 8 辑，西藏人民出版社 1996 年 11 月第 1版），唐景福《民国时期历届中央政府维护西藏主权的措施》（《中国藏学》1997 年第 1期），喜饶尼玛《九世班禅出走内地述略》（《近代藏事研究》，西藏人民出版社、上海书店出版社，2000 年 7 月版），等等。

度确认。① 这一制度延续百余年，1904 年前达赖喇嘛、班禅额尔德尼互为师徒，关系密切，有九位达赖拜五位班禅为师，有四位班禅拜四位达赖为师。② 1904 年后，由于国内、国际多种因素的影响，达赖喇嘛、班禅额尔德尼两大转世系统之间矛盾冲突时有发生，甚至出现相互对立的状态，并延续到中华民国时期。由于与十三世达赖喇嘛系统的矛盾激化，1923 年 11 月 15 日九世班禅率少量亲信随从，悄悄离开日喀则向北出走，经过艰难的长途跋涉，1924 年 4 月 12 日（农历三月二十日）到达甘肃省安西县。③ 此后，他在内地活动十余年，受到历届中央政府的重视和各界人士的礼遇：1925 年 8 月 1 日被北京民国政府临时执政加给"宣诚济世"封号，12 月 1 日颁发"宣诚济世班禅额尔德尼之印"和金册。1928 年后，九世班禅又受到南京国民政府的册封、任命，1931 年 6 月 24 日被授予"护国宣化广慧大师"名号，1932 年 4 月班禅被特派为西陲宣化使，1934 年 2 月 20 日被任命为国民政府委员。他从 1928 年起就与达赖喇嘛系统、西藏地方政府商谈返回西藏的问题，因英国和西藏地方亲英反动势力阻挠，这一愿望始终难以实现。1937 年 12 月 1 日，九世班禅圆寂于玉树。

九世班禅圆寂后，班禅行辕呈报中央，此时班禅部属和有关方面都对"藏事"颇感忧虑，要求中央确定相关政策，指导善后事宜。在这种形势下，正处于抗战状态下的国民政府首先命令青海、西康军政当局予以保护、照料，并决定隆重追悼和致祭九世班禅。1937 年 12 月 2 日，刘文辉代表西康致电蒙藏委员会，指出九世班禅圆寂后"中藏问题突告中断，势亦紊乱无依，瞻望前途，在在堪虑"，且驻藏官员蒋致余"不容于拉萨"，新派参议高长柱又"被拒于昌都"，噶厦的用心"不言而喻"；再加上"日寇特务人员深入青、藏、康境，宣传扶植清室，恢复旧疆，无识人民莫不讴吟夙惠，期图不逞"，因此要求中央"速筹大计"，以"消患未形"，巩固国防。3 日，班禅行辕秘书长刘家驹也致电蒙藏委员会，强调"行辕公署善后事宜请待办理，至祈迅赐南针，以便遵依，是为切祷"④。有鉴于此，国民政府

---

① 《钦定藏内善后章程二十九条》，中国藏学研究中心、中国第一历史档案馆等合编《元以来西藏地方与中央政府关系档案史料汇编》，中国藏学出版社，1994，第 825～826 页。

② 张云：《漂泊中的佛爷——九世班禅内地活动的前前后后》，第 18 页。

③ 刘家驹编译《班禅大师全集》，班禅堪布会议厅，1943 年 10 月版，第 36～37 页。

④ 中国藏学研究中心、中国第二历史档案馆合编《九世班禅圆寂致祭和十世班禅转世坐床档案选编》，中国藏学出版社，1991，第 1～6 页。

首先致电青海、西康军政当局对班禅行辕"分别妥为照料"，并令行政院拟定"如何特颁隆典，以示推崇"。蒙藏委员会奉命制定"荣典"办法，15日提出以下建议：由于班禅大师"拥护中枢，宣化西陲"，功绩卓著，国民政府应明令褒扬；参照追赠十三世达赖大师办法，给班禅大师"追赠护国宣化广慧圆觉大师名号，以慰殊勋而昭优隆"；发给治丧费四万元，参照清代致祭六世班禅和1933年黄慕松致祭十三世达赖办法，特派考试院院长戴传贤前往康定致祭；在重庆开会追悼，"唪经追荐"，并"布施康藏各大喇嘛寺代为唪经，祈祷早日转世"①。21日，经行政院审查，这一方案中除治丧费定为一万元外，其他都被批准；同日还批准将班禅大师法体移往康定。22日，班禅治丧委员会通电各党政机关、社会团体，表示"大师灵榇准于漾日（按：23日）由玉树移康，各方如有挽章、祭品，请概寄康定建省委员会转收"。23日，国民政府颁布《追赠班禅封号令》，文为：

> 国民政府委员、西陲宣化使护国宣化广慧大师班禅额尔德尼，觉性圆明，志行精卓。早岁翊赞统一，懋著功勋。比年阐教西陲，勤宣德化，边氓感戴，称颂翁然。方期兼程回藏，振导祥和，永资矜式。乃以忧国积劳，遽尔圆寂。眷怀勋勚，震悼弥深，应予特令褒扬，追赠护国宣化广慧圆觉大师名号，并著给治丧费一万元，特派考试院院长戴传贤前往康定致祭，用示国家笃念殊勋之至意。此令。②

对于班禅的圆寂，全国各地各界纷纷举行悼念活动。作为蒙藏事务的中央主管机关，蒙藏委员会专门成立"班禅大师追荐会筹备处"，3月8日在重庆市商会隆重召开班禅大师追荐会，考试院长戴传贤主祭，国民党中央执行委员会"各委员及本部科长以上人员陪祭"，而各党政机关都派人参加。在追荐会上，国民党中央执行委员会、监察委员会、国民政府和蒙藏委员会先后诵读祭文，赞颂九世班禅"阐扬正教，功德弥彰"，"翊赞统一，护国忠勤"，"内弼中枢，外喻边疆"，表达沉痛的追思之情，祈祷"乘愿拯黎，还当再至"。3月8～10日，蒙藏委员会还组全国佛教界同时唪诵汉、藏经各三天。这期间，班禅灵榇由丁杰活佛等护送，1938年1月18日到达甘

---

① 《九世班禅圆寂致祭和十世班禅转世坐床档案选编》，第6～9页。
② 《九世班禅圆寂致祭和十世班禅转世坐床档案选编》，第13～15页。

孜。① 根据这一情况，国民政府决定"戴院长改往甘孜致祭"。这年 8 月 8 日，以甘孜寺大殿为礼堂，戴氏代表国民政府隆重致祭班禅大师，典礼后又进行布施，"官民僧俗人等，虔肃至诚，敬瞻大典，莫不欢悦，感激中央敬教怀远之至意"。8 月 23 日，戴氏从甘孜返回，完成致祭使命。②

在致祭前后，护送九世班禅法体回藏成为班禅方面和国民政府关注的问题。九世班禅圆寂后，班禅部属就开始考虑如何护送灵柩回藏、建塔安置的问题，1938 年 2 月中旬行辕各堪布便向护送专使赵守钰提出建议，最好"请中央派兵早日武力护送回藏"；如果"因抗战关系暂难顾到"，就请中央授权西康当局刘文辉与赵守钰"妥筹回藏办法"；如果以上两种办法"均难办到，则请中央授权各堪布自行交涉回藏"。为此，赵守钰致电蒙藏委员会，强调"各堪布虽回藏之念甚切，但因久受大师训诲，颇知尊重中央"，而且"基于个人利害关系，亦不愿违背中央而甘受藏方压迫"，所提"自行交涉回藏意见，系出于最后不得已时之办法，而此办法尚须中央许可方行"。28 日，蒙藏委员会就此呈文行政院，首先报告班禅驻京办事处罗桑坚赞所转述的班禅堪布会议厅的意见，据称九世班禅圆寂时，"曾有明年四月前若不回藏，灾难必多之遗言"，所以提出三种办法，即中央武力护送，或授权西康当局与赵守钰商议办法，或班禅方面自行交涉回藏。接着，该委员会表示：班禅灵柩停留西康，"原为暂时权宜之计，日后回藏，不外政府护送与行辕负责人员自行接洽两种办法"，可是因抗战发生，"藏方态度忽转强硬，以致班禅生前回藏未能实现"，中央所派参议高长柱入藏接替蒋致余也"中途发生阻滞"，所以认为：政府此时与"藏方接洽佛柩回藏，实觉机缘未至"；而武力护送入藏，无论是中央还是西康地方派兵，"值此时艰，均觉非宜"；对于"各堪布又因班禅遗言，坚持四月回藏之主张，似亦不能置之不顾"。鉴于上述情况，该委员会建议行政院"采纳该堪布等自行设法护送回藏之意见，准其向藏方直接商洽进行，以免延误"，并要求班禅堪布会议厅"仍将交涉情形，随时呈候核定"，待"接洽成熟，政府即电告藏方迎接佛柩，我方护送官兵仅至边境而止"，这样就可"于权变之中仍维体制"。3 月 8 日，行政院指令蒙藏委员会，表示"准如所拟办理，仰即转行

---

① 《九世班禅圆寂致祭和十世班禅转世坐床档案选编》，第 22～35 页。
② 《戴传贤奉命前往甘孜致祭班禅经过报告及康行日记》，中国第二历史档案馆、中国藏学研究中心合编《黄慕松、吴忠信、赵守钰、戴传贤奉使办理藏事报告书》，中国藏学出版社，1993，第 487～493 页。

遵照"。4月12日，吴忠信将这一决定通知班禅行辕堪布会议厅，称"因佛言须于四月前回藏，时间迫促，拟采纳该堪布等自行设法护送回藏之意见，准其向藏方直接商洽，并将交涉情形随时呈候核定，将来我方酌派人员送至边境"①。

班禅堪布会议厅接到蒙藏委员会通知后，即与噶厦进行接洽，9月7日将接洽结果报告蒙藏委员会，内称噶厦近期才回复后藏扎萨，表示"班佛法身如确定回藏，即请先期电示，俟到藏境，一切供应、人马、夫役，定照旧例由藏政府承认筹备"。由于噶厦尚未给予正式公文，为求慎重起见，9月17日堪布会议厅又表示"应候噶厦明文表示，俾便转呈中央核定"。此后，蒙藏委员会就此多次与班禅方面联系，11月中旬由于噶厦仍无正式表态，蒙藏委员会为此致电班禅方面，表示"班佛灵榇理应回藏，但噶厦尚无正式表示，恐中途发生困难"。12月3日，该委员会又针对班禅方面的顾虑，强调：蒙藏委员会委员长吴忠信"对于大师灵榇回藏事极为关切，将来行辕向藏方交涉，无论有无成效，中央终必负责"，并请"各堪布放心"。12月5日，蒙藏委员会又致电西康刘文辉，通告班禅行辕与噶厦交涉情况，并表示现在"仍由该行辕继续交涉，俟得结果再定办法"，同时希望"在此交涉未臻妥善之前，关于安全之保障、秩序之维持"，请西康军政当局"饬属注意，免生事端"②。

1939年1月起，为解决班禅灵榇回藏及相关问题，班禅堪布会议厅与噶厦反复交涉，但没有结果，班禅方面感到单凭自己的努力无法解决，因此希望中央"令饬噶厦迎榇回藏，襄造金塔，虔求早日转世"。直到10月20日双方交涉尚未达成一致，又因吴忠信为主持十四世达赖坐床典礼此时正在入藏途中，所以班禅驻京办事处就班禅方面的交涉意见向蒙藏委员会做了较为全面的汇报，供吴忠信等与噶厦交涉时参考。班禅方面提出甲、乙、丙三项办法，各包含若干条件。吴忠信入藏主持十四世达赖坐床典礼期间，甘孜事件（详见下文）发生，班禅灵榇由甘孜移往青海，而班禅灵榇回藏问题也就成为中央与噶厦商谈的重要问题之一。1940年3月16日，吴忠信令蒙藏委员会委员长秘书处就此与噶厦接洽，不仅表示班禅法体在甘孜事件后已经移至玉树，"拟请中央派员护送至西藏边境，交由藏方接奉回藏"，而且

① 《九世班禅圆寂致祭和十世班禅转世坐床档案选编》，第25～44页。
② 《九世班禅圆寂致祭和十世班禅转世坐床档案选编》，第56～61页。

将班禅堪布会议厅所提三项意见照抄给噶厦，表示"班佛法体亟应回藏，而前、后藏原属一家，所有问题，亦应有合理之解决"①。

在蒙藏委员会协调下，1940 年 8 月最后确定班禅法体回藏基本方案："中央派员送至青藏交界处，由藏方迎接西旋"；由赵守钰担任护送班禅灵榇回藏专使，并组织行署，由青海省协助。在护送班禅灵榇入藏交接的具体地点上，青海方面主张送至黑水（今那曲），但"由玉树至现在藏军辖境嘉桑卡仅十日程，若进至黑水则须三十日程"，考虑到噶厦已经"准备在嘉桑卡迎接"，且"意甚坚决"，为"早结此案，并免纠纷计"，10 月 17 日行政院批准将"送达地点之黑水改为嘉桑卡"。② 11 月，班禅灵榇在赵守钰等护送下"启锡卫上"，12 日"安抵香达"，20 日到达青藏交界的嘉桑卡，噶厦派代表前来迎接，21 日中央护送专使行署将班禅灵榇"移交该代表接奉回藏"，并返回玉树，而班禅部属王罗皆等"奉灵在此休息数日"，乌拉备齐后继续前行。12 月 26 日，班禅灵榇在班禅部属和噶厦所派人员护送下到达那曲，而后噶厦方面曾"检视班佛法体，手足、指甲、皮肤完好，确系真灵"。1941 年 1 月，各方面进行了祭奠活动，2 日先由西藏地方政府代表致祭，蒙藏委员会驻藏办事处所派代表李国霖、苏大成于是日到达，3 日晨又进行致祭，中午灵榇即"启锡"，经羊八井赴后藏，20 天左右即到达札什伦布。在那曲，李国霖、苏大成慰问了班禅方面护送人员，他们"咸感中央暨吴委员长爱护德意，嘱代敬致谢忱"，还表示今后将与蒙藏委员会驻藏办事处"紧密联络"，请处长孔庆宗"于班灵入藏时赴后藏一行"。③ 至此，九世班禅大师在离开西藏 17 年后，在生前入藏被阻挠之后，终于在圆寂后回到日喀则！

九世班禅灵榇回藏后，班禅方面即按照旧制建造灵塔，由安钦活佛设计，噶厦派驻后藏的官员也予以协助。④ 1941 年 9 月 7 日，班禅方面为此致电蒙藏委员会，强调历代班禅"建塔事宜，均由国家主持办理"，此次为九世班禅建造灵塔的最低费用，金塔需要黄金 13000 两、白银 25000 两，银塔需要黄金 2000 两、白银 45000 两、白洋 4000000 元，而班禅行辕在甘孜事

① 《九世班禅圆寂致祭和十世班禅转世坐床档案选编》，第 89～93 页。
② 《九世班禅圆寂致祭和十世班禅转世坐床档案选编》，第 100～110 页。
③ 《九世班禅圆寂致祭和十世班禅转世坐床档案选编》，第 115～117 页。
④ 团康·洛桑德吉：《九世班禅出逃内地前后》，扎布伦寺历史编写小组：《昂钦达巴堪布史略》，《西藏文史资料选辑》第 4 辑。

件中财物损失巨大，无力承担，希望中央补助建塔经费的 2/3 或 50%，至少补助 1/3。9 月 16 日，蒙藏委员会就此表示，虽然"历代班禅建塔事宜，均由国家主持办理"无据可查，但九世班禅"生前拥护中央至为诚挚，圆寂以后，灵榇久滞甘孜，财物法器丧失颇多"，班禅方面"所请建塔费用，戏台对中央核准酌予补助，自应照办"，建议国民政府"此次班禅建塔费用，似可与下辈班禅坐床费合并酌发数十万元，以示中央崇佛护教之至意"。但是，鉴于抗战时期经济困难，27 日行政院做出决议：此事应待"战事结束后再议"。①

<h2 style="text-align:center">二</h2>

九世班禅灵榇回藏前后，西陲宣化使公署和班禅行辕的处置问题一直备受关注，这主要是因为九世班禅圆寂前拥护中央，政治地位很高，在各地信众中深受爱戴，他圆寂后其部属的处置问题会影响到中央在信教官民中的政治威信；西陲宣化使公署和班禅行辕人数较多，僧俗均有，又曾经为回藏购置大量的枪支弹药，因此班禅圆寂后这些人员和枪械的去向更引起各方面的忧虑。1938 年 3 月 12 日，财政部致电蒙藏委员会，表示"班禅大师已故，所有护送专使行署及仪仗队任务，无庸继续进行，应即迅筹结束"。蒙藏委员会表示希望待戴传贤到甘孜后再行裁撤，但行政院很快否定了这一意见，表示"藏事"应由蒙藏委员会统筹办理，"班禅既已圆寂，护送专使行署仍应迅办结束"②。

面对中央有关部门裁撤意向，为维护西陲宣化使公署和班禅行辕的整体利益，班禅方面的高层人士颇为担忧，也极为义愤，并在中央政要之间展开了活动，希望他们的干预能影响决策。1939 年 4 月 22 日行政院、蒙藏委员会和内政、军政、财政、教育、交通各部召开联席会议，审查蒙藏委员会所提出的"班禅圆寂善后办法"，认为这一善后办法"于中央已往优礼班禅之本旨及今后对西藏之关系，均能相当顾及"，并对其中内容做了部分变更，确定："一、西陲宣化使公署应予裁撤。二、班禅行辕暂予保留"，办公费照发。三、班禅年俸停发，应否另行酌给抚慰金，请院会决定。四、班禅驻

① 《九世班禅圆寂致祭和十世班禅转世坐床档案选编》，第 125～127 页。
② 《九世班禅圆寂致祭和十世班禅转世坐床档案选编》，第 35～37 页。

京办事处仍予保留。五、班禅驻京办事处附设补习学校，"由教育部及蒙藏委员会会同查明，拟具办法呈核"。六、西陲宣化使公署的无线电台，"其原由交通部发给者，仍由交通部处理；余由班禅行辕拟具办法呈核"。七、护送专使行署，"俟戴院长赴甘孜致祭后即行结束，仪仗队亦即于同时撤回，行署及仪仗队经费，均就原有核定数目统筹核拨"①。至此，国民政府在九世班禅圆寂后最后确定了对班禅行辕和西陲宣化使公署及其相关问题的处置办法。

8月，在戴传贤致祭之后，有关方面根据上述办法办理善后事宜，赵守钰向班禅堪布会议厅通报"本署奉令东返结束情由"，而后开始点验武器数目，20日班禅堪布会议厅报告了点验行辕武器的结果，即"除其卫士队员役自卫及曾运往藏地者外"，共存勉步枪1790支，马枪119支，盒子枪240支，手提机枪105支，各色机枪34支，冲锋机枪24支，迫炮6门，山炮4门，零件24箱，各色步枪子弹217600发，等等。赵守钰还报告了现存礼品的情况，包括金丝缎、哈达、戒刀、荷包、绣品、缎匾等共3箱，"先交西康建省委员会暂为保存"。此后，根据4月22日审查过的办法继续进行，到1939年3月除了实习学校、无线电台、武器等尚未移交办理外，其他事项都已经结束，并强调当前的重点是如何安排好班禅灵榇回藏问题。②恰是此时，驻在甘孜的班禅行辕与当地军政当局的矛盾却不断激化，到1939年12月行辕与二十四军不幸发生了武装冲突，这一事件后来一般称为"甘孜事件"。

自从1938年1月进驻甘孜以后，班禅行辕与地方军政机构、土司、寺庙开始尚能和谐相处，但是到1939年1月已经与甘孜军政当局出现明显矛盾，班禅堪布会议厅为此曾致电蒙藏委员会，表示班禅方面"移住甘孜以来，莫不力求与地方当局亲善，以资互助"，努力"拥护中央、宣扬德意及严束教下、共图边防"，但是"外间谣诼时生，颠倒是非，不无影响两方情感"，因此不得不派罗桑坚赞到康定"商洽，用释误会"。③那么，为何出现"谣诼时生"的状况，影响双方的情感的"误会"是什么？对此，各方的观点差别很大，西康当局的各种电文、报告都归罪于班禅行辕阴谋控制甘孜等

---

① 《九世班禅圆寂致祭和十世班禅转世坐床档案选编》，第45~55页。
② 《九世班禅圆寂致祭和十世班禅转世坐床档案选编》，第51~55、82~89页。
③ 《九世班禅圆寂致祭和十世班禅转世坐床档案选编》，第79~80页。

地，而班禅部属的回忆录和有关论著多处指责西康当局的压制、迫害。笔者对比有关档案、文告、回忆录，认为根本原因是班禅方面在康区发展的设想与西康当局出于自身利益考虑进行的限制存在矛盾，而班禅行辕卫队第二分队队长伊西多杰（又译为"伊西夺吉"）与孔萨土司德钦汪母的婚事则是冲突的导火索。

班禅行辕进驻甘孜后，刘文辉曾代表西康当局建议中央："一、班禅灵榇如不能即行运送回藏，须暂移在康定安置。二、班禅行辕如不裁撤，须移在康定设置。三、对于班禅人员，须分别适当安插。四、对于班禅行辕武器，须全部点验，由省府收回保管；其属于私有者，则由省府给价收买。"上述建议的目的在于执照西康军政当局的需要，限制班禅行辕的活动，将其控制在当地能够承受的范围，并借机从班禅方面获得大量武器装备。班禅方面此时正在为能否护送班禅灵榇回藏、如何圆满地安置所有人员担忧，自然"不愿如此处置"，中央政府也"曲循其意见，未肯彻底解决"，仍让班禅行辕设在甘孜，"自由保管支配所有公私武器"；该行辕名义上是"直接隶属于中央的机关，在西康处于客体的地位，省政府不能干预"。1939 年春，西康方面认为"班禅行辕有不轨的企图，打算勾结南北两路的土司头人，以反对当地政府及驻军为名，造成特殊区域，受班禅行辕节制"。于是，西康方面的不满影响到了当地，二十四军士兵多次与班禅行辕人员发生冲突，特别是购买粮、油时受到限制，班禅方面感到当地驻军和甘孜县政府在"无事生非地制造摩擦"，又"谣诼时生，颠倒是非"，双方矛盾加剧。恰在此时，伊西多杰即将与德钦汪母的婚事更让当地担心，伊西多杰入赘孔萨土司家本是他与德钦汪母长期接触、感情自然发展的结果，但当地军政当局担心因此使班禅行辕与当地最大的土司结合起来，形成不可控制的力量；而且，据说驻军中某军官又垂涎于德钦汪母的美貌和财产，但被拒绝，所以在即将成婚的前夜，驻军派人包围了土司住处，而后将德钦汪母囚禁了一年之久。行辕为此曾请刘文辉干预，刘氏开始答应调解，后来竟表示"婚事须由省府作主，不能承认其自由选配"，并下令撤销德钦汪母职务。因此，班禅方面与西康、甘孜军政当局的矛盾进一步加深，1939 年 4、5 月间当国民参政会川康建设视察团到达甘孜时，伊西多杰就呈文报告了当地驻军限制他们结婚的各种情况，希望视察团"诸公将实际情形转呈中枢"，请中央干预，最好恢复德钦汪母职务并让他们结婚，至少是成全他们的婚姻。视察团在报告中曾附入了这份呈文，但是却迟迟未见中央政府的干预。

　　1939 年 12 月，德钦汪母被囚禁一年，要求恢复自由，而班禅行辕与当地僧俗上层联合起来，一方面做好了武装营救的准备；另一方面以德钦汪母名义致电中央，控诉当地驻军团长章镇中，要求释放德钦汪母，而当地军政当局对此并未防范。12 月 7 日，一场不幸的冲突开始了。班禅卫队与二十四军展开激战，二十四军"猝不及防，伤亡颇重"，甘孜县长和部分军官投降，而章镇中被围官寨，而后战死，班禅行辕迅速控制了甘孜县城。此时，西康当局极为震惊，一方面派大抵部队增援，德格土司也奉命率部助战，另一方面展开政治攻势，以"宁属法团""道孚全体僧俗民众"名义通电，斥责班禅行辕"不体班禅拥护中枢遗旨""围攻甘孜县府及驻军，屠杀无辜，残民以逞"。对于这次冲突，中央政府也极为关注，行政院在 12 月即致电班禅堪布会议厅，强调班禅行辕"分路进扰，殊属不合已极。要知破坏秩序，法所不容，危害后方，罪责尤重"，要求行辕"明了自身立场，即日遵照退驻甘孜寺，恢复原状"，静候中央所派大员"查明处理"。此时，班禅方面并未执行，力图巩固对甘孜一带的控制，而西康方面又想以武力制伏班禅行辕，所以仍在激战，直至 1940 年 2 月 5 日西康军队攻占甘孜县城，班禅行辕寡不敌众，护送着班禅灵榇，德钦汪母等土司、民众也一起退往青海，行辕"军用物资和大多数私人财物均来不及带走，多半失落在甘孜"。①

　　甘孜事件发生在抗战时期，又发生在以拥护中央著称的九世班禅的部属身上，无论是对当时西康地区的政治形势，还是对九世班禅灵榇回藏，都产生了极为消极的影响。此事发生后，中央政府一方面让青海当局照顾好班禅行辕，与西藏方面接洽班禅灵榇回藏事宜，另一方面加快裁撤班禅行辕的步伐。首先，妥善安抚班禅各方面人士，减轻事件的消极影响。经蒙藏委员会呈请，并与青海、西康两省政府协商，又由行政院批准，对各方面、各种事情区别对待，一是拨款法币 300000 元，作为"班灵及班辕人员回藏旅费"。二是嘉奖拥护中央、协助调解的活佛，班禅大师胞弟策觉林活佛 1935 年前

---

① 旦增加错：《班禅行辕与刘文辉廿四军之战》，《西藏文史资料选辑》第 4 辑；谢天沙：《康藏行》，工艺出版社，1951，第 84～87、96～97 页。《一九三九年伊西多杰致川康视察团呈》《一九三九年十二月行政院致班禅堪布会议厅电》《一九三九年十二月二十五日刘文辉甘孜事变经过报告》《一九四〇年二月二十七日刘文辉报告》，四川省档案馆编《近代康区档案资料选编》，四川大学出版社，1990，第 461～469 页。《伊西杰呈请开释德亲汪母由》（康字第四号），《国民参政会川康建设视察团报告书》，国民参政会川康建设视察团编印 1939 年 8 月。对此事原因，分析较为全面的是张云著《漂泊中的佛爷——九世班禅内地活动的前前后后》。

后"前来内地，迎接班禅回藏"，后"赴内蒙一带说经"，1939 年 11 月"应召来渝，旋经中央任为监察委员"；参政员丁杰活佛在甘孜事件之后奉命随同西昌行营主任张笃伦前往调解，他们二人在后藏地位"较为崇高，自来内地，拥护中央，至为恳挚，现均拟随班灵一同回藏"，每人发给旅费30000 元，"以示优惠边地宗教首领之至意"。三是后藏的恩久活佛 1936 年"赴青海迎接班禅，旋奉命协助寻访十四辈达赖"，甘孜事件中"曾受相当损失，困居塔尔寺，情可至悯"，发给旅费 3000 元，使"其早回玉树，随班灵回藏"。四是"甘、瞻各地头人及僧俗民众随班辕通往青海"，经赵守钰与青海、西康两省政府协商，除了"一部分因特殊关系不便回康，著经青海暂往中央"外，其余"准予宽大，保障其回安居"，又由于他们在事件中"损失甚巨，流落青境，为时已久"，一共发给遣散、安置费 40000 元。①国民政府的以上拨款、嘉奖、安置、处理，暂时稳定了班禅行辕和相关头人、僧俗民众的情绪，有利于青康交界地区局势的稳定。

其次，班禅灵榇回藏后，中央着手裁撤班禅行辕。1941 年 2 月 14 日，吴忠信致电赵守钰，一改 1938 年保留班禅行辕的态度，表示在甘孜事件后，"班禅行辕之组织，在理论上及事实上均似应撤销"。3 月 25 日，蒙藏委员会又呈文行政院，表示"班禅灵榇既已回藏，班禅行辕自无存在必要"，只是"裁撤手续及善后等事"，需要请赵守钰"就近体察实际情形，详拟办法，总以不生枝节为妥善"。4 月，蒙藏委员会在呈报班辕善后办法的同时，转呈了班禅行辕提出的八项办法，主要是控诉西康军政当局，要求刘文辉交出刘湘赠送的武器、西康当局赔偿甘孜事件中行辕损失，请中央保护行辕所有人员等。5 月，行政院审查通过了蒙藏委员会所拟善后办法，决定：班禅行辕善后与寻访灵童分别办理；除保留班禅驻京办事处外，班禅行辕及驻外各办事处一律裁撤，该行辕所有职员予以遣散或设法安置，"由前拨班灵回藏费三十万元内撙节动用，实报实销"；班辕裁撤后"所有卫队及武器，由军事委员会派员接收"；寻访灵童一事由罗桑坚赞办理，灵童寻获坐床后，"如有必要，再行考虑组织类似行辕之机构"；班禅行辕所提办法八项"无庸批示"。②

班禅行辕得知上述办法后，1941 年 6 月 6 日曾致电吴忠信，"吁恳中央

① 《九世班禅圆寂致祭和十世班禅转世坐床档案选编》，第 111～113 页。
② 《九世班禅圆寂致祭和十世班禅转世坐床档案选编》，第 117～122 页。

特加优遇，收回成命"。此时，国民政府已经下定决心撤销班禅行辕，这一呼吁已经无法改变这一决定。但是，由于班禅方面尚有恩久活佛等数十人"仍留青海诵经祈祷班禅转世"，他们在内地生活颇为困苦，考虑到九世班禅大师"生前拥护中央，忠忱不贰"，而恩久活佛等"又为行辕纯笃之士，边人观瞻所关，似未便听其久困"，为安置留在内地的班禅系统人员，12月6日蒙藏委员会呈文行政院，建议在青海设立班禅诵经堂，月拨经费10000元，"俾资维持，而使彼等脱离政治，专心礼祷"；等到十世班禅坐床后，此诵经堂"即行裁撤"。1942年1月7日，这一建议得到批准。班禅堪布会议厅接到通知后，2月7日成立班禅诵经堂，同时致电蒙藏委员会，表示此事"仰见体恤边氓、逾格成全之至意"，自从班禅行辕裁撤"同人等在艰难困苦之中，自维前途黯淡，无复生机"，批准成立诵经堂犹如"阳回大地，枯木逢春"，因此"闻命之余，感激涕零"。与此同时，班禅行辕和驻成都、西康、青海各办事处人员的遣散、安置工作也在进行，3月5日赵守钰致电蒙藏委员会，班禅行辕和各办事处已经裁撤，遣散、安置费已经发放，4月24日又呈送了各种名册、清单，包括班禅行辕遣散人员193名，发放旅费111400元；班禅行辕留驻内地人员91员，发放安置费78470元；班禅行辕卫队官兵123人，发放安置费60050元；班禅驻青办公处遣散职员12人，实发安置费4780元；班禅驻康办事处遣散职员10人，实发安置费4780元；班禅驻川办事处遣散职员10人，实发安置费4780元。① 至此，班禅行辕撤销后的遣散、安置工作最后完成。

三

九世班禅圆寂后，国民政府不仅隆重致祭、护送法体回藏，妥善处置行辕与二十四军冲突的"甘孜事件"，而且在宣传方面仍然极力表彰他的爱国言行，《班禅大师全集》出版时政府要人和各界的反应就是一个典型例证。1936年，九世班禅在青海塔尔寺时，西陲宣化使公署的一些人就"动议整理大师全集材料"，但"着手未久，奉命西行"，而后受阻于玉树，大师圆寂后"公署奉令裁撤，同人星散，事遂搁置"。此后，其部属刘家驹等护送灵榇到甘孜，在"公余之暇，专译历代班禅列传"，不久甘孜事件发生，

---

① 《九世班禅圆寂致祭和十世班禅转世坐床档案选编》，第123～165页。

"一部分译稿，及往来文电，荣哀录全部，行辕公署顾问参议咨议名册，中外男女皈依弟子录，沿途宣化照片集等完全损失"。1940 年，到达青海然仰寺后，他又"急求全集早日完成，夜以继日，从事编纂"，在其他同事帮助下 1941 年编纂完成，共收录《国民政府褒扬追赠封号令》、遗像、历代班禅列传和传法文件 10 件、演讲 24 篇以及往来函电几十件。此书在 1943 年 10 月由班禅堪布会议厅付梓，出版时受到中央政要和社会各界的重视，不仅许崇灏、顾颉刚、屈映光、黄奋生为书作序，而且林森、蒋介石、于右任、张继、何应钦、贺耀祖、吴忠信、邓锡侯、朱绍良、吴铁城、姚琮和太虚法师都为此书题词，陈立夫还为该书题写书名。① 其中，林森题词为"灵光永照"，蒋介石题词为"穆如清风"，何应钦题词为"功济尘劫"，吴忠信题词为"护法所以鉴"，邓锡侯题词为"昌明政教，绥义边陲"，这些政要和社会名流的题词、作序，都表明各界对九世班禅的怀念和对他爱国言行的高度赞扬。

九世班禅圆寂后，转世灵童寻访、确认和十世班禅坐床问题成为班禅堪布会议厅和西藏噶厦厅长期斗争的焦点，也是困扰国民政府的难题。1937 年 12 月以后，九世班禅转世灵童的寻访问题就已列入日程，由于班禅灵榇回藏问题迟迟难以解决，所以在与噶厦协商解决这一问题后，灵童寻访工作才正式展开。1940 年 10 月 16 日，罗桑坚赞致电蒙藏委员会，表示："达赖、热振及卫藏大德均指班禅已在藏东青康境内转生"，班禅行辕推举森吉堪布、刘家驹和后藏新来代表卓尼绛巴纳等人"赴香日德、西宁寻访，并待善后，敬恳转呈中枢核示祇遵"。对此，蒙藏委员会则从前藏和后藏、达赖和班禅关系的角度考虑问题，25 日致电驻藏办事处处长孔庆宗，转告班禅方面呈报的情况，让他就"旧例班禅转世手续如何，可否即令森吉堪布等负寻访之责""探询藏当局意见"。1941 年 2 月初，森吉堪布等人抵达西宁，开始寻访工作。4 月底，赵守钰致电蒙藏委员会，表示听说班禅方面"近已访获有灵异之儿童三人"，急切地询问根据历史上的旧制，"班禅、达赖之转生，是否均须由拉萨发动访寻并予以最后断定？果尔，将来班辕访获者如前藏不肯承认"，供养在塔尔寺，"不能回藏，恐益增边事之纠纷"，所以表示很希望知道孔庆宗所探听到的噶厦方面"对于访灵意见如何"。5 月

---

① 《题字》、《序言》、刘家驹《自序》，见刘家驹编译《班禅大师全集》，班禅堪布会议厅 1943 年 10 月版。

初，这一问题才有答案，2 日行政院批准发给罗桑坚赞"主持寻访班禅灵童旅费"5000 元；8 日，蒙藏委员会致电赵守钰，转告孔庆宗电报内容，即"据热振告称：彼曾卜卦，班禅业已转生，照例应由班禅徒属自行寻访灵儿数名，再呈请达赖佛卜卦决定；王乐阶等赴青负有迎灵及访寻两种任务，已予呈藏政府批准，仍盼中央准彼等在各处寻访以协助便利"。同时，蒙藏委员会还强调："班禅灵儿之认定，将来自应由中央主持办理。"①

由于 1941 年 5 月行政院已经决定裁撤班禅行辕，而班禅灵童又要寻访，所以办理机构的设置、寻访及认定办法的制度规定更引起有关方面关注。7 月 19 日，罗桑坚赞致电蒙藏委员会，强调九世班禅"中外景仰，矢忠党国""虽未完成回藏目的，赍志以殁，而乘愿再来，自必益弘愿力，领导全藏同胞，更坚其倾向祖国、团结御侮之决心"，在即将"着手寻访之时，若不组织相当机构，则不足以昭郑重而资策进"，因此请中央指导确定"此项组织应如何组织"。24 日，西康省主席刘文辉也致电蒙藏委员会，表示已经得知行政院"决议裁撤班辕，将班佛转世事交罗桑坚赞主办"，同时又提醒道，班禅转世"依向例由前后藏各派要员参加办理，所寻得之灵童，始能得各方僧俗之公同承认与信仰"，不同于政府官吏"一经任命，僧民即可服从"，所以"关系匪轻，似宜慎重将事，免种恶因"，建议让孔庆宗"查询拉萨噶厦及三大寺意见，将来可否组织一委员会，加同前、后藏民主管理康、青省政府负责人员，尤以现在后藏之札萨喇嘛为必不可少"。他认为，由这样的机构寻访后，"再依成例合法选出，自无争议可言"，否则的话，"如罗桑一人主持，事既艰巨，地复辽阔，前往各地追寻，绝非一人之人所能竣事。纵令遍寻辨真，亦难得各方共认，纠纷造成，补救已晚"，并强调此事为"中央威信所关，汉藏情感所系，似不可不慎之于始，免遗无穷之祸根"。8 月 13 日，蒙藏委员会把刘文辉意见转告孔庆宗，让他在拉萨征求意见，并就"中央目前是否发表主持该事之人"及"可否即以中央大员会同达赖主持之处"，"参酌现情及藏方一般态度，酌示具体办法，以便转陈核夺"。两星期后，孔庆宗回复说，班禅转世办法包括"寻访之权由，由札什伦布寺班禅佛信徒等初请高僧到渠科鉴观海，以求其征；再请达赖佛或其他高僧筮卜及请乃琼降神指示转生方向后，该负责人即照所示象征方向往寻灵儿数人；复请达赖佛或高僧卜定身、语、意化身三人，由驻藏钦差大臣主

---

① 《九世班禅圆寂致祭和十世班禅转世坐床档案选编》，第 171 ~ 173 页。

持在前藏大昭入金瓶掣签，签定一人为班禅佛真正化身后，与达赖佛互拜，长者为师、少者为弟"。他还强调，去年热振就谈到上述办法，而《卫藏通志》第五卷记载很详细。①

灵童寻访工作在罗桑坚赞、丁杰活佛等主持下进展顺利，到 1942 年 3 月共找到 10 多名灵童。1941 年秋他们向蒙藏委员会陆续报告了访获灵童的情况。罗桑坚赞在 9 月 7 日报告说，在青海境内"获聪明孩童甚伙，如西宁、贵德、共和、同仁等县有三、四名幼童，慧性湛深"，他曾"亲自一一去访，举趾态度，迥然不凡"；西康方面"虽有聪明孩童一二名，然均无合乎班佛象征"，而其他各处也"未寻获聪慧儿童"。10 月 12 日，丁杰又报告了在西康境内寻访的情况，说他们一行在理化（今四川省理塘）访获一名灵童，出生前"有白虹一，发自大师殡宫之上，直达其父母之宅，灵童两目之间时现藏文阿热等字"，且"前牙之尖，侠碧绿色，不类父母，极同大师"；他会说话时常讲到与扎什伦布寺、九世班禅有关的事情，又在丁杰亲自访问时认识他，当丁杰拿出九世班禅生前所用物品时又能认出；还强调说九世班禅圆寂时"临逝索梨，梨至在化"，说明应转世于理化。

丁杰活佛的报告与罗桑坚赞所说迥然不同，或许是呈报时间较晚，有新的进展造成的？对于这些报告，孔庆宗在拉萨提醒蒙藏委员会要慎重对待。10 月 17 日，他致电吴忠信，报告说罗桑坚赞和班禅堪布会议厅在青海"访获二三名孩童"，认为"灵异昭著，是班佛转世此间必无疑问"，因此"访佛工作将告完毕""现拟派员携带灵童名册赴藏报告"；而理化又访获一名灵童，"不知由何主访，此事将来如有分歧，恐被藏方操纵利用"，请吴忠信"予以注意"。18 日，吴忠信回复说，班禅办事处已经报告蒙藏委员会，"班禅转世灵童，已访得身、口、意化身同庚而有灵异者数人，将迎至塔尔寺，由罗桑坚赞委员领导全体人员拜谒，并复寻真确化身另行呈报"；蒙藏委员会已经电令罗桑坚赞"照例将访得之灵童姓名、年庚先行呈报，以凭核夺"，并征求孔庆宗对"班禅转世掣签地点、主持人员等重要手续"的意见。孔庆宗表示，应参照旧例，"负责访佛之人将真正身、口、意化身灵儿三人呈奉中央核准"，并"报经前后藏认可，以此三童抽签决定一名时，始由中央允准灵儿入藏，同时派员主持掣签大典"；至于主持人员，应先由蒙藏委员会"酌定大体方针，并征询班佛方面意见"，再"探测前后藏当局意

① 《九世班禅圆寂致祭和十世班禅转世坐床档案选编》，第 174～177 页。

向报核"。10月下旬，蒙藏委员会又致电丁杰活佛，让他将理化寻访到灵童的情况及早电告罗桑坚赞；又致电罗桑坚赞，通知他理化灵童的大体情况，并让他"将各灵童姓名、年庚及家世先行呈报，以凭转呈核夺"。①

11月10日，为统一办理寻访事宜，蒙藏委员会致电班禅驻京办事处，要求该办事处通知罗桑坚赞，将包括丁杰活佛寻访的情况"迅予并案汇报"。25日，罗桑坚赞致函蒙藏委员会，将"各方各大喇嘛推算及护法降神所示大师转世之方向、地域并书内所载之寓言"，撰写成《各方推算班禅大师转世灵童证明书》呈报。同一天，他还呈文蒙藏委员会，详细报告了在青海、西康寻访情况，即"共寻获孩童十一名，其中九名系青海访获者，均具有慧性"，接到塔尔寺后"复行甄别试验"，结果是"内中五名甚为灵异，而青海贵德、共和二县寻获孩童"隆热嘉措、索南旺堆，"慧性湛深，灵异卓著，且能认识先佛法器，并其举止、态度、言语、形容各方面，确有班佛再世之象征"；至于西康德格、理化所寻找到的两个孩童，出生时据说都有"异象"，可仔细考察时却没有多少显著特征，而且根据西康的各大喇嘛推算的结果，都"说是班禅大师已转生青海方面了"。由于丁杰报告了在理化寻访的情况，罗桑坚赞还呈文蒙藏委员会，希望由该委员会"准予转电丁佛从速来青，共同办理。万一不能来青，仍将灵童详情速为见复，以便汇办"②。12月9日，班禅驻京办事处根据罗桑坚赞的报告，又将15名灵童的姓名、年庚、属相、籍贯、家世制成表格呈报蒙藏委员会，其中在青海西宁找到的般玛围柱已经夭殇。由于"丁杰所报理化寻获之灵童并未列入"，蒙藏委员会官员在收文后又请示"应否由会列入，抑饬罗桑坚赞补报"。蒙藏委员会为此致函丁杰询问情况，1942年2月丁杰报告了所寻到的策巴多杰的情况，认为策巴多杰"祥征灵相，层出迭见，传于人口，验于余目，无出其右"。3月16日，蒙藏委员会又陆续接到寻访灵童新情况的报告，一是罗桑坚赞呈报在青海找到的隆热嘉措，已"于本年农历一月一日因病夭殇"；二是孔庆宗报告说恩久活佛等仍在康区南部、北部寻访，但没有新的发现，而策觉林活佛在康区东部寻访，他到甘孜后再报告情况。③

鉴于班禅方面已经访获十多名灵童，1942年上半年，国民政府专门制

---

① 《九世班禅圆寂致祭和十世班禅转世坐床档案选编》，第177~182页。
② 《九世班禅圆寂致祭和十世班禅转世坐床档案选编》，第182~202页。
③ 《九世班禅圆寂致祭和十世班禅转世坐床档案选编》，第204~213页。

定了《征认班禅呼毕勒罕办法》，班禅堪布会议厅、中央政府又都与噶厦接洽掣签确认事宜。对于灵童的确认手续、方法，蒙藏委员会曾与前藏、后藏两方面多次接触，1940 年底孔庆宗曾同时与任摄政的热振活佛进行接洽，热振表示要按旧例进行。1942 年 2 月 6 日，孔庆宗又报告说，他又就此询问在拉萨的班禅部属王罗皆（又译为"王乐阶"），王罗皆也提到了清代的惯例，但又表示"往年达赖既未抽签，此次班禅佛是否援例办理，尚不可知"，孔庆宗则希望"后藏对于班佛转世必须重中央意见，按照旧例"。由于班禅方面这种无所适从的态度，蒙藏委员会加快了与各方接洽、制定相关办法的速度。19 日，该委员会致电罗桑坚赞，表示"班佛真正化身之征认，关系黄教兴替，自非郑重办理，不足以昭大信而使各方心服"，所以请罗桑坚赞转告正在拉萨与噶厦接洽的恩久活佛等人，"请西藏当局就灵童名册中所列各名照旧例先行卜定身、口、意化身之名，报候中央核夺"。28 日，该委员会又拟订班禅转世办法呈报行政院，办法包括：一是"班禅呼毕勒罕候选人拟准由西藏宗教首领负责认定"。这是因为历代班禅的转世灵童至多三名，而现在罗桑坚赞寻访到的就有 15 名，丁杰活佛又为理化找到的策巴多杰力争，因此"将来应如何在此十余名灵童中选出三名以为呼毕勒罕之候选人，若不慎重办理，势必难使各方信服"，蒙藏委员会拟电告罗桑坚赞将已经寻访到的所有灵童"造列名册，派员携往拉萨，请西藏宗教最高领袖卜定三名为身、口、意化身（即呼毕勒罕候选人），以昭公允，而资各方信服"。二是"呼毕勒罕候选人三名决定后，应由西藏政府呈报中央派员在拉萨大昭举行掣签，签定一名为呼毕勒罕"。蒙藏委员会强调金瓶掣签制度形成于清代乾隆时期，"盖此以防杜纠纷，兼寓控驭之意，似不宜轻予废弃"；至于九世、十三世、十四世达赖坐床前免予掣签，都是因为灵童只有一名，后又"经中央特准认定，与此次班禅转世情形不同"。3 月 26 日，行政院根据蒙藏委员会建议通过了《征认班禅呼毕勒罕办法》，包括"一、班禅转世灵童由班禅徒属寻访。二、班禅呼毕勒罕候选人，准由西藏宗教首领就班禅徒属所报灵童中认定三名。三、呼毕勒罕候选人三名决定后，应由西藏政府呈报中央派员在拉萨大昭［招］举行掣签，签定一名为呼毕勒罕"①。

中央政府确定的《征认班禅呼毕勒罕办法》，既考虑了清代形成的旧例，又尊重了班禅、达赖两方面的固有权利，同时又强调中央政府的应有权

---

① 《九世班禅圆寂致祭和十世班禅转世坐床档案选编》，第 207～214 页。

威，即由"中央派员"主持掣签。但是，由于此时以达札为首的分裂势力已经控制西藏政教大权，力图在各项事务中削弱中央在西藏的影响，对于中央政府主管此事采取消极的态度、拖延的办法加以阻挠。4月29日，蒙藏委员会致电达赖喇嘛，将《征认班禅呼毕勒罕办法》通知西藏方面。5月，恩久活佛在拉萨正与噶厦接洽班禅转世灵童确认办法，孔庆宗在与他谈话时得知，"西藏负责要员"向恩久活佛表示"班禅行辕依附中央，有何好处？须及早回头"；"前后藏之事，应自商妥善解决。班禅佛转世，勿任他人干预"。恩久活佛为此表示：西藏当局对于班禅转世"似在规避中央"，班禅方面"十分希望遵照旧例办理，但自班禅佛离藏以来，中央对藏徒有空言，西藏毫不惧服，以致班禅佛失败"；在班禅转世问题上，"今若仅提办法，而无实力制藏，虎头蛇尾，结果仍系后藏吃亏，甚至将余等访佛工作全部推翻，另生花样，亦未可知"。他还一针见血地指出，噶厦对于"达赖转世，既呈报中央派大员入藏征认主持，而对班禅佛转世，乃以挑拨离间手段，冀获包办"；希望中央在此问题上"不可堕前藏之计，使班禅佛转世减少信仰，陷于纠纷"。孔庆宗在5月17日将上述谈话报告蒙藏委员会，6月29日又报告说噶厦已经表示"青海灵儿较为近情，西康灵儿报告未详，亦不相似。班禅佛转世，事关重大，务须在西康细访"，所以班禅方面决定由罗友仁、王罗皆留在拉萨，恩久活佛前往金沙江西岸寻访，到岸"或委丁杰或加派员往访"。孔庆宗认为，噶厦"意似在拖延伺隙，惟访佛不妨分途主持，仍宜由班禅行辕统一办理，以免为藏方所乘"。①

1942年10月后，班禅方面继续派员在金沙江两岸寻访灵童，但是直到1943年7月仍未发现有新的灵异孩童，即使有人提供了线索经过验证也不相符，在这种情况下孔庆宗又得知"某佛密告"传闻噶厦有"在藏境寻获班禅佛化身之意"。这些都让班禅方面感到噶厦在别有用心地阻挠，罗桑坚赞为此在5月6日致电吴忠信，表示"藏方处心积虑，诡谲莫测"，即使是在"两度谈密之寻访"之后，"难保不借端藉口发生意外阻碍，或者迁延时日，故意捣乱，或者妄作主张，自行决定，致我佛转世前途横生波折"，因此强调"历代班佛转世事宜，向由国家主持决定""刻值此抗战时期，班佛正身之确定，不仅关系黄教兴替问题，实关系于西南国防者至重至巨"，请吴氏"转呈中央主持办理，以顺舆情，而昭大信"。8月28日，他又致电蒙

---

① 《九世班禅圆寂致祭和十世班禅转世坐床档案选编》，第215~218页。

藏委员会，内称昌都的雪聪格西曾指示，"班佛灵童转生在青海南北之农牧区域，尤其在达赖所生之附近地方详细寻访，并将属虎及兔之孩童格外注意，或能得灵童一二名"。根据这些指点，班禅方面又派人分赴青海各地再度寻访，并"检视前经寻获之灵童，如共和县恰果地方之索南旺堆及循化县完德千户之贡保慈丹（按：同一呈文中又作"官保慈丹"）与共和县司左之噶桑三名"，都"器宇轩昂，慧性昭著，更有甚于前次之灵异"，由此"足见大师之转生于青海益加证实矣"。他还简要地回顾了寻访过程，指出数年来他们"不辞劳瘁，不惜经济，跋涉奔走，夙夜匪懈，其周密详尽，较过去历辈之寻访，未有如斯之彻底者"，因此"访佛事宜经数次之积极办理，已告结束，再无寻访之余地""藏方应即遵照中央电令，选定班佛候选人三名，以资确定大师正身"；"前藏之阴谋，欲将班佛转生于西藏所属之地，希图避免中央势力入藏""不顾班佛正身之真伪，深愿在彼之势力范围内自行决定一名，以遂企图"，其"阴谋叵测，显已暴露"，班禅方面对此"不得不早为顾及，予以制止"。为此，他不仅致电在拉萨的班禅方面代表，要求噶厦遵照《征认班禅呼毕勒罕办法》"从速遴选候选人三名，以凭转报中央核定正身"，而且"严嘱将藏方所辖区域内之孩童不准列入候选人内，以杜假冒而免后患"。①

当班禅方面正在与噶厦斗争时，1943 年 9 月发生了"丁杰佛等欲将理化孩童慈巴多结携带赴藏"的事件，由于西康省政府的阻拦，"未得携去"。此事让罗桑坚赞颇为担心，认为"前藏政府惟恐中央势力入藏，确有在于彼之势力之范围内伪造班佛灵童的阴谋"，丁杰等人的这一举动是在"响应前藏企图"，"若不予以制止，则我佛转世前途枝节横生，后患不堪设想"，因此再次要求中央"迅赐主持，俾班佛正身从速决定"。同时，他又与青海省主席马步芳协商，希望以青海寻访到的三人"即为正身候选"，参照七世达赖先例，"由中央指派大员主持，并召集拉科佛、班佛之师、塔尔寺全体活佛等，在班佛业师宗喀巴诞生之塔尔寺举行隆重之决定典礼"，在三人中决定一名。10 月，马步芳将他的意见转告蒙藏委员会，同时他致电行政院，请批准在青海"决定班禅正身"。②

11 月 3 日，蒙藏委员会呈文行政院，指出对于班禅转世问题，"藏方初

---

① 《九世班禅圆寂致祭和十世班禅转世坐床档案选编》，第 220～230 页。
② 《九世班禅圆寂致祭和十世班禅转世坐床档案选编》，第 231～234 页。

则藉口寻访未周拖延时日；继复多方运用规避中央干预"，既与罗桑坚赞所分析的阴谋有关，也与英帝国主义、噶厦借鉴了十四世达赖坐床的失败教训有关，因此如果原来的《征认班禅呼毕勒罕办法》难以让噶厦接受，噶厦"不肯遵照"，可以修改为"由西藏当局自行认定班禅呼毕勒罕一人，报请中央核定后，派员主持坐床典礼"。这虽然保留了中央核定西藏宗教首领之权，"维系中央与西藏现有之感情不致破裂"，将来不须又护送新班禅回藏，但将打破"中央主持班禅转世之例"，使"中央失去主动，事事易为藏方所操纵"，并"增长西藏妄自尊大之心"，而且"西藏当局如果对此项办法再不肯予以接受，而于决定呼毕勒罕后，不报中央，即自行坐床，则将使中央丧失威信"，九世班禅部属中拥护中央的人士"因此离心，而班禅在宗教上之地位将大为降低，甚至人心不服，引起其他纠纷，使西陲为之不安"。此外，该委员会还表示也可采取罗桑坚赞所建议的塔尔寺决定的办法，这可以树立中央在边疆的威信，保持主动地位，不受英国和噶厦干扰，又可"确保班禅转世由中央主持之体系，以崇其信仰，而维中央在藏固有之权"，以后护送入藏时"与其他对藏办法相配合，可能促成藏事之彻底解决"；但是"藏方可能另立伪班禅"，与中央对抗，"势必引起以后纠纷"；护送新班禅回藏"万一发生波折，则旷日持久，益使中央威信损失"，还会让帝国主义获得"破坏中央与西藏感情之机会"。因此，蒙藏委员会表示班禅转世问题涉及外交和对边疆的政治、军事政策，请中央决定。此文呈报后，蒙藏委员会就等候批复，罗桑坚赞等则焦急万分，11 月 5 日再次致电蒙藏委员会，10 日又通过马步芳电告，"请速在塔尔寺举行决定班禅正身"，18 日又致电吴忠信强调"明年系藏历最忌之凶年，依照宗教成例，决不能办理"班禅转世事宜，催促蒙藏委员会及早决定。12 月 6 日，罗桑坚赞再次催问蒙藏委员会，21 日行政院才下达指令："征认班禅呼毕勒罕办法应依照旧日体制办理。"①

尽管行政院决定"依照旧日体制"办理班禅转世，但是罗桑坚赞担心藏历木猴年（1944 年）是"凶年"、无法确定灵童，并顾虑噶厦"以宗教之掩护手段将藏内之孩童决定为正身"的阴谋，决定在藏历的 1944 年前通过宗教程序确定班禅正身。1944 年 1 月初（农历十二月三日），罗桑坚赞与班禅堪布会议厅留在青海的人员请青海的各大活佛，包括阿嘉、嘉木样等，

---

① 《九世班禅圆寂致祭和十世班禅转世坐床档案选编》，第 235 ~ 243 页。

并"在青海僧俗最信仰之塔尔寺之护法神唐木钦处降神"，经过传统的"法事手续"，把在青海寻访到的官保慈丹、索南旺堆、噶桑三名作为"班佛身、口、意化身"，在塔尔寺宝贝佛前抽签，最后"将灵童官保慈丹姓名抽出"。马步芳在12日就致电蒙藏委员会，青海的阿嘉、嘉木样等活佛和蒙藏王公、千百户等已经向他报告有关情况，他们表示"以前达赖佛降生于青海，此次班禅又降生于青海，本省僧俗同深欢腾"，并请马氏"转呈蒙藏会赐予主持班佛登床，以顺边情"，且"免堕前藏诡计"。马氏则请吴忠信转呈中央及早"赐予主张，从速决定班禅正身，以顺舆情"。13日罗桑坚赞又详细报告了抽签情况，表示这一结果"确与卜卦降神之预示丝毫不爽""青海各大活佛等，均一致承认为班佛正身，群情拥戴，万从心服"，并请求中央"遴派大员飞青，正式举行决定典礼，以继法统而昭郑重"。17日，马步芳再次致电蒙藏委员会，转告罗桑坚赞等人意见，即官保慈丹已经宗教手续确认为九世班禅之转世灵童，"因藏历明年系凶年关系，不能办理决定正身庆典，兹经决定于三十三年农历正月（系藏历十二月）择吉举行庆典，恳乞转呈中央遴派大员飞青主持"，马氏还表示"候日期择定后，先期电请派员飞青主持，以昭郑重而慰殷望"。①

罗桑坚赞等认定官保慈丹为转世灵童时，王罗皆、恩久活佛"正依照西藏当局所指示，在拉萨进行选择灵童事宜"，因为1月5日孔庆宗还得到他们的报告，噶厦告诉王罗皆等"应就所呈报灵儿十名，请多数高僧卜卦，以占得多数从同者为班禅真正化身"，已经请热振活佛、"噶巴慈巴、绛巴佛、泽江佛、南无护法等卜卦，各将结果亲卦漆印，俟汇齐当众开视"。他们得知罗桑坚赞的举动后大为吃惊，向孔庆宗表示："此举与中央所定办法及前后藏意见均不相合，恳电中央迅予制止"。这就在班禅堪布厅内部出现分歧，孔庆宗感到："此案如果班禅属下一致，中央力予支持，协同对藏，方较有望"，但是罗桑坚赞"所采办法，自对各方不协，必演变故"。蒙藏委员会对罗桑坚赞此举也极为惊异，因为这既不符合中央政府已经通过的《征认班禅呼毕勒罕办法》，又不能代表班禅方面所有高层人士的意见。因此，1月20日吴忠信致电孔庆宗，表示"班禅属下如此分歧，难免演成变故。中央前颁办法势在必行"，"应照旧例办理"，并让他转告王罗皆和噶厦。1月31日，吴忠信还呈文行政院，报告了"罗桑坚赞已在西宁就所寻

---

① 《九世班禅圆寂致祭和十世班禅转世坐床档案选编》，第244～246页。

获之灵童自行征认班禅呼毕勒罕"，而王罗皆正在拉萨等候"选择灵童事宜"的情况，表示"罗、王二人同属班禅教下，意见未能一致。在西藏当局未正式发表意见以前，自未便赞成罗桑坚赞之主张"，因此已经"面告班禅驻京办事处处长计晋美、西藏驻京代表阿汪坚赞"，并致电罗桑坚赞和西藏当局，强调在班禅转世问题上"务遵中央办法办理"。面对这种情况，1月底2月初罗桑坚赞两次通过班禅驻京办事处致电行政院，极力强调自己为"班佛之最高僧徒"，又被国民政府"畀以办理我佛转世重任，若是藏方伪佛捷足先登，不惟影响全局，且实无以对国家，对列佛"，而且通过宗教手续认定的官保慈丹受到僧俗拥戴，所以"班佛慧觉不昧，业已应运现身"，并强调"明年是黑年，不能办理决定，兹拟定于农历正月初间正式举行决定庆典"，请中央"遴派大员如期飞青主持"。2月1日，吴忠信为此致电罗桑坚赞，再次强调班禅转世仍照《征认班禅呼毕勒罕办法》办理。①

尽管蒙藏委员会和班禅方面部分人士都不同意，但罗桑坚赞等在青海僧俗上层支持下，2月间仍举行了隆重仪式，农历正月七日把所认定的转世灵童官保慈丹迎往塔尔寺，十五日又"举行决定正身庆典"，此后"各方蒙藏僧俗闻风响应，每日络绎于途，齐来拜佛"，尤其是"离省较远之地，如甘肃、川边一带及青海同仁、同德之各大活佛、蒙藏首领，均先后齐来塔寺竭诚顶礼"。3月，塔尔寺僧众又在农历二月初十请官保慈丹"对全体僧众宣讲佛经"，据罗桑坚赞报告"不但声音宏亮，且能道出佛法真谛。一时全体僧众敬聆之余，以班佛年龄幼稚，具有如此能力，无不瞠目咋舌，群相惊服"。讲经之后，该寺法台东科尔活佛又"率领全体僧众举行参拜仪式"，而后把官保慈丹"请到先班禅大师已往住锡之最高禅林内居住"。这两个月内，班禅系统内部的分歧仍然存在，班禅驻京办事处致电国民政府军事委员会、蒙藏委员会，要求中央"明令发表官保慈丹为教主，并早日护送入藏"；而恩久活佛等以"驻拉萨扎什伦布全体僧俗人众代表"名义，致电蒙藏委员会，表示罗桑坚赞的举动"有违背先例，扰乱佛与佛子之信条，并与中央意旨不合，藏政府及僧俗民众均将失望，不予置信"，请蒙藏委员会"严令行辕，班佛转世承认问题，不得以数人之意见而违先例，酿成纠纷"。②

---

① 《九世班禅圆寂致祭和十世班禅转世坐床档案选编》，第243～251页。
② 《九世班禅圆寂致祭和十世班禅转世坐床档案选编》，第252～256页。

此时，噶厦方面意见如何呢？这成为各方关注的焦点，尤其对国民政府在班禅转世问题政策制定上有很大影响。蒙藏委员会在1月底呈报行政院时就表示"在西藏当局未正式发表意见以前，自未便赞成罗桑坚赞之主张"。到4月下旬，噶厦仍未表态，蒙藏委员会为此致电国民政府军事委员会委员长、行政院院长蒋介石，汇报有关情况，准备通知尚在拉萨的王罗皆，指出"行政院核定之班禅转世办法早经电达藏当局"，但"为时两年，迄未据复，致有西宁事件之发生"，强调"在现状下，倘执事能于短期内商承藏当局依照中央原定办法办理，或易设法补救，否则前途颇难预测"，同时"面告班禅驻京办事处处长计晋美，在西藏当局未正式发表意见以前，中央碍难承认西宁灵童"。28日，这一意见得到行政院批准。在此期间，班禅系统内部也开始协调立场，4月30日王罗皆等接到"班禅行辕复电谓，西宁举行决定灵儿仪庆典，仅属内部征认性质，实非公开坐床"。5月1日，王罗皆等将这情况转告孔庆宗，同时又讲噶厦已经根据宗教惯例，把呈报的九名灵童的卜卦结果，"依照公认之多寡程序，汇呈伊仓转呈达赖佛、藏王按照中央电示办法选定三名，再行决定班佛正身"，并且感到"似可依照旧例办理"。29日，达赖通知王罗皆等"已由所呈九名灵童中卜定班禅佛转世化身三名：（1）循化官保慈丹；（2）塔尔寺附近切穹札喜；（3）拉玛"。因此噶厦要求班禅方面"速将此三童迎至拉萨大昭释迦佛前用西藏摇（展巴图）办法拈定一名为班禅转世正身"，但是却"未示如何呈报中央"。孔庆宗为此致电蒙藏委员会，既感慨"洽办此案，历时三载，波折虽多，卒能卜定三童"，又强调"藏当局令文含糊，极堪注意。此后中央欲达到派员主持金瓶掣签及坐床目的，尚须多方运用"。①

6月8日、14日，班禅方面留在拉萨的恩久活佛等人和西藏驻京办事处都致电蒙藏委员会，表示在拉萨已经卜定作为九世班禅的身、口、意化身，准备"齐集各访佛办事人员及札什伦布札萨喇嘛、该寺堪布及必须参加人员等，在大昭寺释迦牟尼佛像前"祷告占卜"，从三名灵童确定一名为转世灵童，请该委员会转呈国民政府，让班禅堪布会议"俾将青海地方之两灵童能速迎至拉萨，另饬塔尔寺班禅行辕诸人员照办，务于今年夏季到藏，至迟亦不得过秋季"。对此，罗桑坚赞等一部分班禅部属和青海的僧俗上层不予认可，而是继续通过宗教手续强化官保慈丹的转世灵童地

---

① 《九世班禅圆寂致祭和十世班禅转世坐床档案选编》，第257～260页。

位，6 月 13 日向蒙藏委员会呈报了在塔尔寺举行受戒仪式的情况，这一仪式由青海的众多高僧大德参加，受戒后又在"班禅驻锡之最高禅寺内举行庆祝班佛受戒典礼"，甘、青、康各地的各大活佛、蒙藏上层人士和民众一万多人"叩首膜拜，争先恐后，一时情况热烈，庄严肃穆"。8 月 2 日，罗桑坚赞等又通过班禅驻京办事处呈文蒙藏委员会，表示已经接到恩久活佛关于卜卦结果和要求送灵童入藏的通知，认为"前后藏卜卦之总结果"都表明"官保慈丹在青康藏九名灵童中称为第一，足证为班佛正身，毫无疑义"；强调噶厦"班辕全体人员偕二灵童今年秋季入藏"，显然是"袭上年达赖入藏之故技，并诱班辕全体同人回藏之企图，无非希图拒绝中央，自行独断，以遂其负固不服之野心"，因此"官保慈丹既经达赖佛卜定第一"，其他两名"与官保慈丹相较，其灵异相差无渊，久已在人耳目"，又"真正化身，业已决定，僧俗共戴"，因此"请中央将官保慈丹明令指定为班佛正身，以继法统"。

蒙藏委员会接到两方的意见后，就在考虑如何在坚持维护国家主权的前提下，适当变通，及早确认九世班禅转世童。7 月 10 日曾呈文行政院，认为噶厦所"电告班禅转世办法与中央大体相同"，只是签定手续尚不一致，希望沈宗濂到拉萨接替孔庆宗任驻藏办事处处长后，与噶厦"详细接洽，期能完全依照中央既定办法办理"。9 月 4 日，吴忠信又致电沈宗濂等，表示目前"罗桑坚赞等坚决主张官保慈丹为正身，而藏方预选三童，虽将官保慈丹列为第一，但不认罗桑坚赞等之手续合法"，中央"理应坚持原定掣签办法""前后藏双方如能和衷商洽，共认官保慈丹为寻访各童中之特殊灵异者，由藏当局正式电请援照达赖成例，特准指定为班禅转世正身"，蒙藏委员会也"可加以考虑派员赴青视察灵童，转请核示"。①

根据上述意见，蒙藏委员会继续与达赖、班禅两大系统接洽。9、10 月间，噶厦所任命的扎什伦布寺喇嘛要求将青海两灵童送往拉萨，西藏驻京办事处也提出同样要求，蒙藏委员会回复时表示"班禅大师身、口、意化身，业经达赖佛、打扎佛择定""将来自应依照旧例举行抽签，决定正身，以昭大信""一切手续已请打扎佛转饬噶厦与沈处长先行商洽"。班禅方面在拉萨的代表也多次与沈宗濂接洽，他们表示："前后藏一致遵从中央命令，选出灵童三名"，待青海两灵童到藏"再在佛前制［掣］定正

---

① 《九世班禅圆寂致祭和十世班禅转世坐床档案选编》，第 260～267 页。

身"，如果"罗桑坚赞把持青海官保慈丹灵童，前后藏将与决裂"。10 月
17 日，蒙藏委员会为此致电沈宗濂，指出"班禅转世事，藏当局原欲规
避中央干预，故发行政院核定办法，两年不复"，因受"罗桑坚赞等西宁
事件之威胁，硬度比较好转"，但是所称"将所选三灵童置于三糌粑丸内
拈出一名，即为班禅真身之语，仍似有避免中央派员主持掣签之意"，因
此强调在与前藏、后藏两方接洽时必须注意："（1）维持中央核定办法，
必须达到派员掣签目的；（2）藏方同意掣签后，中央拟分布特派执事会
同达札主持班禅转世世宜之明令；（3）一、二项商妥后，中央当饬罗桑
坚赞等护送班禅西宁灵童赴藏，由执事定期代表中央举行掣签典礼"。为
防止意外，10 月 31 日，国民政府军事委员会军令部则致函蒙藏委员会，
表示在"班禅身、口、意三化选定"后，噶厦仍未"有请中央派员主持
掣签之议"，与中央"指示之应依照旧日体制办理，仍有未合"，此事虽
由蒙藏委员会"向西藏当局剀切晓谕应以国家体制为重，服从中央命令办
理，第恐阳奉阴违，将在青海转世之二灵童窃夫入藏，自行办理掣签，不
顾中央命令"，因此已经命令青海省政府，"严密监视在青二灵童，未奉
中央命令，阻其出境"。①

面对前藏、后藏出现的分歧，中央政府在研究对策的同时，注意定期向
关注此事的各界人士，特别是甘、青、藏等地蒙古族、藏族民族上层人士通
报情况，听取意见。抗战胜利前，行政院、蒙藏委员会就在年度工作报告中
专门介绍此事进展情况，并提交给当时国民政府认可的最高咨询机关——国
民参政会。1941 年 10 月，行政院向国民参政会二届二次大会所做的工作报
告中，就将转世灵童寻访列入第十一项蒙藏部分的"处理班禅行辕善后事
宜"，内称班禅灵榇在 1940 年 11 月护送回藏后，寻访转世灵童由罗桑坚赞
办理，他已经在 1941 年 6 月间"前往西宁，现已派员分途赴青海、西康一
带正寻访中""俟灵童寻获坐床后，如有必要再行组织类似行辕之机构"。
1942 年 9 月，行政院向国民参政会三届一次大会所做的工作报告中，仍将
转世灵童寻访列入第十一项蒙藏部分，并对"寻访班禅转世灵童"做专门
介绍，内称罗桑坚赞在 1941 年 7 月间"行抵青海西宁，亲赴贵德一带寻
访"，又派策觉林活佛、恩久活佛等"分途寻访""据报先后在青海、西康
各处访得灵童十五名，业对规定征认呼毕勒罕办理二项"。1945 年 7 月，四

---

① 《九世班禅圆寂致祭和十世班禅转世坐床档案选编》，第 267～271 页。

届一次参政会召开，蒙藏委员会在提交的工作报告第二项"藏事部分"中多次提到此事，不仅宣布了中央的政策，而且介绍了噶厦与班禅堪布会议厅、中央政府的分歧。这一报告指出，中央已经核定了班禅呼毕勒罕办法，即"（1）班禅转世灵童由班禅高级徒众寻访；（2）由西藏宗教首领就寻获之灵童中择定呼毕勒罕候选人三名（即身、口、意化身），报候中央派员掣签，签定一名为呼毕勒罕"。按照这一规定，班禅堪布会议厅"在青康一带一再寻访，呈报中央备案，一面派员赴藏，报请西藏宗教当局择定化身"。但是，"西藏当局对于中央核定办法，经时两载不予答复"。班禅方面则"急盼班禅早日转世，遂认寻获灵童中官保慈丹为班禅正身，在青海塔尔寺举行坐床典礼，一面报请本会转呈中央明令核准"。这时，噶厦才"来电报告，愿照中央指示，依从旧例办理"。蒙藏委员会认为，"此事关系重大，手续稍欠周详即易发生纠纷"，现在"正依照旧例与关系方面商洽妥当办法"。①

国民参政会四届一次大会期间，对于前藏、后藏的分歧，前藏参政员支持噶厦的意见，而喜饶嘉措、拉敏益西楚臣、格桑泽仁等人颇为忧虑，就联合青海省参政员马腾云、李洽、李德渊和蒙古参政员李永新，7月15日以"青藏参政员"的名义上书国民政府主席蒋介石，指出班禅是"一贯拥护中央"的后藏政教领袖，"亦即为全国宗教人民信心之所系，运会之升降，每足以影响黄教之替兴与边徼民心之向背"。"青藏各大活佛、蒙藏首领均一致承认"官保慈丹为班禅转世灵童，十四世达赖和西藏摄政达札"祈祷卜卦之结果"，也表明他"确系班禅真正化身"，因此强烈要求"提早宣布官保慈丹为第十世班佛正身，以继法统而慰众望"。蒋介石对此极为重视，随即令蒙藏委员会"迅速核议具复"。22日，该委员会向蒋介石汇报了九世班禅转世灵童寻访过程，着重介绍了与西藏噶厦的斗争情况，并表示将加紧与西藏噶厦和班禅办事处协商，以便依照成例由双方共同"呈请中央明令指定官保慈丹为班禅转世正身"。拉敏益西楚臣接到这一回复后，8月16日又以"西藏参政员"名义致电蒙藏委员会委员长罗良鉴，要求该委员会及早"将官保慈丹宣布为班佛正身，以顺舆情"。②

10月，王罗皆被噶厦任命为"迎佛大员"，率"后藏迎班代表团"从

---

① 《元以来西藏地方与中央政府关系档案史料汇编》，第2970～2981页。
② 《九世班禅圆寂致祭和十世班禅转世坐床档案选编》，第271～274页。

拉萨前往西宁。王罗皆到达塔尔寺以后，开始与罗桑坚赞和班禅堪布会议厅的意见不同，随后即达成一致，共同要求中央早日宣布官保慈丹为班禅转世灵童。5月19日，军令部致电蒙藏委员会，称王罗皆到达西宁后自称"系奉西藏政府命令"来迎班禅转世灵童官保慈丹、切穷札西及拉玛三人"赴拉萨掣签，决定第十世班禅之呼毕勒罕"；而班禅诵经堂表示拉玛已经死了，切穷札西生于九世班禅圆寂以前，只有官保慈丹"为班禅真正之呼毕勒罕"。22日，罗桑坚赞又致电蒙藏委员会，详细地说明了情况，指出在达赖所卜定的三名灵童中，已经查明切穷札西生于九世班禅圆寂前的一年，西藏的拉玛"确于前年因疾病故"，所以只有官保慈丹是班禅真正化身。此后，王罗皆与班禅方面留在青海人员的意见趋向一致，6月10日班禅驻京办事处就转呈罗桑坚赞电文，称王罗皆等谒见官保慈丹后，都认为这是"班佛之金粟前身重现人寰"，表示"全藏官民僧俗对我佛官保慈丹，均衷诚拥护，一致欢迎入藏"，并转交前藏热振活佛和色拉寺、甘丹寺的贺信。7月1日，王罗皆又以"后藏政府暨僧俗民众推派迎接班佛代表"的名义，专门呈文蒙藏委员会，郑重地表明了这一立场。他表示"此次奉命迎接班佛，责任攸关，自当妥慎办理"，到达西宁后感到官保慈丹"聪慧绝伦"，蒙藏同胞热烈爱戴，"自决定后，灵光慧智，愈益显著"，后又被达赖卜定为"班佛候选人第一"，且其他两名被卜定者或生年不符，或已夭折，因此"环顾全藏形势，默察各方舆论"，请求中央"将官保慈丹即行明令指定为班佛正身，以继法统，而便入藏"。7月14日，罗桑坚赞又通过班禅驻京办事处致电蒙藏委员会，综合班禅全体人员和前藏热振活佛等各方意见，强调"官保慈丹性慧湛深，超越群伦，在事实上已决定为正身，在灵异上早认为班佛"，因此再次请求中央"准将官保慈丹明令指定为第十世班佛正身，以昭大信而慰众望"。①

在班禅方面意见取得一致后，国民政府开始转向与前藏商洽，9月4日蒙藏委员会致电达赖，通报罗桑坚赞、王罗皆意见，即切穷札西"生年系在班佛示寂之前，拉玛早于上年夭折，现只官保慈丹一名，确为班佛正身"。10月，西藏摄政达札和噶厦则多次致电蒙藏委员会，表示切穷札西生年并无错误，拉玛并未夭折，仍然坚持班禅方面将三名灵童带到拉萨"选定真正班禅"。11月，前藏又以达赖、摄政达札和噶厦名义同时呈文蒙藏委

---

① 《九世班禅圆寂致祭和十世班禅转世坐床档案选编》，第280～287页。

员会和国民政府主席蒋介石，再次要求将三名灵童带到拉萨决定班禅的转世灵童。对此，班禅方面坚决反对，11月5日罗桑坚赞致电蒙藏委员会，表示切穷札西"既无灵异，复又年庚不符"，而拉玛并未夭折之说也"属一面欺骗之语，不足为信"，因此再次请求中央"将官保慈丹即日明令指定为班佛正身，以便入藏而慰众望"；29日，拉敏益西楚臣、计晋美等六人又以"后藏国大代表"名义，致函蒙藏委员会，请求中央"从速公布灵童官保慈丹为第十世班禅"，将班禅诵经堂重新改为班禅行辕，或准予成立类似行辕的机构。①

对于达赖、班禅两大系统的争论，中央政府采取了强调中央派员主持、维护国家主权的立场，又由于抗战胜利后以达札为首的西藏亲英、亲帝势力加紧分裂活动，从1947年起中央政府又倾向于明确支持班禅方面要求、及早完成九世班禅转世灵童。1947年1月，蒙藏委员会经行政院批准，回复达赖、达札和噶厦时表示达赖所卜定的三名灵童"自应定为班禅呼毕勒罕候选人"，但"何日举行掣签决定呼毕勒罕，仍希酌定见告，以便转呈中央派员前往主持，以符旧例"。4月1日，蒙藏委员会致电班禅堪布会议厅，又进行耐心的解释，指出班禅转世事宜"应照旧例办理"，强调"大师倾忱中央，功在党国，中央对其转世事宜，为避免纠纷，不能不缜密计议"，表示"深信时机成熟时，当能在符合贵厅之愿望下而圆满完成"；11日又回复拉敏益西楚臣、计晋美等人时强调，请求公布灵童官保慈丹为第十世班禅一事"应候呈奉主席核示后，另文饬遵"，并批准将班禅诵经堂改为班禅堪布会议厅，并"以原诵经堂经费为其经费"。②

到1948年，即在九世班禅圆寂十年之后，转世灵童问题仍然困扰着中央政府、班禅方面，与噶厦、西藏分裂势力的斗争也进入白热化阶段。4月15日，滇增坚赞、计晋美等后藏国大代表呈文行政院，再次请求"中央明令官保慈丹为班禅呼毕勒罕"。5月15日，蒙藏委员会、国防部、内政部就此会商，认为此事关键在于"班禅堪布会议厅方面坚持灵童官保慈丹灵异昭著，已自行在青坐床，请中央明令公布为班禅并护送入藏"，而"西藏宗教当局方面坚持应将所择之三灵童迎接入藏，在布达拉宫拈阄决定，但对中央派员护送入藏主持办理一节，则避而不答"，最后决议："一、就蒙藏委

---

① 《九世班禅圆寂致祭和十世班禅转世坐床档案选编》，第287~295页。
② 《九世班禅圆寂致祭和十世班禅转世坐床档案选编》，第304~306页。

员会所订合法合理解决之原则，仍由蒙藏委员会作进一步之洽商。二关于护送及中央派员主持坐床事宜，将来另案办理"。此次会议后，蒙藏委员会就将上述决议通知班禅驻京办事处，并请转告滇增坚赞等代表，同时强调"遵照中央所订掣签办法办理"即为"合法"，"如果灵童官保慈丹确实灵异，西藏政府果能同意于班禅属下之意见，呈请中央援照特例，不经掣签，特予征定，中央届时亦可考虑，此谓之合理"；在"西藏政府未能同意前"，如按照他们所请，"径由中央明令公布坐床，则拒绝入藏之事又将重演，实非中央期望班佛圆满转世之至意"。

8、9月间，蒙藏委员会得到有关的报告，得知噶厦正讨论班禅转世事宜，但"始终未向恩久佛等征询意见，完全出于包办方式"，有部分官员"态度激昂，主张废除班禅职位，不许入藏"，9月8日还决议"班禅部下各官员暗中向汉人活动，要求中央护送班禅入藏，实属违抗藏政府，应予以严厉处罚"，据说要在半月左右"将班禅部属各官员全部拘捕后，再设法废除班禅名位，永不转世"。噶厦又盗用"后藏全体僧俗官员及民众"名义向中央呈递请愿书，要求"速将班禅转世之二灵童送进西藏，在大昭寺内抽签，决定正身，不能承认凭口指定之班禅"；灵童进藏时，不得随带官兵及卫兵；将班禅驻京办事处处长计晋美父子撤职。而且，噶厦还加紧训练部队，在青藏交界地区增兵，防止班禅堪布会议厅以武力护送灵童入藏。9月30日，驻在拉萨的蒙藏委员会官员陈锡璋又报告说，"藏方意在取消官保慈丹"，只迎请八宿的拉玛，"现正筹划派员迎接事宜"，而且采用阴谋手段强调此举的合法性，即"一面用扎寺名义向中央纠缠，一面采取行动制造事实，若中央允将官保慈丹送藏而不派大员莅临，固属如愿以偿，否则或将制造空气"，说中央扣留官保慈丹、"班禅不宜久阙等论调，而谋拥举其已迎到拉萨"的拉玛为正身。①

由于噶厦的上述种种举动，再加上发生热振活佛遇害事件，班禅方面和蒙藏委员会都在重新考虑是否护送官保慈丹进藏、如何安排的问题。10月4日，蒙藏委员会得知，西藏三大寺得知噶厦商议"废除班禅职位"等情况后"当即出面反对"，主张可以"迎请班禅灵童进藏，以合法手续产生，存其位而去其权"；前摄政热振活佛已经受到迫害，班禅方面已经从逃亡到内地的热振部属中得知有关情况，深感西藏形势严重，又考虑国内、国际局势

---

①　《九世班禅圆寂致祭和十世班禅转世坐床档案选编》，第307～315页。

不稳，原定 1948 年秋季"护送班禅大师回藏"，现准备请示中央暂不回藏。但是，为及早按照旧制完成班禅转世手续，12 日蒙藏委员会致电达赖、达札和噶厦，表示班禅转世一事"关系西藏前途至重且大""非依照旧例由中央主持办理，不足以服人心而昭大信"，要求"迅将班禅呼毕勒罕掣签日期择定呈报中央，以便由中央明令公布特派大员会同西藏佛教首领主持办理掣签及坐床事宜；一面由中央派员率同后藏迎佛人员护送灵童入藏"；致电陈锡璋转告噶厦，"中央对班禅转世事，一切均依照旧例办理，期能短期内光明圆满解决，绝无派兵护送之意"；请马步芳在青海劝导班禅方面，"遵照中央宣示之方针，协商解决，以免引起纠纷"，并让迎接班禅转世灵童的王罗皆不要返回西藏，"听候中央处理"。①

尽管蒙藏委员会已经强调无意派兵护送班禅灵童，但是噶厦在以达札为首的西藏分裂势力控制下，仍然与中央政府讨价还价，力求取消体现一切反映国家主权、中央权威的内容。11 月 2 日，蒙藏委员会接到噶厦回复，文中不仅指责"塔寺行辕执事恶徒、无知之几个人擅专责权，将灵童官保慈丹内认定，举行庆贺典礼"，是违背"达赖、摄政二位卦示"，主张将现有的官保慈丹、拉玛两名灵童"同时迎请入藏后，在释迦牟尼佛前虔请桑打，卜定正身，以昭大信"，而且谬称"班禅正身决定后，向例旧章，应予主持札什伦布寺之一切外，而此间西藏政府之政教两权，并无干系"，并强调中央不必为"西藏政府所辖属的一个班禅灵童"特派护送官员，更不要"派中央官兵护送逾越藏境前来"。在这种情况下，蒙藏委员会不顾班禅堪布会议厅的反对，让西藏迎接班禅转世灵童代表王罗皆、索多杰、巴官保到南京，商议班禅灵童进藏问题；同时又让驻藏办事处与噶厦官员继续协商。

11 月 29 日，蒙藏委员会根据与王罗皆商定的办法通知达札，包括青海灵童"未启行前，中央先行颁布"命令特派蒙藏委员会委员长会同达札主持十世班禅转世事宜，事实上将派驻藏办事处处长就近办理一切手续；中央不派军队护送青海灵童入藏，仅"由青海省政府派员一人代表本会护送，以壮行色"；灵童抵藏征认时，如照旧制由所派人员采取金瓶掣签办法决定，也可援照十四达赖转世时的办法，向中央呈报官保慈丹"灵异卓著"，经核准后免予掣签，再由中央所派人员"依例照料坐床"。12

---

① 《九世班禅圆寂致祭和十世班禅转世坐床档案选编》，第 315～321 页。

月，噶厦则正式回复蒙藏委员会，也提出三方面意见，一是将官保慈丹、拉玛两名灵童迎请入藏后，召集前藏、后藏僧俗代表，由达赖诵经祝祷，达札主持，在释迦牟尼佛前虔请桑打确定班禅正身，而"虔求桑打时，为中藏亲谊情感关系"，蒙藏委员会驻藏办事处处长陈锡璋"亲临参加亦可"；二是"灵童官保慈丹入藏，中央决不派遣护送军队"；三是"班禅转世征认时，由中央照旧例金瓶掣签决定办法，不合西藏人众之意，故难使其坚定信仰"。噶厦的意见企图取消代表国家主权、中央权威的一切内容，陈锡璋和蒙藏委员会都感到这一办法仅在虔求桑打时允许中央官员参加，"对于维持中央尊严各点，概行诡避"，理所当然予以驳回，12 月 25 日要求达札转交噶厦重新拟定办法。①

1949 年 1 月，噶厦对蒙藏委员会的要求不予回复，而是不顾中央和班禅方面的反对，按计划先迎请拉玛到拉萨。这就使中央政府拟定的办法有落空的危险，因此青海、西康、内蒙古等地僧俗民众和西藏爱国民众再也无法忍受。4 月塔尔寺法台吉觉活佛等青海高僧联名致电蒙藏委员会，蒙古各盟旗联合驻京办事处也致电中央，请求"速定第十世班禅正身""公布官保慈丹为第十世班禅正身"。鉴于形势的发展，又考虑到噶厦拒绝中央主持班禅转世事宜的实际情况，5 月 5 日蒙藏委员会呈文行政院，建议"明令公布官保慈丹为第十世班禅额尔德尼呼毕勒罕，并准在青海塔尔寺先行坐床，由中央派员前往主持办理"；护送十世班禅入藏问题，待"时局平静后再为筹划"。② 根据这一建议，6 月 3 日，中央政府才以明令宣布特准官保慈丹"继任为第十辈班禅班禅额尔德尼"，中旬又让陈锡璋向噶厦专门说明，表示"选据青、康、蒙、藏各大活佛呈，以班佛转世事如本年内不能完成，将于西藏政教不利，并以灵童官保慈丹灵异特著，确系正身，请中央援照十四辈达赖佛例，特予征定"，所以经过慎重考虑公布官保慈丹为十世班禅。③ 7 月，已经南迁广州的国民政府决定由蒙藏委员长关吉玉、青海省主席马步芳分别为主持十世班禅坐床正、副专使。8 月 10 日，在关吉玉主持下，十世班禅的坐床典礼在塔尔寺隆重举行，从而最后完成了十世班禅政治上和宗教上继承九世班禅地位和职权的合法手续。

---

① 《九世班禅圆寂致祭和十世班禅转世坐床档案选编》，第 323～342 页。
② 《九世班禅圆寂致祭和十世班禅转世坐床档案选编》，第 342～352 页。
③ 《九世班禅圆寂致祭和十世班禅转世坐床档案选编》，第 356～358 页。

四 余论

1937 年 12 月至 1949 年 10 月，九世班禅圆寂后的致祭、部属安置、法体返藏、灵童寻访和十世班禅坐床不仅是西藏地方和国民政府关注的重要问题，西藏地方因班禅方面与达赖系统、噶厦的分歧、斗争而出现复杂的情况，相关事务涉及青海、西康等邻近省份及其地方势力，而且英帝国主义直接或间接地进行干预。面对这些问题，国民政府采取一系列的措施、政策，又留下了值得思考的问题。

第一，在民族多难、国家危亡的背景下，九世班禅圆寂后的致祭、部属安置、法体返藏、转世等问题不只是单纯的宗教事务，而成为事关中央政府加强西藏治理、维护西南边疆领土主权完整的重大问题。

九世班禅圆寂之时，中国人民开始了全面抗战，到 1945 年迎来了世界反法西斯战争和抗日战争的胜利，但随后中国又进入内战状态，直至 1949 年 10 月中华人民共和国成立。这十多年间，英国、美国等帝国主义国家极力向西藏地区渗透。抗战期间，日本不仅企图通过伪满洲国地区的喇嘛教政策影响西藏，积极拉拢蒙藏地区的喇嘛教上层人士，1942 年 6、7 月间就秘密策划西藏地方政府代表、雍和宫札萨克堪布丹巴达扎等访日，而且 1940 年前后派特务野元甚藏随同安钦活佛潜入西藏搜集情报。这些活动对西藏上层集团个别人的政治倾向产生一定影响，对当时西藏部分上层分裂倾向的增长起了推波助澜的作用。[①] 与此同时，英帝国主义趁抗战之机干涉中国内政，一方面扶植以摄政达札为首的西藏上层反动势力，操纵西藏政教大权，大肆进行分裂祖国的罪恶活动；另一方面在非法的"麦克马洪线"问题上做手脚，开始蚕食"麦克马洪线"以南的中国领土，1944 年后英国全面侵占此线以南的大片中国领土。由于帝国主义的干涉，国民政府与噶厦的关系经历了由亲到疏的变化，热振担任摄政期间关系密切，但 1941 年以后出现了逆转，以前摄政热振活佛为代表的西藏爱国力量受到压制、摧残，九世班禅的转世灵童寻访、确认受到干扰，1949 年"七八事件"后国民政府驻藏机构、人员被驱逐。

---

① 秦永章：《日本涉藏史——近代日本与中国西藏》，中国藏学出版社，2005，第 217 ~ 272 页。

在上述特殊的时代背景下，爱国爱藏的九世班禅圆寂后的相关问题在具有宗教事务属性的同时，又具备了特殊的政治属性，这些问题已经和中华民国中央政府能否加强西藏治理、维护国家主权紧密联系，与中华民族能否抵御日、英等列强侵略密切相关。

第二，国民政府在九世班禅圆寂后把致祭、转世等事务置于治理西藏、维护西南边疆稳定和国家统一的"大方略"之中，有关政策、措施与当时中央政府有关治藏、安边的其他政策、措施相互协调，努力稳定西南边疆局势、维护国家统一。

1937～1949年，中国内忧外患不断，西藏地区达赖、班禅两大系统都面临确认转世灵童和新任活佛坐床的问题，这两大活佛系统之间又矛盾重重。面对帝国主义的干涉和西藏分裂势力的破坏，中央政府虽然长期忙于战争，但始终努力维护国家主权，并力图协调与两大系统的关系：对于班禅方面，隆重追悼和致祭九世班禅，护送法体回藏，妥善处置西陲宣化使公署和班禅行辕善后事宜，慎重处置甘孜事件，并历时十余年确认转世灵童，并派蒙藏委员会委员长关吉玉主持十世班禅坐床典礼；对于达赖方面，极为关注十三世达赖转世灵童的寻访、入藏事宜，并特派专使、蒙藏委员会委员长吴忠信主持十四世达赖坐床典礼，此后又同以达札为首的西藏亲英、亲帝势力进行斗争，坚决维护国家统一与领土完整。与此同时，在全国性代议机构和政治性会议召开时，国民政府尽可能平等地对待两大系统，并且根据形势需要，支持以班禅堪布会议厅为代表的爱国力量，制止西藏亲英、亲帝势力的分裂活动。总体上看，尽管国民政府在护送九世班禅法体、寻访灵童、国民大会代表名额等问题上有时带有迁就噶厦的倾向，但是仍然强化中央在西藏的政治权威和影响，对以班禅系统为代表的爱国力量给予了很大的支持，粉碎了西藏分裂势力以"自治"为名分裂祖国的阴谋，维护了领土主权和国家统一。限于篇幅，笔者将另文对此进行阐述。

第三，国民政府在九世班禅圆寂后把褒扬、奖励与法制约束结合起来，对于爱国的班禅系统给予明确支持、有力保护，又不放松管理，从而有效地激励了西藏地方的爱国力量。

班禅系统一直具备爱国爱藏的传统，近代以来虽然与英印方面有一定联系，甚至几度希望英印帮助他们调解与达赖方面的矛盾，但是他们主导的政治立场始终是热爱祖国、反对分裂、维护西藏内部团结、维护国家统一。正因为这一点，1904年以后达赖系统中亲帝国主义的势力长期压迫班禅系统，在九世班禅被迫离藏后又极力阻挠其返回，直到九世班禅无奈圆寂于玉树；当班禅堪布厅为寻访、确认九世班禅的转世灵童而努力时，他们又极力干涉，企图确认一个由他们控制的十世班禅。正是因为他们的多次无理指责、无端挑衅，激起西藏爱国上层和民众的愤怒，以班禅系统为代表的西藏爱国力量与他们进行了长期的斗争。因此，1923年后历届中央政府对九世班禅多次册封、嘉奖，1937年他圆寂后国民政府隆重追悼，特派戴传贤到甘孜致祭，又派专使护送九世班禅灵柩返藏，并一直重视转世灵童的寻访、认定工作，1949年又派蒙藏委员会委员长关吉玉、青海省主席马步芳主持十世班禅坐床典礼。这些褒奖有利于稳定班禅系统和西藏、西康等地信徒的人心，有利于西藏爱国力量的发展、壮大。但是国民政府也并非一味奖励，而是及时处置有可能产生消极影响的问题，这在妥善处置甘孜事变、裁撤班禅行辕上最为突出，目的都在于防止班禅部属拥兵自重、尾大不掉，防范班禅系统与康区土司等地方势力结合、形成政教合一的"国中之国"。这些措施在当时收到了明显成效，为此后转世灵童的寻访减少了班禅系统内可能的干扰因素，有效地避免了不测之变的发生，使西藏地方的爱国力量在维护国家统一方面发挥了更大的作用。

第四，在处置九世班禅灵童寻访、十世班禅坐床时，国民政府坚持把宗教仪轨与历史定制结合起来，坚决维护中央政府的主导性和权威性，在复杂的国内外局势变化中有力地维护中央政府在边疆地区的权威。

九世班禅灵童寻访、十世班禅坐床是在达赖系统、噶厦一再干扰的情况下进行的，从灵童寻访到确认、坐床始终充满变数。国民政府对此采取的立场、政策虽然有过变化，但思路明确，并专门制定《征认班禅呼毕勒罕办法》，强调了宗教仪轨与历史定制的结合：一是根据宗教仪轨，"班禅呼毕勒罕候选人拟准由西藏宗教首领负责认定"；二是强调参照清代以来"旧例""班禅灵儿之认定，将来自应由中央主持办理"，并通过金瓶掣签方式选定一名灵童，即使免予掣签，也要"经中央特准认定"。由于噶厦干扰，灵童无法进藏掣签，这个办法又得到变通执行，即在1949年6月3日，国民政府"援照十四辈达赖佛例，特予征定"，免予掣签，并宣布特准官保慈丹"继任为第十辈班禅班禅额尔德尼"。从1793年《钦定藏内善后章程二十九条》颁布至1949年6月，十世、十一世、十二世三位达赖喇嘛通过金瓶掣签认定，九世、十三世和十四世达赖喇嘛免予掣签；四位班禅额尔德尼通过金瓶掣签认定，十世班禅免予掣签。① 因此，这一做法符合清代以来的"旧制"：无论是中央派大员通过金瓶掣签认定，还是中央特准免予掣签，都表明了中央对于达赖、班禅灵童认定的权威性，体现了中央对于西藏宗教事务的有效管理，表明了中央政府在西藏治理上的权威性。

第五，从九世班禅灵童寻访到十世班禅坐床历经十余年，反映了西藏地方爱国力量与上层分裂势力艰苦的斗争历程，但这种斗争对后来仍有一定影响。

由于西藏地方上层分裂势力的阻挠，十世班禅坐床后未能返回西藏，而且噶厦仍然不承认其合法身份，还把西康省理塘（今属四川省）找到的灵童安置在扎什伦布寺的甲康村，立为"列当活佛"；把在八宿县找到的灵童安置在哲蚌寺，立为"措钦活佛"。这种状态延续到中华人民共和国成立后，1951 年中央政府代表在谈判时主动向西藏地方政府代表提出了班禅的地位及回藏问题，经过协商、谈判，最终在《中央人民政府和西藏地方政府关于和平解放西藏办法的协议》中明确规定："班禅额尔德尼的固有地位及职权，应予维持"；第六条指出"达赖喇嘛和班禅额尔德尼的固有地位及职权，系指十三世达赖喇嘛和九世班禅额尔德尼彼此和好相处时的固有地位及职权"②。经过中央协调，1952 年十世班禅返回西藏，同年 4 月到达拉萨，达赖系统和噶厦正式承认十世班禅的合法地位，而西藏上层的分裂势力却极力否认，散布谣言说十世班禅是假班禅，是"毛主席的三儿子"③。他们还声称"列当活佛"才是真班禅，1955 年企图把"列当活佛"送往印度，变假班禅为真班禅，后在亚东被拦住，他们借"假班禅"破坏西藏内部团结、分裂祖国的阴谋被粉碎。④

---

① 张云：《西藏历史与现实问题论集》，中国藏学出版社，2014，第 165～180 页。
② 《中央人民政府和西藏地方政府关于和平解放西藏办法的协议》，《人民日报》1951 年 5 月 28 日。
③ 孙宏年：《达赖、班禅关系与新中国治藏方略研究（1949－1959）》，《中国边疆史地研究》2011 年第 2 期。
④ 王贵：《劝阻假班禅出国记》，政协西藏自治区委员会文史资料研究委员会编《西藏文史资料选辑》第 2 辑。

民国甘肃"改土归流"研究[*]

郭胜利

摘 要： 民国初年甘肃民族社会变化与政治格局演变，导致民族传统政治在政治结构、经济基础、文化氛围上产生适应性改变，源此基础之上的民国甘肃"改土归流"，于政治建构之外亦兼具民族社会改建使命，虽则囿于艰难外部环境，未能毕其功于一役，但毋庸置疑的是民国甘肃"改土归流"于甘肃民族地区诸层面的现代化还是有十分积极的意义。

关键词： 改土归流 土司制度 民族社会

作者简介： 郭胜利，河南大学民族研究所副教授。

民国甘肃民族地区，缘于国家危机日重，以顾颉刚、于式玉、李安宅、谷苞、马鹤天、范长江等为代表的一批学者对其政治、经济、文化、民族、宗教等方面做出深入的社会考察，为民国政府甘肃民族社会开发及传统政治改造奠定了前期基础。但囿于历史环境，于民国甘肃土司现状上，政府公报遗漏，学者记述未详，方志罗列杂乱①，虽有张维先生补正②，然资料散佚，补亦未缮。近年来土司制度研究方兴未艾，国内学者对甘肃土司状况进行了

---

* 本文为作者主持的 2012 年教育部人文社会科学研究青年基金项目"民国政府西北民族地区社会建构及管理机制研究"（项目编号：12YJC850004）阶段性研究成果。

① 民国甘肃土司制度，散见于宣统《甘肃新通志》、民国《甘肃通志》、民国《甘肃新通志》《甘宁青史略》及《撒拉族简史》等地方史志中。

② 张维遗稿，张令瑄辑定《甘肃、青海土司志》，《甘肃民族研究》1983 年第 1~2 期、第 12 期。

考证，于民国土司概况①及僧职土司②领域有了一定突破，但考证尚存一定空间；特别在传统政治"改土归流"与甘肃民族社会改建方面，学界关注多集中于政治层面，经济、文化领域相对较弱，于民族社会改建尚缺少系统性关联。

故而文章在此以民国甘肃土司概况考证为切入，通过民初甘肃民族社会及外部环境变化分析，解析甘肃民族地区土司制度之机制，以之相较于民国政府"改土归流"，通过政治学、社会学的系统关联，揭示民国甘肃"改土归流"最终进程及民族社会演变。

一　民国甘肃土司概况

民国初年，国事仍乱，甘肃政局亦长期不安，"改土归流"划一行政一再推延，故而在民国初期，甘肃境内仍存留一批僧、俗土司，其概况如下。

（一）俗职土司

清朝甘肃土司，乾隆元年（1736 年）载为 26：土千户 9，土指挥 5，土指挥同知 2，土百户 7，土金事 3③；乾隆二十六年（1761 年）载为 19：土千户 6，土指挥 5，土指挥同知 1，土百户 5，土金事 1，理番同知 1④；《清史稿》载为 22：土千户 4，土指挥 4，土指挥同知 3，土百户 7，土金事 3，土官 1。⑤

民国初年，为彻底废除封建制度，划一行政，内政部饬令各地调查土司状况，故于《内政公报》中记有一部散佚之土司：临潭资堡胥振烈，临夏

---

① 龚荫：《中国土司制度史》，云南民族出版社，1992，第 1282～1322 页；高士荣：《西北土司制度研究》，民族出版社，1999，第 218～243 页。

② 王继光：《安多藏区僧职土司初探》，《西北民族研究》1994 年第 1 期。

③ 《大清会典则例》卷 110《兵部》，《四库全书》文渊阁本。文章涵盖现甘肃地域，不含西宁府，下同。

④ 傅恒、董诰等纂《皇清职贡图》卷五，《四库全书》文渊阁本。

⑤ 清朝甘肃土司，官方史料记载不一，学者考究亦各不同，民国张维合青海在内计有 300 余，见张维《甘肃、青海土司志》（《甘肃民族研究》1983 年第 1～2 期）、《甘肃通志稿》载241（见该书《民族志三》，《西北稀见方志文献》第 27 卷，第 48 页），龚荫：《中国土司制度史》载甘肃有 31 员，见该书第 1282～1322 页。

韩家集韩振纲，乩藏王作宾①，宕昌马培德，西固峰崖武坪土百户②，平番县特氏③，红山堡陈氏④，世袭指挥金事后仰玺（管理府公务无干涉番民丁粮）⑤，岷县荔川（今宕昌理川）赵乃普⑥。

成书于1936年的《甘宁青史略》于正编卷28记载土司另列表于附编，但于附编并未见附。只是于《冬十月议会请停各土司职俸》条载甘肃土司11员：洮岷之不带俸杨土司、马土司、昝土司，带俸之甘凉道属庄浪、平番二厅县指挥使3，同知1，金事1，正副千户各1，正百户1，共8土司。⑦

民国时期，一大批学者到西北游历考察，此批考察日记中亦有相关土司记述。

岷县，多纳赵土司（世袭土司副千户），世袭土官百户马土司，世袭土司百户赵头目，武都世袭百户后头目，闾井世袭百户后头目。临潭：世袭中千户所百户资堡土司昝振华，着逊土司杨廷选，双岔土官毛里郭娃。⑧（临潭）土司三人，头目二人。⑨韩家集赵土司⑩，陌务五旗土官杨占苍。⑪学者所察之土司，一部为清末业已废止，另一部为甘省改土后之残存，除资堡、着逊之外，其余土司有待进一步考证。

民国甘肃土司概况，《中国土司制度史》所载有13家。但《中国土司制度史》史料源自光绪《甘肃通志》、张令瑄《甘青土司资料》、宣统《甘肃新通志》、《撒拉族简史》、民国《甘肃通志》、民国《甘肃新通志》。清光绪三十三年（1907）修，宣统元年（1909年）成书的《甘肃新通志》，

① 《改土归流事项》（二）《呈报甘肃改革临潭等县土司情形》，《内政公报》1933年第6卷第4期。
② 《改土归流事项》（六）《准转报改革马土司情形已转呈行政院备案》，《内政公报》1935年第8卷第9期。
③ 《平番县令查土司特氏等侵吞军粮确查呈覆以凭核办文》，《甘肃财政月刊》1927年第45期：鲁灵之妻，鲁承基为其族侄。
④ 《甘肃省政府公报》1935年第1期，民政1月6日第1页：永登县长呈报红山堡土官指挥金事鲁服西病故，所有金事事务由鲁氏陈晓云暂行护理。
⑤ 《岷县土司所辖境内事务调查表》，《内政公报》1929年第2卷第8期。
⑥ 《甘肃省政府公报》1935年第4卷第1~4期，《报告》第5页。
⑦ 《冬十月议会请停各土司职俸》，慕寿祺：《甘宁青史略》（正编）卷28，兰州古籍出版社，1990，第9页。
⑧ 王志文：《甘肃西南部边区考察记》，兰州古籍出版社，1990，第14~34页。
⑨ 顾颉刚：《西北考察日记》，达浚、张科点校，甘肃人民出版社，2002，第212页。
⑩ 马鹤天：《西北考察记·青海篇》，正中书局，1936，第70页。
⑪ 顾颉刚：《西北考察日记》，第234页。

自开局采访至于杀青成刊，仅历二年，矛盾讹误，在所难免。而《甘肃通志稿》中，归土司于职官，所载未详，故方有张令瑄《甘青土司资料》补遗。

故而，综合上述考证，民国时期甘肃土司实存20：

临洮卫土指挥同知赵柱，河州卫土指挥同知何晋，岷州卫土指挥使后朝凤子后湔，洮州卫土指挥金事杨复兴，洮州卫中千户所土百户昝天锡，洮州卫三隘口着逊土百户小杨土司杨永隆，庄浪卫永登土指挥使鲁承基，庄浪卫天祝土指挥使鲁瞻泰，庄浪卫古浪土指挥使鲁维礼，庄浪卫永登大通河峡口土指挥使鲁应选，庄浪卫永登红山堡土指挥金事鲁服西，庄浪卫永登西古城土千户鲁福山，庄浪卫永登军马堡土副千户鲁政，西坪正百户土官杨茂才①，临潭资堡胥振烈，临夏韩家集土司韩振纲，乩藏土司王作宾，宕昌土司马培德，西固峰崖武坪土百户，岷县荔川（今宕昌理川）土司赵乃普。②

（二）僧职土司

与俗职土司相应，民国时期甘肃亦存留一批僧职土司，其常见封号有都纲、僧纲、僧正等③，其下辖一寺或多院，拥有一定僧众、寺产、属民、土地，形成特有的传承方式，具有政教合一的政治属性。

甘肃僧职土司，康熙年间设僧纲19、僧正3：河州宏化寺总理国师韩禅巴、都纲诺尔布坚错，显庆寺灌顶大国师丹巴坚错，红山堡报恩寺喇嘛都纲卢老藏灵珍，岷州卫圆觉寺都纲后只即丹子，岷州法藏寺僧纲桑解落旦，洮州着落寺僧正杨多刚，洮州阐定寺国师杨昂望、杨琢珞赞等；乾隆十二年

---

① 《清史稿》卷517《列传三百四·土司六》所载百户三：明正百户西坪土官杨茂才，数传至杨得荣。同治中，逆回叛，得荣避难，不知所终。其中世袭正百户只有西坪土官杨茂才一家，而杨氏德荣以同治之乱不知所终，其正百户一职名存实亡，一直延续至民初方予明令废止。龚荫《中国土司制度史》第1316页载：杨德荣同治中避回乱卒于外，司遂废止。合《甘宁青史略》《冬十月议会请停各土司职俸》条及《清史稿列传三百四》《土司六》所载，杨氏正百户废止应于民初。

② 另《甘肃财政月刊》1927年第45期《平番县令查土司特氏等侵吞军粮确查呈覆以凭核办文》第7～9页出现土司"特氏"，系鲁灵之妻，鲁承基为其族侄；《甘肃省政府公报》1935年第1期，民政1月6日第1页中出现土司"陈氏"，系永登红山堡土官指挥金事鲁服西之妻。故除之。

③ 国内学者亦把国师、禅师归入民国僧职土司之列，结合乾隆十二年史料、民国《政府公报》《蒙藏院公报》及学者考察，民国甘肃僧职土司应无国师、禅师之号。

（1747）收国师、禅师印信，重新整理后设都纲4、僧正3、僧纲1：河州普纲寺、灵庆寺、宏化寺各设都纲一人，洮州卫之阎家寺、龙元寺、圆成寺各设僧正一人，红山堡报恩寺都纲阎南木加，岷州圆觉寺僧纲侯章杨恩柱。国师封号，均不准承袭，原有印敕，交部察销。① 因此，清朝中后期，国师、禅师逐渐消亡，以至于最终淡出僧职土司视野。

民国时期，甘肃僧职土司情况发生变化，《甘肃通志稿》载有僧职土司10：宏化寺国师都纲，灵藏寺禅师都纲，他移那赵僧纲，着逊堡杨僧纲，阳坡庄马僧纲，寺底下侯僧正，葱花坡阎家寺僧正，刺卜杨僧正，黑峪寺、大崇教寺后僧纲。②

相对于地方志书，民国政府《蒙藏院公报》京外各处喇嘛任职统计表计甘肃僧职土司8：河州普纲寺都纲1、灵（藏）寺都纲1、宏化寺都纲1；洮州阎家寺僧正1、龙元寺僧正1、圆成寺僧正1；岷州圆觉寺26寺喇嘛（未详），庄浪报恩寺（未详）。③

民国时期学者僧职土司考察，和俗职土司相类罗列详尽而失于考辨，其总数达13：

洮州5：垂巴寺赵僧纲、麻尔寺马僧纲、卓洛寺杨僧纲、圆成寺侯僧正、阎家寺阎僧正。④ 岷县2：圆觉寺后僧纲⑤、黑峪寺黄僧纲。着逊4：乖巴寺（牙当寺）赵僧纲（民16年废），都纲司杨彩凤，僧纲马辙辔，僧正侯世祺。⑥ 临潭2：国师一人，僧纲一人。⑦ 但此批僧职土司历经同治之乱，到民国时期业已银粮归县，土属无涉，相反还要依靠政府提供衣单口粮，已经丧失了传统意义上的土司权力，归一于单一的宗教事务。

结合乾隆十二年与《蒙藏院公报》所载，清末至民初，甘肃僧职土司无有大的变更，基本沿袭都纲4、僧正3、僧纲1的局面。

① 清会典馆编，赵云田点校《钦定大清会典事例·理藩院》，中国藏学出版社，2006，第167~173页。
② 刘郁芬修《甘肃通志稿·民族（二）》，中国西北文献丛书编辑委员会编《西北稀见方志文献》第27卷，兰州古籍书店，1990，第441~456页。
③ 《京外各处喇嘛任职统计表》，《蒙藏院行政统计表》，马大正主编《民国边政史料汇编》第15册，国家图书馆出版社，2009，第283~292页。
④ 王树民：《洮州土司僧纲之源流与世系》，《大学月刊》1943年第2卷第8期。
⑤ 后永珍，世袭掌印番僧纲司，《岷县土司所辖境内事务调查表》，《内政公报》第2卷第8期。
⑥ 王志文：《甘肃西南部边区考察记》，第14~34页。
⑦ 顾颉刚：《西北考察日记》，第212页。

二　民初甘肃政治环境演变与民族社会变化

民初甘肃民族地区传统政治制度，是晚清以来西北边疆政治制度发展的结果，随着现代政治体制的确立，传统民族政治制度依存的民族社会环境逐渐变化，民族社会内部日益面临政治、经济、文化等方面崩溃的危机。

（一）外部环境变化

矛盾转变甘肃土司始于元宣慰、安抚各司，明袭元制，于蒙藏各族归附之地分授卫所指挥、千百户世职，就成汉军，亦授以世职。西番故地，封授番僧法王、国师、禅师，都管教权，兼理民户，予以世职，权垺土司。明朝初年，北元"引弓之士不下百万众"①，故而政府需要甘肃民族地区大姓"假我爵禄"②，使其彼此牵制，为朝廷奔走效命。

清顺治五年（1648），米拉印、丁国栋于肃州起事，康雍年间先后历经三藩之乱，噶尔丹东进，故而不得不派遣李天俞等"安抚西宁及河西各土司"，以期其"诚心归附，以障藩篱，正王制"。③雍正元年（1723）罗卜藏丹津叛乱平息后，年羹尧在《青海善后事宜十三条》提出"西番人等，宜属内地管辖"④，同时理藩院废除国师、禅师封号，逐步削弱宗教势力对国家政治的影响。随着西藏事务平息与新疆底定，甘肃土司失去了生存的政治土壤，逐渐游离于国家政治、军事活动之外。

清末民初，西北边疆危机进一步加深，为了应对边疆民族地区危局，清廷在边疆地区进行"藩部内属、行政一体"化改革。随着清王朝覆亡，甘肃民族地区所面临的矛盾环境亦发生了改变，边疆危机、民族危机弥漫于整个西北地区，传统地区安全领域内的问题已弱化。在应对社会主要矛盾过程中，传统政治制度局限性日益显现，不足以应对时下危机，有时反而成为帝国主义侵华的利用工具。因此外部环境的变化所致矛盾机制的转变，逐渐把传统政治力量淘汰出西北民族地区历史，改土归流，势所必然。

社会转型中，民国甘肃民族地区社会随环境变化，面临着民族政治与国

---

① 谷应泰：《明史纪事本末》卷10《故元遗兵》，《四库全书》文渊阁本。
② 张廷玉等撰《明史》卷310《列传198·土司》，中华书局，1974，第7981页。
③ 昭梿：《啸亭杂录》卷10《章嘉喇嘛》，中华书局，1980，第361页。
④ 王先谦：《东华录·雍正四》，清光绪十年长沙王氏刻本。

家政治、民族文化与国家文化、民族社会与国家社会转型的选择。而传统与现代之间的矛盾、民族与国家之间的调适所致的民族社会转型，进一步挤压着传统政治生存的社会空间。

民族政治与国家政治。多民族社会与国家政治的统一，势必要对各种非国家的民族传统政治给予让渡。民族传统政治作为明清时期国家政治的一种补充形式，中央政府对其做出部分让步与变通，使其兼具部分国家政治体系的职能，对于西北边疆地区的稳定发挥了重要作用。民国成立后，原有民族传统政治与国家政治之间的平衡机制已被打破，土司制度亦面临传统与现代之间的调适。现代国家政治，力图建构公正、平等、自由、统一的政治体系，在强调民族平等同时亦注重国家政治的统一，以达现代社会建设之目的。而民族传统政治的存在却有悖于现代国家政治建设之精神，故现代国家成立以后，纷纷对传统民族政治进行改革，虽则民族传统政治对于现代国家政治亦做出相应调整，但二者之间根本性的矛盾冲突却无法从根源上消除。故而民国甘肃传统民族政治"改土归流"已不可逆转。

民族文化与国家文化。文化具有一定的民族性，亦具有一定的政治性，民族政治以相应的民族文化为基础，并反过来促进民族文化的发展。在全民信教的甘肃民族社会，宗教体系与政治体系相互重合，社会政治生活受到宗教文化的强烈影响，在有些地区甚至直接控制着该地区的政治体系，使得国家政治徒有形式。同时清末以来西北边疆危机的加重，加速了国家文化的建构进程。现代国家文化建构以打造现代化的国民为中心，改造传统民族国家观念，树立统一的国家观念与民族意识，传统民族文化差异的存在，在一定程度上制约了边疆、民族危机之下国家政治的整合，故而传统民族文化改造与国家文化建设随着现代国家政治一体化进程的紧迫而被民国政府提上了议事日程。

（二）民族社会结构变化

外部环境的变化，冲击了民族地区经济结构、政治结构、文化结构，引起甘肃民族社会的连锁反应，并最终瓦解了旧制度的社会基础。

1. 经济结构

甘肃土司所处河湟洮岷地区，于经济形态上游牧、农耕兼而有之。在与中原地区经济交往中逐渐形成了以黑错、河州、拉卜楞、临潭旧城为中心的商贸市场。清末以来，传统的茶马贸易，歇家牙行逐渐为近代商业体制所淘汰。特别是鸦片战争后，西北地区皮毛贸易日渐扩大。清末民初，在甘肃民族地区创设各种洋行 30 余家，临夏一地就有英商仁记、平和、怡和与德商世昌等 9 家，由政府发给护照，在民族地区收购羊毛、皮张。民国时期，皮毛贸易已占甘肃商品输出的 52.01%，而在临潭、夏河、拉卜楞地区分别达到了 57.47%、92.15%、71%。① 皮毛贸易的兴起扩大，打破了原有农耕、游牧互补性格局，把甘肃民族地区纳入近代大工业体系，使其成为西方重要的原材料生产地，并逐渐成为西北民族地区的支柱性产业，支撑了甘肃民族地区商业经济的繁荣。

社会经济结构的变化，冲击了传统政治赖以存在的经济基础。在甘肃传统土司统治区域形成"族际"贸易与"国际"贸易的叠加，经济利益最大化的追逐吸纳了民族地区上层力量，放松了对于土民隶属关系的限制。皮毛经济的繁荣，增强了牧区消费能力，俄人克拉米息夫在调查中发现，甘肃民族地区"对于面粉、米及小米、糖，其需要甚大"②，而"夏河县（拉卜楞）沿大夏河一带所产粮食，只够全县人口三个月之用，所缺九个月五万人口之粮，七成仰给临夏，三成仰给临潭，因之全区惟夏河县年缺粮约一千二百五十万斤，茶、盐、糖，则更要仰给于外地"③。仅拉卜楞一地每年粮食类缺口就达146495 元④，占其商品输入总值 33.28%。商品经济的繁荣刺激了甘肃民族地区农业的发展，巨大的利润空间改变了牧区的经济结构，在甘肃西南部农户比例，岷县占 61.6%，临潭卓尼 61.4%⑤，原本的番区也已变得"居民（番族）改牧为农者，垂数十年，畜牧已成副业，牛羊皆不成群"⑥。农业经济巨大的利润空间导致土司进一步加重了对土民压榨，遭到土民强烈反抗，于是乎民众纷纷呈请改隶政府，编民，改土归流。相对于牧区土司而言，对外皮毛经济的繁荣，亦把其卷入现代经济潮流之中，而此经济洪流裹挟而来的政治、思想、文化，都在慢慢侵蚀着旧有土司制度的基础。

2. 政治结构

清袭明制，于甘肃民族地区形成政府—僧俗土司—属民的民族地区统治

---

① 胡铁球：《近代西北贸易与社会变迁》，《近代史研究》2007 年第 4 期。
② 〔俄〕克拉米息夫：《中国西北部之经济状况》，王正旺译，天津古籍出版社，1987，第192 页。
③ 徐旭：《西北建设论》，中华书局，1944，第 56 页。
④ 《拉卜楞之近况及其开发意见》，高长柱编著《边疆问题论文集》，正中书局，1941，第 440～442 页。
⑤ 王志文：《甘肃西南部边区考察记》，第 43 页。
⑥ 王致中、魏丽英：《中国西北社会经济史研究》（下册），三秦出版社，1992，第 35 页。

制度，其间虽有损益，但其基本体制并无根本性变革。但清末连续不断的民间运动打破了这一政治格局。在清末变乱中，临洮卫土指挥同知赵坛被杀，河州卫土指挥韩钧战死，庄浪卫土指挥佥事鲁绪周死于军，西坪土百户杨得荣避乱卒于外，西六渠土百户何万全平乱重伤卒于军。变乱所及，地方糜烂，人民流离，僧职土司亦诸寺俱为灰烬。虽则变乱终为荡平，但田产荒芜，属民丧失，再也难复往昔之势。民国十七年河湟之变，临夏韩家集土司韩振纲，乩藏土司王作宾，老鸦关土司何晋，土民咸逃难洮岷一带地方，田地半被价卖，半被荒芜，土民无多，早已自行改流。

与僧俗土司衰落形成鲜明对照的是近代西北权力中心的转移。近代甘肃民族地区问题，学界认为是民族、宗教、政治问题的冲突，但根源上为生存问题。自然环境形成聚落，聚落生存形成门宦，同治之乱后，陕甘回族难民重新安置，打破了原有的民族分布格局，原有土司制度受到严重冲击，门宦自身局限性使其亦难以在历史转折点担此重任，政府力量一时又不能触及，故而既能摈弃民族局限，又具有冲破宗教羁绊，能够整合地区力量又为政府所信托的新兴势力开始出现，新兴军阀势力开始登上甘肃民族地区历史舞台。

民族商业经济的转型与兴起，改变了甘肃民族地区政治结构，近代以来西北政治变动，冲击了土司制度的政治基础。同时外部环境变化所致矛盾机制的变革，社会转型引起传统政治与国家政治之间难以调和的矛盾，都从各个方面动摇着传统政治体制存在的基础，民国甘肃传统政治"改土归流"已然成不可避免之态势。

三　甘肃土司之机制及政府改土归流

外部环境变化及甘肃民族社会转型，是民国甘肃"改土归流"及民族社会改造前期条件，但民国西北民族地区传统政治及民族社会，于政治、经济、文化等方面有其固有传承及运转机制，基于对其结构及运转机制的理解，民国政府于政治、经济、文化层面上推行系统的社会改造措施，并最终推动了甘肃民族地区政治、社会的现代化进程。

（一）甘肃土司构成机制

1. 政治构成

甘肃土司政治构成主要表现于政治结构、承袭方式、职责划分三个方面。

政治结构。僧职土司：僧职土司组织由两大系统构成，由僧纲、僧正或都纲统摄全局，下设宗教行政管理系统（即僧纲衙门堪布系统）与宗教组织系统（法台系统），分别管理寺内外行政事务与具体宗教事务，属寺宗教、行政、财政、教规、教法由堪布系统大头目协助堪布处理。① 俗职土司：俗职土司组织系统由衙门内部行政事务组织和外部行政事务组织两部分组成，总管专司内部钱粮、日常事务用度及宗教事宜，涉外刑杀征伐、司法民事、头人任免，基层政务则由土司衙门管理部署事务机构署理。僧俗兼具、政教合一：此类型以拉卜楞寺为代表，其组织机构与僧、俗土司各有不同，其组织由主持全寺事务的佛宫组织、负责属寺、属民民刑钱粮、涉外事务的教务会议组织、负责寺院宗教活动的座前会议组织构成，管理属108寺以及拉德、穆德、曲德、栓头部落。

承袭方式。僧职土司：安多地区僧职土司与俗职土司一样，最基本的特征是家族世袭制。其承袭方式一为叔侄相传单一僧官体系，其以僧官为单一身份在家族内承袭，领有僧众、族民，行使一方政教之权力；二为僧俗兼具的双重家族统治体系，亦即"兄为土司，弟为僧纲，如遇独子两职兼"。俗职土司：俗职土司承袭方式一为家族内部子嫡传承、二为子侄传承、三为兄终弟及、四为借职承袭（杨复兴之母杨守贞、庄浪特氏等）中央册封。政教合一：家族血缘传承的土司制度，随着教派力量的整合与宗教力量的膨胀，远远无法适应宗教势力的发展，于是就产生了有利于宗教首领集团稳定的新的传承方式——活佛转世制度。但无论是僧职土司、俗职土司还是政教合一的寺院，其传承的法理性根源均为中央政府的承认与册封。

职责划分。僧职土司：主要处理寺院及其宗教事务（如禅定寺四大行政管理机构，即显宗哲学管理机构、密宗续部学院管理机构、天文历算学院管理机构、法务学院管理机构以及密宗、显宗和天文历算三大学院），征收寺院属地租赋，处理辖区教民民事纠纷。俗职土司：国家职能，作为民族地方行政体制的补充，土司充当着国家行政功能，随时听国家"征调、保塞、守卫之令"②，具有国家与民族担当；地方职能，管理属民，处理民刑，征

① 洲塔、乔高才让：《甘肃藏族通史》，青海人民出版社，2004，第662～667页；高士荣：《西北土司制度研究》，第200～203页。
② 张廷玉：《明史》卷72《职官一》，第1753页。

收钱粮，分派徭役；宗教职能，作为甘肃地区俗职土司，其与宗教有着紧密的联系，他们希图利用宗教的神灵，来为土司家族世代承袭的特权服务。其中最甚者，莫过于控制寺院，将自己家族的世袭渗入寺院住持的传授中去，使得这一家族因这双重职能分为两个系统。① 但此类土司中有时亦有"土司得兼僧纲，政教合二为一"的特殊情况。② 政教合一：宗教功能，其宗教功能与僧职土司相当，但其同时具有政治功能（非政权功能），拥有自己的教区属地、教民，并在其内发挥地方政权的职能，但其政权的职能源自宗教的背景，为地方约定俗成而被默认，但于现代政治体制内缺乏存在的法理性。

2. 经济构成

僧职土司：僧职土司存在的经济基础与其所处的时代背景、地域环境有着紧密的联系，首先其产生于元明时期的农奴制经济，与其所处的游牧抑或半游牧经济形态相适应，其经济支撑主要来自政府衣单口粮供给、信徒布施不纳正供钱粮的香田、纳马地以及依托寺院进行的经济活动。俗职土司：甘肃俗职土司主要集中于农耕区或半农半牧地区，经济形态以封建制为主，但同时存在一定的人身依附关系，其土地主要有土司领地（衙门田）、头人封地（户世田）、属民份地（兵马田），其主要经济支撑一部来自政府"岁俸"，大部来自对具有人身依附关系属民的盘剥。政教合一：拉卜楞寺寺院经济主要有：地产以及嘉木样、学院大小活佛、僧侣布施与寺属商业、放贷经济。③ 其地产来源主要渠道是地方政府封赏赐额、信徒供奉（河南亲王），教区土地悉为寺院所有，只准农民租种，若以地权论，是为寺院所有，若以制度论，实为永佃田。④ 其经济来源主要通过对具有典型的农奴制、封建制以及半农半封的经济关系的拉德（与寺院存在依附关系）与穆德（与土官、头人存有依附关系而与寺院无人身依附关系）的盘剥。

3. 文化构成

宗教文化，宗教是僧职土司、政教合一制度存在的根本，故而此类土司尤重宗教之宣化控制，相对俗职土司，其亦需要宗教来麻醉属民，巩固统

---

① 〔意〕图齐：《西藏中世纪史》，李有义、邓锐龄译，中国社会科学院民族研究所民族史室、民族学室印制，1980，第 32 页。

② 杨复兴：《安多藏区卓尼四十八旗概况》，甘肃省档案馆：资民政 216。

③ 李式金：《拉卜楞之商业》，《边政公论》第 4 期，第 44～47 页，载：年拉卜楞寺输出货物总量 1607650 元，输入 840102 元。

④ 陈圣哲：《拉卜楞经济概况》，《甘肃贸易》1943 年第 3、4 期。

治,故而在甘肃藏区土司,均通过各种途径强化宗教意识形态作用,以维护其统治。民族文化,是各民族在其历史发展过程中创造和发展起来的具有本民族特点的文化,包括饮食、衣着、住宅以及语言文字、科学艺术、哲学宗教、风俗节日等物质文化和精神文化。作为民族文化一部分之甘肃土司制度,分隶藏、土、回、汉等不同民族,并以各自民族背景为依托。国民文化,无论是僧职土司、俗职土司、政教合一体制,均为国家政治制度的有效补充,在维护自身利益的同时,亦须置身国民环境,完成国家民族的历史担当。因此甘肃土司在保有自身宗教文化、民族文化的同时,亦融入国家文化调适之中,他们读书应试登科,逐步适应大国文化之需要。

(二)民国政府之改革

民国政府甘肃"改土归流",切合甘肃民族地区社会环境及历史传统,于僧职土司、俗职土司、政教合一体制中各有不同,同时又依不同地域、民族而呈现自行改流、地方政府强制改流、省政府羁縻改流三种形式,其改土归流主要集中于政治、经济、文化层面,于不同时空环境下呈现不同的特点。

1. 政治领域

民国甘肃"改土归流"政治领域改革主要表现为政策制定、政体变更、事权划分、承袭变动及区划厘定等方面。

政策制定。宣统三年(1911)民政部曾经提出"改土归流",但"从未变革,似须审慎办理,由该省督抚及边务大臣,酌拟改流办法,核议施行"[1]。北京政府初期,袁世凯与赵秉钧商议边疆"改土归流"事宜,但最终以袁世凯对于改流异常慎重,故俟日后条件、办法成熟再交部议。[2] 1929年7月蒙藏委员会在《蒙藏委员会施政纲领》中就蒙藏地区施政问题提出:改革各盟公署旗扎克府及土司,废除奴隶制度,渐次废除封建式的世袭制度,实施全民政治。[3] 国民政府成立后,提出"改土归流"动议:现行制度,各省政府以下,仅有县市政府,及预备设县之设治局,此外一切特殊制度,均应渐次废除,以期政令统一。[4] 并规定嗣后如有呈报土司补官袭职之

---

① 《民政部奏准改土归流官折》,《地学杂志》1911年第2卷第15期。
② 《袁总统拟改土归流》,《民谊》1913年第5期。
③ 《蒙藏委员会施政纲领》,第二历史档案馆:《国民党政府政治制度档案史料选编》(下册),安徽教育出版社,1994,第411~412页。
④ 《江苏省政府公报》第843期,1931年9月12日。

事，并请勿遽核准。行政院指令甘肃省政府实行"改土归流"以符现制而杜后患，① 饬令甘肃省政府绘具图册，填表呈报，制订"改土归流"计划。

1912 年 8 月，甘肃省议会以封建制度非民国所宜，拟请仿照云南、四川成案一律改土归流。② 但遭到土司强烈反对，加以外部环境动荡，省政府以滞碍难行，置诸高阁。1912 年 11 月，甘省议会拟请暂行停止喇嘛寺院衣单口粮，倘番僧有愿习汉文者，以衣单口粮作为奖品。③ 1913 年 10 月，省议会正式议会根据前案请先停发各土司岁俸。④ 自 1913 年起，政府停止了土司"岁俸支银"制度，实际上是否认了土司制度及土司任职的合法性。国民政府"改土归流"动议提出后，甘肃省民政厅指令地方就辖境内土司事务进行调查，具呈内政部，拟订组织规程、建设市镇、广立民众学校、厉行强迫教育、编户升科，全面展开甘肃民族地区"改土归流"政治进程。

政体变更。行政体制方面，自行改土归流与强制改土归流者，民归国家，权隶政府，纳粮应差，并受县长领导监督，自于现政一同。僧纲虽有香火土地，但为少数，皆向县政府纳有一定粮赋，故其自动向县政府改请归流。⑤ 此类僧俗土司地面狭小、人数无多，且多杂处，即行改革，自无困难之点。但于羁縻改土归流地方，其僧俗土司户口较众，辖境辽阔，所属不仅土民，半多生番，语言习俗，多与内地相殊，且又有一定军事实力，故而其改土归流于体制上却呈现不同。夏河县政府直属甘肃省政府，属员 14，经费 121500 元，拉卜楞保安司令部直属甘肃省政府，属员 36，经费 400000元，编制经费均远远高于夏河县政府。"拉卜楞保安司令部，名义上直辖于甘肃省政府，然而事实上该部军官多半是寺院里的僧官，谁也不能否认这是拉卜楞寺的武力组织""各番总办和保安司令，必须通过寺院里'列里瓦'僧官的关系，才能充分地指挥拉卜楞附近的部落的藏民及其武力"。⑥卓尼改流后在行政组织上出现"洮岷路保安司令部→三团部→四十八旗→总管→头人→户"与"卓尼设治局→乡（镇）→保→甲→户"两个系统。

① 《临潭县番回民众及土司杨吉庆互控仇杀案》，《内政公报》第 5 卷第 38 期。
② 《省议会提议改土归流案》，慕寿祺：《甘宁青史略》正编卷 27，第 19 页。
③ 《马安良请愿省议会拟停甘青各寺院喇嘛口粮衣单》，慕寿祺：《甘宁青史略》正编卷 27，第 33 页。
④ 《冬十月议会请停各土司职俸》，慕寿祺：《甘宁青史略》正编卷 28，第 9 页。
⑤ 王志文：《甘肃西南部边区考察记》，第 20 页。
⑥ 明驼：《拉卜楞巡礼记》，《西北民族宗教史料文摘》（甘肃分册），甘肃省图书馆，1984，第 348～352 页。

卓尼、拉卜楞改土归流的不彻底性，在于传统政治生存的社会基础并无大的更张，故而设治以后，甘肃省政府方面计划推行保甲制度，以期动摇此传统政治之根本。1936年开始，将原有部落、村落分别改为乡和保，而乡长和保长按原来部落头人、土官或寺院内派驻的官员来担任，形成了在县管理下的乡、保、甲、户。对于甘肃民族地区传统政治而言，基层社会是其存在的重要条件，传统政治改流与民族社会改造，需要经济、文化领域的跟进。

事权划分。自行改流与强制改流者，改土后各地土官、寺僧、总管、头人等，事权职务与保甲制度相当，除声名恶劣者不予录用外，余则择优录任。1933年甘省计划改流后，资堡拟将胥土司改为临潭县某区区长，着逊杨土司永隆为临潭县某区某乡乡长；民国三十五年（1946），资堡土司昝振华和卓逊土司杨万青被任命为同仁乡正副乡长。① 永登县连城土司鲁承基，前经该县长安熙轩呈改为连城保卫团司令，仍受县长指挥监督。羁縻改流者，于事权上逐渐呈现军政教合一的趋势。博峪事变后，卓尼设治局局长由省政府委派与黄正清、鲁大昌无关人员充任，并兼代洮岷保安副司令，其团长等职，由该司令另案请委。设治局长"指挥部队之权。并酌予组织自卫武力，强化施政力量，即使驻军他调，亦可资以镇慑地方"②。同时任命杨积庆二子为禅定寺僧官，中央褫以护国禅师衔。拉卜楞寺方面，行政院二十六年二月十六日第八八九号任命黄正清叙授为都领。1934年国民政府颁赐五世嘉木样"辅国阐化禅师嘉木样呼图克图"册印，1937年，国民政府加赠五世嘉木样以"辅国阐化正觉禅师"称号。③ 与此同时，甘肃省政府聘请五世嘉木样为省政府顾问，黄正清、杨复兴为藏族国大代表。

承袭方式。民国初年，对于那些承认共和、服从民国的王公贵族一律承认其原有的特权，"在地方制度未经划一规定之前，蒙藏回疆应办事宜，均各仍照向例办理"④。故而民初甘肃土司承袭一仍旧制，永登县长呈报红山堡土官指挥佥事鲁服西病故，省府援例所有佥事职务以鲁氏陈晓云暂行护理。⑤ 但1930年内政部指出"嗣后各省政府，如有呈报土司补官袭职之事，

---

① 陆泰安：《安多藏区的圣地——卓尼》，《西北民族宗教史料文摘》（甘肃分册），第433~434页。
② 《贺耀组致蒋中正电》（1937年11月6日），甘肃省档案馆藏：15-7-237。
③ 洲塔、乔高才让：《甘肃藏族通史》，青海人民出版社，2004，第452页。
④ 陆纯素：《袁大总统书牍汇编·政令》，上海广益书局，1914，第9页。
⑤ 《甘肃省政府秘书处办事报告》（1928年1月6日），《甘肃省政府公报》第1期。

并请勿遽核准"①。逐步废除传统政治制度，以谋改革，而昭划一。虽则于（卓尼禅定寺）丹珠呼图克图，阐教护国，克绍宗传，著给以辅教普觉禅师名号，用示优隆。② 但于实际中逐步把僧俗土司纳入政府管辖监督范围，使其丧失世袭传承的法理性，成为地方政府机构中一部分。

区划厘定。改土归流，编练保甲，以不变更各县地域旧有之范围为原则。但于实际操作过程中难以拘于程式。自行、强行改流者，地归政府，印信收回，临洮卫赵土司（赵柱）改土归流后划归狄道县管辖③，拟或打破土司原有地域，分属周围各县。资堡旮土司、卓逊土司等处改土归流，土司所辖地区和马奴寺僧纲部落其他僧纲管辖地区合并，由临潭县政府设为同仁乡。羁縻改流者，情况不一，若卓尼杨土司，改流之后，由过去平均长度四百里渐缩至百里以内，乃至三数十里不等；而拉卜楞寺原隶循化厅，改土设治后为甘省辖境，寺属宗教范围，扩展为3255方里。④ 除原有十三庄地区外，将原属循化县的甘加、黑错和临潭的美武、嘉木关等地还有欧拉、阿木去乎、沙沟、多哈尔等17个部落地方都划归拉卜楞，这些地区的部落和属民也由拉卜楞管辖，拉卜楞的面积比原来大了一倍。

2. 经济领域

取消僧俗土司岁俸。喇嘛寺院有加无已，于西北文化前途殊多障碍，1912年11月，马安良拟请暂行停止6320名喇嘛僧人岁支衣单口粮10053石4斗6升7合2勺，口粮衣单银652两3分9厘，香火银650两，青海各王台吉共喇嘛岁支俸银9300两。⑤ 1913年3月，甘肃省议会停发各土司岁俸常年应共支银852两8钱2分⑥，改由地方政府于土司私产内，拨给赡养粮地⑦，或省政府畀以名义，给予月俸。⑧

土司制度改革成功在于根基之动摇，故而其经济基础改革尤为重要。国民党八中全会通过决议，"对于边疆各民族一切设施，应培养其自治能力，

---

① 《咨部撤销青海省土司改土归流》，《江苏省政府公报》（1931年9月12日）第843期。
② 《蒙藏委员会关于授予丹珠呼图克图辅教普觉禅师名号致甘肃省政府咨》，甘肃省档案馆藏：4-1-360。
③ 《呈省政府呈核议赵土司地亩仍归狄道县改土为流》，《甘肃财政旬刊》《公牍》第17~23页。
④ 张丁阳：《拉卜楞设治记》，《新西北月刊》第5卷，第1~2期。
⑤ 《马安良请愿省议会拟停甘青各寺院喇嘛口粮衣单》，《甘宁青史略》正编卷27，第33页。
⑥ 《冬十月议会请停各土司职俸》，《甘宁青史略》正编卷28，第9页。
⑦ 《令民政厅据呈连城改土归流及设治办法着遵指示办理》，《甘肃省政府公报》1933年第2卷第39~42期。
⑧ 顾颉刚：《西北考察日记》，第212页。

改善其生活，扶植其文化，以确立其自治之基础。对于边疆各民族一切设施，以为当地土著人民谋利益为前提"。为此在《西北建设论》中建议在甘肃拉卜楞以及洮西地区设立企业公司，积极改良或推进藏区的农业、畜牧业、林业等发展，利用当地原材料进行畜牧产品加工制造，鼓励民族间贸易发展，进一步开发农作物种植面积，尽可能地运用合作的方式发展当地的民族工业。① 通过经济产业建设，改变甘肃民族地区经济结构及社会分层。

表 1　甘肃南部各县农村社会阶层分布

县别	自耕农	半自耕农	租耕农
岷县	42%	37.5%	20.5%
临潭	72.2%	25.3%	2.5%
卓尼	57.3%	32.9%	9.8%
夏河	2.7%	3.1%	94.2% *

＊夏河之地，多归拉卜楞寺所有，农民自力开垦土地，权归寺院。
资料来源：王志文《甘肃西南部边区考察日记》，甘肃省银行经济研究室，1942，第54页。

　　经济结构的改变以及所致农村社会阶层的分化，传统政治制度下人身依附关系的瓦解，从根本上动摇了传统政治体制存在的经济基础。

3. 文化领域

　　民族文化改造与国民文化建设。民族传统政治的存在根植于民族传统文化、民族传统经济、民族传统社会，在传统民族文化领域，清朝时期，政府开始运用行政手段介入民族传统文化的国家化改造，乾隆十二年（1747），中央对甘肃僧职、寺院进行整理，逐渐把其纳入国家政治控制轨道。其"输粮供役，与民无异。俊秀读书，亦应文武试，登科目立功名，为国家大臣"，以致其"与民厝杂而居，联姻结社，并有不习土语者"。②

　　民国以后，在甘青民族地区增设现代教育体制，设立职业学校，引入域外先进的畜牧技术，力图以现代的科学文化开启民智，培植现代国民意识。故甘肃省教育厅在夏河等县设藏民小学三所，夏河县政府规定：头目人有调查学龄儿童劝导入学之义务，藏民每家有儿童两个须送一个入校，有儿童四个须送两个入校，头目人调查不确切或劝导不力者，由教育局报请县政府告诫之，对于

---

① 艾雷贝：《西北建设论》，陈彝寿译，商务印书馆，1939，第84～86页。
② 杨应琚：《西宁府新志》卷24《官师志·土司附》，文海出版社，1966，第882页。

本办法推进倘有捣乱或阻挠者得由教育局呈请县政府严厉处分之。①

西北民族地区是多民族地区，宗教信仰比较普遍。在促进社会教育发展的同时，国民政府也同时注意宗教教育的加强。1940 年 7 月，教育部公布《改进边疆寺庙教育暂行办法》，要求边疆民族地区各喇嘛庙或清真寺应视地方需要及寺庙经济能力，附设民众教育馆、阅报室、民众学校及各种补习学校，举办通俗讲演及识字活动等；还要求寺庙在举行盛大典礼或法会时，与当地教育行政部门配合，举行座谈会、文物展览会、放映电影或幻灯等；并在西北地区成立了宁夏阿訇教育国文讲习所、青海喇嘛教义国文讲习所、卓尼喇嘛教义国文讲习所。

国民政府对甘肃民族传统社会的改造，根本上动摇了土司制度存在的基础，为了维护既有利益，民族地区传统政治力量开始谋求政治、经济、文化应对，并于一定层面上影响了民国甘肃民族地区传统政治"改土归流"的进程与民族社会发展。

四　传统力量政治应对及地方与中央调适

民国甘肃民族地区传统政治"改土归流"及传统民族社会改造，遭到民族地方来自政治、经济、文化领域内之反应，同时亦面临来自社会底层与各级政府的多重压力，但最终却迫使民族地区政治力量于传统与现代、民族与国家、地方与中央之间重新做出调适，一定程度上促进了甘肃民族地区社会现代化历史进程。

（一）传统政治之应对

1. 对抗

政治对抗。一为直接对抗，1912 年初甘肃省临时省议会议决改土归流案，但遭到土司强烈反对，省政府以滞碍难行，置诸高阁；1926 年西宁县农会会长蔡有渊等，以土汉人民义务不均，将土司李佩霖呈控于甘肃省政府，呈请改土归流，但遭到西宁土司反对，呈请中央政府，将土司制度易名

---

① 《甘肃夏河县实施强迫藏民教育办法》，《开发西北》1935 年第 4 卷第 5 期。

号而不轻事改革①；二为间接反对，卓尼改流前，（杨积庆）不愿放弃卓尼及其附近地区的统治权，所以历年甘肃省当局虽经迭次计划在卓尼及其附属地区设治，他却表示自己愿意担任番区专员，他明知此路不通，却正面提出做不通的办法来，借以延缓设置计划的进行②；博峪事变后，黄正清建议："拟请令由四十八旗推举素有声望，于军、政、教三者足能措置、且为人民所信仰者一人，假以名义，使其暂为维持，以杜异念而固边防。"③ 实则亦为假地方以缓改流。经济对抗。政府厉行改土归流政策的趋势使传统政治势力深感威胁，其赖以生存的"兵田制度"有朝一日必将废除，所收的土司兵粮，必将划归设治局经营，至于寺院租粮，也许还可以援着洮州圆成寺阎家寺等处由"寺收租由县收粮"的成例，保有大部分的租益，而这部分僧粮佃户，亦可借以规避政府兵役。因此杨复兴令经管名下的兵粮佃户，慢慢地都进行改领丹珠呼图克图经管名下的僧粮朵书。④ 以此保留土司衙门的经济利益。军事、文化对抗。临洮卫世袭指挥使司赵柱，前年张兆甲、孔繁锦等破坏革命扰乱后方，而从中附乱。⑤ 新式学堂的设立及外部文化输入，传统文化面临着现代文化的挑战。（黑错）喇嘛深知新式教育发达则子弟出家者必日少，将危及寺院前途，故频施打击，学生穿制服者恒夺而撕之。⑥

2. 输诚

拥戴示忠。西安事变后，黄正清电南京蒙藏委员会委员长，今后如何设施，请示方针。⑦ 当事态明朗之后表示，谨率僧三千，已于元日为委座祈祷，甚盼委座早日脱险。⑧ 为蒋公祈祷外，愿率甘青川康边区数十万藏族民众，做中央后盾，誓诚拥护政府，营救蒋公早日脱难。⑨ 国家担当。西北民族地区传统土司，于国家、民族事务中具有一定的使命担当，故而其通过积极参与地方及国家事务来向外界传输自己的国家属性。民国十五年十月，甘肃督军刘郁芬，命土司杨积庆修筑松潘至卓尼公路，他派500人参

① 《青海省土司李承襄等呈请将土司制度令易名号不轻事改革文》，米海萍、乔生华辑《青海土族史料集》，青海人民出版社，2006，第133页。

② 明驼：《卓尼之过去与未来》（上），《边政公论》第1卷第1期。

③ 《黄正清致贺耀组电》（1937年9月14日），甘肃省档案馆藏：15-7-233。

④ 明驼：《卓尼之过去与未来》（下），《边政公论》第1卷第2期。

⑤ 《狄道县赵土司所辖境内事务调查表》，《内政公报》1929年第2卷第8期。

⑥ 顾颉刚：《西北考察日记》，第234页。

⑦ 《拉卜楞黄司令电》，《蒙藏月报》1937年第6卷第6期。

⑧ 《拉卜楞嘉木样呼图克图电》，《蒙藏月报》1937年第6卷第6期。

⑨ 《拉卜楞黄司令及果洛三族千户等电》，拉卜楞黄司令及果洛三族千户等电。

加，年底完工通车。民国十七年，马仲英河湟起事，国民党甘肃首领刘郁芬以"临岷屏蔽于西南"为由，委卓尼土司杨积庆为洮岷游击司令，堵截马仲英。庄浪土官土军世袭掌印指挥使鲁承基亦率团御匪（马仲英），保全地方。① 抗日战争爆发后，拉卜楞寺到重庆献飞机 30 架献旗并拥戴"民族领袖"，拉卜楞黄正清电请中央"率十余万藏民誓作后盾，并在中央指导下，愿效前驱"②。

3. 挟重

借外力。西宁县民呈请改流，土司于中央呈文中提出，若取消土司，则"不但虎视西北之英、俄帝国主义肆行无忌，即蒙藏各土司亦将有兔死狗悲之感"③；借民族宗教。为了维护自己的统治，土司家族必然要借助于宗教的力量，收揽人心。于是他们迎像、度僧、立寺、建塔，广作佛事，希图利用宗教的神灵，来为土司家族世代承袭的特权服务。其中最甚者，莫过于控制寺院，将自己家族的世袭渗入寺院住持的传授中去。④ 特别当其逐渐丧失政治合法性之后，宗教性因素就成为其存在的最大合法理由。故而，当1940 年五世嘉木样从西藏返回后，进一步完善了寺院政教事务管理机构，其宗教势力反得到进一步扩充。在其向中央政府的呈文中，亦一再强调"谨率僧三千""谨率甘青川康边区数十万藏族民众""率十余万藏民誓作后盾"。其意无非挟地方自重，以期传统政教合一体制的延续。

（二）地方与中央调适

1. 传统与现代并存

军事体制。永登县连城土司鲁承基，将该土司名义取消，改为连城保卫团司令，仍受县长指挥监督。博峪事变后，田昆山与卓尼各旗总管反复磋商，原则上就临潭县长暂代卓尼设治局局长一职，但同时亦不得不接受"洮岷路保安司令一职，因全番信仰所系，非以杨积庆次子杨复兴暂代不

---

① 《令管束庄浪土官土军世袭掌印指挥使鲁承基呈为前因地方肃清呈请给奖励一案迄今未奉明令兹录前呈并姓名表请分别给奖由》（1930 年 5 月 26 日），《甘肃省政府公报》第 20 ～ 21 期。
② 《甘省拉卜楞黄司令电请中央明令出师》，《边疆半月刊》第 3 卷第 1～2 期。
③ 《青海省土司李承襄等呈请将土司制度令易名号不轻事改革文》，米海萍、乔生华辑《青海土族史料集》，青海人民出版社，2006，第 134 页。
④ 王继光：《安多藏区僧职土司初探》，《西北民族研究》1994 年第 1 期。

可"的事实。① 最初为寺院所属的"拉卜楞番兵司令部",到 1933 年 12 月 26 日改为"拉卜楞保安司令部",直属甘肃省政府领导,其编制、规模、经费远远超出了同隶甘肃省政府的夏河县。同时在临潭还有鲁大昌 165 师、卓尼的第一军西北补充旅等中央军事力量。

政治体制。改土归流后,羁縻改流部分土司制度实际仍存,1941 年 6 月 26~29 日,黑错保安行政会议召开,与会人员有"监察使高一涵,省委赵龙文,专员胡公冕,保安司令黄正清,以及夏河、卓尼、临潭三县局长与县党部书记长等。藏民方面,寺院有活佛、镶左等,部落有土官、土司、谷曹、温布、更查保、当哇、总管、头人、压床、郭哇、头目、僧正、业力哇、都刚司等一共有二百余人"②。改土后的甘肃民族地区,一方面存在省—县—设治局—保—甲,另一方面亦同时存在省—保安司令部—部落、寺院头人—户的局面。改土归流中甘肃省政府试图建构省—县—保—甲制度,以之消化吸收传统部落头人—户结构,但于实际建设中遭到民族地区上、下层抵制,在基层政权改造建设过程中面临层层阻力,在实际运行中处处受到传统体制的掣肘,形成了若下所述局面:

> 藏民因循守旧的观念相当严重,因为卓尼杨土司世袭统制了数百年,藏民也习惯了他们的土司制度,但杨土司也受上级管辖……把杨复兴比作藏民的父亲,您管着杨复兴就如同藏民的阿爷一样。③

2. 民族与国家取舍

改土归流之后,传统政治面临着政权危机。改流后:

> 北山的"竹娃"们,曾经几次和催缴粮草的班役发生冲突,后来决定小事由各旗部落会议来解决,大事却推洪布麻周作首领来主持,他们的政治中心,似乎慢慢地由卓尼而移向北山的恰尔盖寺去了。洮河上游出布、车巴沟、他咱各期地方,亦各自凭自己的多则一二千少则三五

① 《田崐山致贺耀组电》(1937 年 9 月 16 日),甘肃档案馆藏:15-7-2351。
② 马无忌:《甘肃夏河县藏民调查记》,夏河县档案馆馆藏油印本。
③ 李宗宪:《也谈国民党的保甲制度在插岗的破产经过》,中国人民政治协商会议甘南藏族自治州委员会文史资料委员会编《甘南文史资料》第 8 辑,1991,第 134~135 页。

百的人枪马匹很想自己站起来。①

杨土司的势力圈的半径平均长度已由四百里缩至百里以内，乃至三数十里以内。一切诉讼案，小事各旗自行调解，大事就向洮州、岷州、兰州以至西安、重庆，司令部的门庭冷落了许多。故而在卓尼、拉卜楞传统政治面临权力丧失的局面，不得不在民族与国家之间做出选择，以谋求统治延续。

其一为增加传统政治的现代国家属性。杨复兴向蒋介石提出上陆军大学深造的要求，得到了蒋介石的首肯。"……这一举动的目的是很明显的，他虽然冠有洮岷路保安司令的头衔，但从他的实力来看，在国民党政界、军界和官场中只是一个徒有虚名的'流外'官，处处受到歧视和限制。"② 因此转变传统身份，增加国家属性成为改革后传统政治力量的普遍选择。

其二为融入现代民族文化之观念。在民族大局之前，黄正清云，我中华民族乃以五族合为一族，尚望内地研究边区宗教文化建设且致力于文化沟通之工作者，能够对我人多予帮助。嘉木样活佛对寺院宗教之改进，于僧俗研读佛学之外，复注重一般新的知识，设立学校，增设国文国语③，创办国立拉卜楞喇嘛职校，开设纺织科、印刷、兽药等学科④，开设公民、国文、藏文、算术、常识、音乐、图画、体育、习字等，职业科目有纺织学、整理学、漂染学、理化及工厂实习等。⑤ 卓尼亦设有喇嘛学校，寺中的喇嘛，八至十五岁的，一律半日读经，半日读国语。我们到寺上参观时，许多小喇嘛都手里拿着一本国语书，在墙角屋檐下低头诵读。⑥

传统政治体制与现代政治体制的并存，传统民族观念与现代国家观念的调适，虽则于效果上制约着甘肃民族传统社会"改土归流"的进程，但最终在甘肃民族地区融入了现代政治气息，推动了甘肃民族地区现代化的历史进程。

---

① 明驼：《卓尼之过去与未来》（上），《边政公论》第 1 卷第 1 期。
② 杨士宏：《卓尼杨土司传略》，四川民族出版社，1990，第 125 页。
③ 《拉卜楞代表晋见蒋主席》，《新中华》复刊第 2 卷第 3 期。
④ 《国立拉卜楞喇嘛职校近况》，《觉群周报》1947 年第 32～33 期。
⑤ 阴景元：《国立拉卜楞寺青年喇嘛职业学校之展望》，《边疆通讯》1947 年第 4 卷第 10～11 期。
⑥ 于式玉：《于式玉藏区考察文集》，中国藏学出版社，1990，第 149～150 页。

结　语

民国政府甘肃传统政治"改土归流"及民族社会的改造，逐渐打破了僧俗传统政治狭隘的民族、文化观念，现代政治体制下的民族、国家观念慢慢渗入西北民族社会，于传统民族观念、现代国家意识中形成了新的统一体，于甘肃民族地区形成了"读的中国书，说的中国话，我们不分任何界限。我们不讲狭义的民族。过去的畛域要它完全化除"的局面。① 以至于范长江在宕昌看到"镇长为一完全汉化之藏人土司，他现已不自认为藏人，虽知其历史者，与之谈其过去统辖藏人情形，他亦作不乐意之回答，盖耻为番子也"②。

虽然其于政教合一体制改革中存在一定的不彻底性，但通过"改土归流"对民族地区政治改造、社会建构、文化重塑，最终把现代民族、国家观念注入传统民族政治地区下层民众之中，使得现代化洪流浸入西北民族社会各个角落，为之后西北政治、经济、文化现代化改造奠定了基础。

---

① 于式玉：《于式玉藏区考察文集》，第 144 页。
② 范长江：《中国的西北角》，四川大学出版社，2010，第 40 页。

舆情与藏边

——论清末公众知识分子对边疆局势之关注

张永攀

摘　要：中国边疆危机在清末加剧，尤其是西藏备受国人关注，国内舆论界从不同方面展开对清末剧烈的边疆社会动荡的讨论。心忧藏边的知识分子，在西藏时局乱象纷呈而清政府无能为力的局面下，公开在报刊上疾呼抵御西方列强对我国边疆的染指，进而从民间视野提出西藏治理方略，同时也折射出清末民族资产阶级的利益诉求。

关键词：西藏　维新　边疆　清末

作者简介：张永攀，历史学博士，中国社会科学院中国边疆研究所西南室副主任，副研究员。

　　清末民初，在中国边疆危机不断加深的背景下，西藏深受国人关注。国内舆论界发表了一些有关西藏的时论，这些来自公众的时论从不同方面反映了清末边疆复杂的局势，尤其是作为开明的维新知识分子，在当时西藏局面纷呈乱象而清政府无能为力的局面下，心忧边疆，在公开报刊上评论清朝治藏政策，从民间的视野提出西藏治理方略。本文拟就此做一分析与探讨。

一

　　虽元代始将西藏归于中央政府的正式管理下，但直到清末，内地人对于西藏依然知晓甚少，除清朝派遣官兵至藏外，内地人赴藏甚少，所成游记也较少，以致内地普通人士对西藏人文地理非常陌生。即使是治藏而有游历经验之大臣也并非完全明了。嘉庆三年（1798），驻藏大臣松筠撰《西招图略》①，附图 15 幅，根据见闻经历、藏区山川形势、边隘兵卡等 28 类制成，且附录有成都至后藏站驿里数，颇有价值，但这些附图既无经纬度也无计里画方，也无比例尺，毛笔画成的地图与传统的中国国画线描山水相差不大，误差极大，以至于纸面上差之毫厘，实则误谬千里。以聂拉木与廓尔喀首都阳布为例，两地在附图中位置错乱，聂拉木竟然在阳布正南。这种连中国古代的计里画方都不及的制图法导致的是西藏地名普遍位置混乱，但并未引起时人的注意，可见内地人对西藏认知的缺失。

近代报刊媒体兴起后，更多人逐渐开始熟悉西藏。在清末的最后数十年中，关于"西藏首府"、驿站纪程等风土人情类文章逐渐增多，尤其是关切在英俄大角逐之下西藏岌岌可危的事态，均引起以维新派为主的公众知识分子的注意。这些关切西藏危机的作者大多非清政府官员，而多是民间开明士绅或文人，虽然他们对于西藏的认知依然局限于有关西藏的志记，并未亲身游历西藏，但这并不妨碍其从世界局势角度，入手分析、评议藏政。

《清议报》作为维新派在海外办的第一个机关报，则行于前列。该报于 1898 年（光绪二十四年）12 月 23 日在日本横滨创办，主编为梁启超，宗旨为"主持清议，开发民智"，抨击以慈禧太后为首的封建顽固派，颂扬光绪皇帝，推广西方资产阶级政治学说。《清议报》对于当时英国与俄国竞逐西藏有很清楚的认知，全编第 21 卷即发表《俄罗斯与西藏》一文，受时人关注。该报对"西藏派公使于俄国。俄皇于圣彼得堡附近之离宫，以极优渥之礼觐见之"一事做了论述，疾呼"俄人之意何在？乎，愿我国民一留意"。在当时国民对此懵然无知的情况下，其对俄国用意有深刻的理解，认为俄当局所言全为宗教目的而与政治无关的言辞颇具有欺骗性，认为俄方舆论第一，"为西藏当为永远无所属之邦国"为谬言，还质问道，吾国人心目中岂不以西藏为我之属地乎？第二，大清一统志岂不有西藏一部乎？第三，坐床喇嘛岂不由朝廷所派（定）乎？第四，今日之官制岂不有驻藏大臣乎？警告朝廷，如不作为，西藏即将成为第二个"高丽"，"亚细亚大陆遂将为哥萨克之操场乎"。

① （清）松筠：《西招图略》，《西藏研究》编辑部编，西藏人民出版社，1982，合《西藏图考》附图。

"我六千同胞之冤魂可暝乎？"① 这种言论体现出其对中俄关系的关切的世界眼光与中华民族大格局形成的预见性，而对于其提及的十三世达赖喇嘛秘派"公使"，即德尔智，更见报人耳目颇聪，对国事关心斐然。

维新派虽未深入探讨过西藏政教合一的行政体制，但通过其他材料对于西藏的积弊极为明了，认为清末西藏的局势与西藏噶厦的日益腐朽和没落有着莫大关系。在 1898 年出版的《国闻汇编》第四册中有人就论及，认为西藏的大小事均归达赖喇嘛和四大呼图克图管理，行政事务的权力都在喇嘛手中，"内行豺虎之毒，刻剥百姓，无恶不为"，在道德上则"遇事推诿"，对于地方的各种案情均不料理，看重财物，"总以银钱为第一义，专为盘剥小民，只顾及寺院的富足，对于百姓的死活均不考虑。而在法律方面，只要官员遇到百姓犯法，按照家庭的贫富程度罚钱，如果遇到命案，也罚银若干了事""其罚黄金有上中下三等，上等罪轻者罚黄金二三十两，中等罚五六十两，下等罚二三百两"，如果没钱财抵罪，就将人投掷于河中，或者割去手足指头，放血致死，或者带长枷脚镣，永远不解开。对于噶厦政府的政务能力，其认为，驻藏大臣如果有事与噶厦商议，而噶厦不愿执行，就推诿到三大寺喇嘛头上，让三大寺僧人议论，因三大寺僧人有数万，"若再使此辈主其公事，则汉官更觉棘手矣"②，这些言论均深刻揭示了西藏政教合一制度的腐朽与没落。

蜀地作为西藏的毗邻腹地，是维新派评议西藏言论的主要发声地，尤其是《蜀学报》成为重要的阵地。1898 年春末，宋育仁主持蜀学会，并在成都创办《蜀学报》，此旬刊每期 30 页左右，1898 年 9 月出版至第 13 期后被查禁，这是成都地区迄今为止所发现的近代由成都地区出版、发行的最早一份报纸。该报大量刊载维新变法的文章，对于边疆问题很是重视，声称："《时务》、《求是》各报既已畅行，蜀中更立此报者，意在昌明蜀学，开通邻省，故与各报体例略有不同。各报沿海疆，闻见较易，于洋务不详，本局意立推行，力求实用，言务不当，不嫌并行。"宋育仁对于边疆问题中的藏情也略有关注，在其创办的《渝报》第 13 期所载他在甲午战争前一年春天所撰的《守御论》提到，需要益兵西藏、青海，增重镇于四川西南，以为西藏后应，体现了蜀地形势与藏边局势的关联性。

---

① 《俄罗斯与西藏》，载《清议报全编》第 21 卷，第 353 页。
② 《国闻汇编》第四册，1898 年 1 月 7 日（光绪二十三年十二月十五日）。

1898 年 6 月《蜀学报》第四册发表王荣懋所撰《统筹蜀藏全局论》。作者王荣懋生于清同治年间，寿县城关人，光绪时优贡，其人本来也未曾至西藏，但由于和宋育仁同属于维新派，热衷于通过变法而振兴西藏，盼望川藏得到一体发展，因此首次提出援藏思路。他提到川藏可联动为一体，民众才风气渐新，人才日出，然后"联关中滇黔，指臂相援"。在其筹划中，西藏、四川、山西、云南、湖北如同双臂和十指一样，相互配合援助，如此则整个西南地区可稳定。王荣懋提出，治理藏边有四个方法：第一个方法审边隘。哈喇乌苏、阿里萨喀、错纳、工布、江达、拉里、硕板多、洛隆、济咙、聂拉木、绒辖及帕克里，都是西藏边地，这些地方有的是贸易通衢，有的是道里要害，如果要这些边地得到有效治理，则需要绘制舆图、考察民情、记载物产，哪些地方需要抚慰土酋，哪些地方需要征讨，都应该考察清楚。他对于西方人在西藏的游历游记，极为推崇，号召仿效，揭示了中国传统舆地学的没落。王荣懋提出的第二个方法是"联番众"，认为可以借鉴历代的抚藏方法，唐代下嫁公主，明代广封果实，清朝则封王赐印，即使是康熙和乾隆年间连年用兵，事后依然怀柔藏方。王荣懋提出的第三个方法就是审视敌情，认为清末的廓尔喀、哲孟雄诸部皆归于英国统治，西藏南部地区也多为英国统治（今印度阿萨姆邦），后藏还建立了英主生祠，如果将来铁路建通，三十九族也会受到英国制约，这些目前都无法交涉，又不能和廓尔喀等划界，将来恐怕有争端。其所提及的英主生祠是葡萄牙传教士安德拉德在 1625 年 6 月 13 日（明天启五年），在古格国王的同意下，建造的天主教堂。三十九族即霍尔藏北三十九族，是清代对游牧于今西藏那曲地区西部与昌都地区西北部一带三十九个部落的总称，对于藏地稳定有着极大牵制作用，可见他已经认识到青藏一体的重要关系。他还意识到俄罗斯暗中勾结西藏部分政要，企图借俄国兵力抵御英国，叹道"卧榻之旁，竟容人睡，瓯脱之地，万难息争"。王荣懋提出的第四个方法是"兴屯田"。他对西藏的自然地理情况非常熟悉，客观认识到"藏内多隙地"，外则层冈叠峰，边隘要依赖于山形险阻，腹地则要连接众心，开垦田地，建设水利，种植桑树，发展林业和畜牧业，如果藏地劳动力缺乏，则"徙蜀内穷民"以补充。"众民工作日兴，开矿日旺，或且藉彼铁路以畅销之。"如果有敌情，（铁路）沿途之民众，都可以成为劲兵，我主而彼客，终难逞志于目前。①

---

① 以上均参见《蜀学报》第四册，1898 年 6 月（光绪二十四年四月下旬）。

　　王荣懋与前人不同的是，并不认同绥远之道、军事力量、羁縻政策可化解西藏问题，而提出从经济角度整顿西藏。他对于西藏民众全用印度卢比，所进口的茶叶和药材货物均是英国商品颇感痛心，认为国家应该设法整顿，在药材和茶叶方面，做到物美价廉，认为国家也应该开矿，统计税收金银，与民众分享。如此一来，西藏民众必然"听命输诚"，一旦有战事，可以随时利用之。显然他对于"印茶入藏"与"川引入藏"有着很深刻的认识。

　　其时四川的内江人陈其昌在王荣懋之后所撰《经藏卫以固蜀疆议》也是将川藏作为一个战略整体来考虑，"川藏为唇齿之邦，唇亡则齿寒，藏亡则川必摇动"。"藏为蜀之外屏，无藏则蜀失其保障，蜀为藏之内府，非蜀则藏何所依归，故必联蜀藏为一气，而后边陲可以永固。"他分析了英国占据大吉岭，将势力渗入阿里，而俄罗斯通过控制中亚诸国的手段"以瞰后藏""达赖喇嘛和班禅纳款二国，臣服我朝之心不似昔时肫，如果英俄阴谋得逞，朝鲜、越南之事再现，则全蜀藩篱尽撤，西陲之祸可胜言哉"。

　　陈其昌胜于王荣懋之处在于提出具体方案。其要点可归纳为：第一，"重民权"。陈其昌认为自从珠尔默特那木札勒之乱后，由于推崇黄教，达赖喇嘛通过四噶伦，班禅通过统商卓特巴，分治藏事，此后蒙古汗王制度被取消，贝子爵位也不再封授，由此僧侣的权力越来越重，藏族"生子三则以二为僧，五则以三位僧"，后果是僧人日多，民日少。结果是兵力越来越弱。因此，西藏应该减少僧侣数量，增加民众人口。在噶伦、商卓特巴、第巴等头人外，仿周礼之乡官职位，设爵秩，选取西藏民众中才能出众者充任该职，以其管理民事，"其人由乡里推举，其官由大臣选用，课农经武诸政，悉以任之"，由此，百姓不受制于僧侣，平民的才智也得到发挥。第二，"通客籍"。这是一种移民的政策。陈其昌认为，四川百姓过多，土地承载大，但西藏土地宽广、人口稀少，有"人寡之患"。如果将四川民众充实到西藏，为一种互利的"两得之政"。他也考虑到了来自达赖喇嘛等阶层的反对，"喇嘛恐人众见逼，自失利权"，但如果此政策施行，并经过驻藏大臣开导，在农业种植之外，进行矿业开发，"财以生而富，兵以众而强，生息日繁，将来防守可议矣"。第三，"变军制"。他认为，西藏旧设兵马一万四千，步兵四万，都是西藏种族（藏军），没有常饷。乾隆末年，更改为"常饷兵马三千"，绿营兵六百，驻防在扎什伦布寺，仅此兵力，皆"虎化为鼠，羸弱不可用"。他建议更改营制，使用西式火器，刀矛仅仅是辅助兵器，以俄国人的士兵选用标准征兵，仿照德国人的练兵方法。第四，"揽利权"。陈其昌认为，西藏的赋税都归商上长官，驻藏大臣不能审计其账目，而西藏人因为信仰佛教，对于治国理财的方略不太讲求，将经济收入都用在寺院修建上。如果将经济大权收归中央，民众必然不满。所以应该与西藏订立新规，以前所得税赋仍然归达赖。但"新得之利"由驻藏大臣管理，由此农业、矿业开发就可以得到发展。第五，"审扼塞"。建议选精于测量之人，"周遍游历"，对山形地貌进行测绘，对于大邑、平原、绝谷、高岭、茂林、冰山、峡口、康衢都进行描绘，一旦有警，就能因地制宜，占据上风。第六，"收群部"。陈其昌分析当时西藏周边局势，认为藏东北有三十九族，藏西部有拉达克库诺部，宗喀有汤敏部，亚东的帕克里有布鲁克巴（即不丹），都向达赖喇嘛纳贡，对于驻藏大臣也行请安之礼。如果结以恩信，"坚其内向之心"，则"沿边群部竞起相牙，彼自难长驱直入"。① 陈其昌的分析很客观，从人口、户籍、军制、官职、地理等各个方面入手对西藏进行改良，作为以书法称道的当地名流②，能够提出这样的看法，在地方士绅中已属罕见。

总体而言，从1903年底第二次西藏战争爆发前的公众舆论来看，明显具有以下几个特征。

第一，从川藏联动的眼光看蜀地与西藏的关联性。舆论普遍重视印茶入藏问题。在"印茶入藏"问题上，为何以王荣懋等为代表的蜀地学者舆论最为激烈，这与川茶与印茶的利益冲突有关。印茶入藏是有其背景的。陈其昌提出"行官茶"，他认为，四川人种茶以谋利，西藏人则"需茶以为命"，所以川藏固有相同的利益。以往官方在打箭炉建立了关税点，茶叶运输到西藏后，被征收成本之外的大量税厘，再加上脚费，导致茶价颇高，西藏民众无法承担如此高价，而转向印度茶叶市场。但印度茶叶价廉味薄，西藏人并不是很喜好印茶，颇为怀念味道厚重的川茶。陈其昌认为，川茶若积累资本，捆运到西藏，平价出售，不求利益，西藏民众就内向之意越来越强，四川民众也可以持久获利。事实上，印茶与川茶之争此时已成为英国侵藏的一个触发点。所以，蜀地的公众知识分子更多的是把视角聚集于川藏关系上。

第二，从世界格局的视角看英俄密谋西藏问题，这类知识分子则大多来

---

① 《蜀学报》第10册，1898年8月《经藏卫以固蜀疆议》。
② 寿县城关黉学门前文明坊横匾上"经天纬地"和"景星庆云"等字即其所书，陈是蜀地文化名流。

自上海。自从19世纪末对西藏的地缘政治扩张已经成为俄国的主要目标，俄国认为"西藏作为喇嘛教的中心，对俄罗斯具有重要的意义"①。其制定的《关于在西藏同英国人对抗的备忘录》确立"将蒙古、西藏、中国合并于俄国"，其旨意已经从黄金追求完全演变为俄国的战略扩张。这战略意图已为开埠已半个世纪的上海文人所知②。1903年创刊于上海的《经世文潮》发表《论西藏密约》③，谈到俄国与西藏的问题，认为俄国与英国在角逐亚洲过程中，俄国对西藏早有野心，俄国如果占据西藏，则"南控印度之师，东吞川云等省""俄国的苦心经营，处心积虑已经非一日"。作者对清朝政府的"老大颓唐，昏庸无见"提出了强烈的谴责，认为朝廷对于京师以外的情况所知甚少。各省的大吏也如此，地方有乱政，推脱于州府，上下推诿，朝廷"深居九重，又无从而知俄人之设法笼络西藏土人耶？"而俄国人则在未得到西藏民心之前，以笼络之术靠近西藏地方，得到西藏民心后，又虚张声势，要求向清朝订立合约。清朝此时既不能抵御俄国，又不能怀柔恩泽于西藏。环顾西藏周边，四处骚动，而俄国人则在条约中"巧为取悦之辞"，条约的内容多有为清朝之利益所考虑，例如第一条就说到"为保太平起见"，第二条则保清朝永远有用人的行政之权，第三条则答应帮助清朝平内乱，等等。作者颇为揶揄地提出，乍看之下，都是为清朝考虑，其实则为阴谋。清朝的目的是保护满人的利益，既然得到俄国的允诺保护安定平息内乱，清朝一定在内忧外患之下"有不下涕感泣者乎""宁有不谢天谢地得此恩人耶"？而俄国则坐享其利，可以将势力扩展到整个中国边疆地区，北则由蒙古而南，西则由藏而东，东北则由满洲以抵抗日本，西南有西藏以控压英印，作者叹道"深心远虑，非为是耶"。作者认为，俄国的目的是讨藏人的欢心，由此可以让印度服膺。俄国以陆军雄视天下，一旦天下有变，俄国由西藏之西而入印度，由西藏之东而入四

---

① 《吉尔斯1876年3月4日致地理学会副主席谢苗诺夫信》，杜布罗温：《普热瓦利斯基传》，1890年彼得堡版，第208页。

② 谢缅尼科夫编《沙皇制度内幕（有关藏医巴德玛耶夫的档案资料）》，1925列宁格勒版，第110页，转引自王远大《近代俄国与中国西藏》，三联书店，1993，第19页。

③ 《经世文潮》又称《经世报》，清光绪二十九年（1903年）6月4日创刊，为半月刊，主要阵地在上海。由上海编译馆搜集当时各报刊登的文章辑集而成，内容广泛，兼收并蓄，分教育、宗教、人种、哲学、史学、政治、社会、国际、殖民、法律、国计、兵、农、商、工艺、文学、地学、理化、医学、美术等20部，所选多为当时比较进步的文论。

川。①《经世文潮》所表达的观念，当然是其他封闭地域的时人难以企及的，这当然又与中国新兴的民族资产阶级有着千丝万缕的联系，其对清朝的保守的传统治藏方略提出强烈谴责，而对保全中国边疆领土的完整则奋力疾呼。

第三，在驻藏大臣的选任上，"易大臣"呼声热烈。这与清末驻藏大臣的情形有关。积贫积弱的清政府和大多数驻藏大臣的无能在西藏已属普遍现象，尤其是驻藏大臣的浑浑噩噩，在拉萨虽然维持着政治影响，但个人形象已经江河日下。例如1903年英国的谢立山总领事给萨道义的电函中提到，"驻藏大臣裕钢比一尊泥菩萨或者一名老妪强不了多少""还不如去大街上擦皮鞋"，当然，英国人"乐于在边境上有这样一位无能者"。② 并叹道"以英人之深心大用如此"。驻藏大臣昏庸屡屡无为，未能推动西藏近代化的状况自然引起代表维新力量的公众知识分子的不满。陈其昌认为，自从雍正元年开始，朝廷让正副大臣领川陕兵分驻前藏与后藏，自查阿郎为驻藏大臣后，四川总督与驻藏大臣"显分畛域，各持意见"。凡是驻藏大臣所办理的事情，四川总督也不过问，而四川总督的规划政务，驻藏大臣也从来不知道。由此"大臣辄与龃龉，两不相谋，边事所由坏也"。所以，他建议设立川藏总督1名，掌握兵权，设立抚藏大臣1名，抚藏副大臣1名，满人汉人均可充任，推选贤能胜任，不限三年。由此，川藏总督与抚藏大臣同心筹划，"呼吸灵通，防守自固"。当然，驻藏大臣张荫棠还是赢得了不少人的盛赞，时人认为尽管英国人可以通过江孜、扎什伦布寺、雅鲁藏布江、拉萨修建铁路，直捣西藏腹地，张荫棠久居藏中，熟谙交涉。如果赵尔丰和张荫棠二人通力合作则西藏有可能大治。

二

1903年底，英军预谋开岗巴宗会议之后，英军从锡金进入西藏亚东，迫近江孜，其踏入春丕谷地的预谋引起了中国士人的关注，内地舆论界高度关注英军动向，从各个方面出谋划策，意图化解这次边疆危机。由于中国近

---

① 《论西藏密约》，《经世文潮》第3期，1903年7月24日。
② 谢立山总领事给萨道义的电函，第53号文件附件2《关于西藏边务使团和俄国人在拉萨的来信》，《英国政府1903—1923年有关西藏事务函电》，第571页。

代知识分子对舆论与报刊的领导作用，公众媒体对于这次战争的背景、目的、编队等均悉知。例如，关于对英军中廓尔喀人的帮凶情况均有清醒的认知。当时，英军的廓尔喀第八联队分为步兵、炮兵、骑兵、勤务等多个连队，廓尔喀人给英军提供了大批牦牛，以解决英军后勤运输之难。荣赫鹏曾言，"余已通知尼泊尔（廓尔喀）政府之官吏助以牦牛，此乃西藏特有之牛类，用为高原转运之牲畜，殊有价值"①。他们还通过写信等手段为英国侵略行为营造有利舆论并对中国施加压力。荣赫鹏在专著中记载，"藏尼二邦久已奉中国皇帝为无上尊严。如因该约为中国当局所签订，遂宣称不应受其拘束，此实大谬，盖中国当局一切措施悉为藏人着想也。尼总理复指称，自英尼两政府缔结条约以来，两国即相互派驻使节，约章条款之适当履行。使尼国政府继续蒙其利益，多至不可胜数。自缔约以来，尼泊尔因战争丧失之领土，英方不断予以恢复，而财政收入，亦增加数十万卢比……即英方曾扶助尼国保其国家之自主以迄于今兹"②。

　　需要指出的是，廓尔喀作为清代的藩属，如荣氏所言"藏尼二邦久已奉中国皇帝为无上尊严"，但在英国的蛊惑与利诱下，成为英国入侵西藏的协助者。对此 1903 年 12 月 2 日发表的《新民丛报》（为前述《清议报》续刊）第 42 号、43 号载有《西藏与廓尔喀》一文，很清楚地指出扼制印度不仅仅是英国人，廓尔喀人也为虎作伥，危害西藏。此报引用了康南海的调研，说廓尔喀是西方的日本。廓尔喀国王又是阅兵又是照相，曾在报纸上广为宣传，有常备军队 10 万之众，"复以雄武之君主材略之将相统率之，运动之，以廓尔喀入西藏，是虎入羊群之类也"③。登载廓尔喀助英侵藏的《新民丛报》是 20 世纪初资产阶级改良派的重要刊物，由梁启超在 1902 年 2 月创办于日本横滨。从创刊到 1907 年 11 月停办，前后近六年，共出版九十六期。其中所提康南海即为康有为，康的学生即梁启超。梁启超与康有为在早期共称康梁，在清代覆灭之前，二者并无芥蒂，梁以师尊康，二者合作在《新民丛报》写了大量稿件。康有为虽未亲自去过西藏考察，但 1901 年

---

① 荣赫鹏：《英国侵略西藏史》（内部资料），孙熙初译，西藏社会科学院资料情报研究所 1983 年编印，第 102 页。

② 参见蓝国华《试从中国近代社会形势略论第一次及第二次英帝侵藏战争中尼泊尔、不丹、锡金之角色——兼论晚清政府外交之失当》，《西藏研究》2004 年第 4 期。

③ 《西藏与廓尔喀》，1903 年 12 月 2 日（光绪十九年十月十四日）《新民丛报》第 42 号、43 号。

避居印度大吉岭期间，靠近西藏，对于藏情也是非常关注。作为维新派舆论界领袖，康早在公车上书时也曾提及西藏："甲午以前，吾内地无恙也，今东边及台湾一割，法规滇、桂，英规滇、粤及西藏，俄规新疆及吉林、黑龙江，必接踵而来"①，表现了其对于边疆的危机感。

但康似乎有一种不切合实际的冒进主义精神：主要是据言其在戊戌年前后，有将西藏、新疆等地卖给列强的想法。翰林院编修夏孙桐在《书孙文正公事》中记载，朝廷大臣孙家鼐曾质问康有为的新政构想"万端并起"，经费将如何筹措；康有为的回答是：把西藏卖给英国，"可得善价供新政用""戊戌德宗锐意变法，而翁文恭罢，无任事之人，悉由康有为等阴为主持，新进竞起，中外小臣上书言事日数十，上视廷臣无可语，悉下会议。公（孙家鼐）面折有为曰：'如君策，万端并起，无一不需经费，国家时力只有此数，何以应之？'有为曰：'无虑，英吉利垂涎西藏而不能遽得，朝廷果肯弃此荒远地，可得善价供新政用，不难也。'公见其言诞妄，知无能为，而众议日益糅杂，遂上疏言变法当筹全局，咸同间冯桂芬著《校邠庐抗议》言有次第，请以其书发部院卿寺。"不过，康有为身为朝廷工部主事，这种言论有可能仅在朝下发发牢骚，而未公开见于舆论界。而其同一阵线的谭嗣同则不然，1894 年末，谭嗣同给其师欧阳中鹄写信，感觉清朝经费缺乏的状况，建议将新疆卖给俄罗斯，将"西藏卖给英国，英吉利，以偿清二万万之欠款。以二境方数万里之大，我之力终不能守，徒为我之累赘，而卖之则不止值二万万，仍可多取值为变法之用""计内外蒙古、新疆、西藏、青海不下二千万方里，每方里得价五十两，已不下十万万"。②

那么，在康梁等人的影响下，以及 1903 年英国大军逼近的影响下，民间部分舆论开始热衷于讨论西藏的"留弃"问题。对于英人虎视眈眈的西藏，是"弃"还是"留"？

有人指出，当下，与"俄国人之据东三省，国论沸腾，若有不可终日之势所不同的是，很多中国人并不知道西藏"。这则发表于《外交报》第 73 期（甲辰第四号）1904 年 4 月 10 日的《论中国不宜委弃西藏》谈到，平心

---

① 见光绪二十一年文升阁木刻《公车上书记》，又参见光绪乙未上海石印书局代印本。
② 见欧阳予倩编《谭嗣同书简》，文化供应社，1948；姜鸣《天公不语对枯棋》，三联书店，2006。

而论，英国入西藏，尚不及俄国入东三省。俄国人侵略中国东三省，是源于黑龙江将军寿山攻击俄国，而俄国反攻获胜，才有东北之役，而俄国人又有铁路，借口屯兵保路，此为无理中的有理。① 但英国则没有理由侵入中国，可能出现的理由是，首先，中国的实力已经不能拥有西藏，"与其送之俄人，毋宁送之英人耳"。作者认为，如果英国的这种论调得逞，则山东落入德国之手，滇粤落入法国之手，英国俄国再"推广其土地，则吾土可以立尽矣"。作者还反问清朝，东三省为中国内地，西藏为中国外藩，以前俄国人占据东三省，清朝政府不闻不问，保持中立，现今英国人占西藏，我国岂不是也要中立？其次，如果中国欲试英国退出西藏，英国人必然来问，必然要使俄国人先退出东三省再议。作者叹道，英国人入藏一事，对于中国三难：如果以兵拒之，中国没有力量；如果以言论据之，则理论上不可行；如果任听英国侵占西藏，则其他国家也效仿英国。此篇文章还论及清代中期建立的驻藏大臣在制度上"精密完备，为我向来所无有""非我之智之所及也"。但近百年中，西藏之事"如在云雾"，中国的士大夫官人，无人能胜任。作者认为，祸端在于光绪十四年的哲孟雄之役。这场战役后，西藏如同群羊一样被清朝放在猛虎边，牧羊人（清朝廷）能自保，而羊则不免也。

康梁等人的观念在当时急于变革中国，以及"中华"观念尚未成型的汉人维新人士为主导的时代里体现的是一种狭隘的民族观，但爱国变革的观念却跃然纸上。

三

英国侵藏战争以《中英拉萨条约》的签订而告结束，条约以中国被迫开放江孜等地为商埠等为代价换回了西藏的暂时安定。但十三世达赖喇嘛依然游走于蒙古库伦，一面通过布里亚特蒙古人联系俄国，另一面却遵循清朝意旨，奉旨款留，暂不回藏，在青海等候中央指令。到底如何治理西藏地

---

① 1904 年清朝还未给寿山平反，寿山当时虽接朝廷发来的"严密防范，并备兵听候征调"的谕旨和"分路攻俄"的密电。但其实俄早已集结 20 万大军，以"保护铁路、兼保良民"为名，向寿山提出为保护东清铁路，借路从瑷珲进兵南下经齐齐哈尔至哈尔滨的无理要求。1906 年，黑龙江巡抚程德全与东三省总督徐世昌合疏奏请，清廷才批准按武职例议恤。所以会有民间舆论在 1904 年认为寿山主动挑衅。

方？清政府也一筹莫展。

1907 年前后的舆论界，似乎又有一种论调，认为西藏对于中国是一个累赘，"盖因中国前日治藏，所贷不资，是以有主捐弃西藏者"，甚至有主张将西藏售与印度政府，"以便将所得之款为整顿边省之用者"。① 名为"苕夫"论之谈到，西藏并非累赘，如果西藏一失，"英人将伏而盬其脑矣。杞人之忧，言幸勿验"，如果再有此种卖国论调，"吾将不顾而唾其面！"在川滇边务，整顿经营，不遗余力，屡次奏拨巨款，大治边事，国家应该认识到其重要性，而不要将赵所需三百万经费，只准一百万，否则，"于徙民屯垦，推广教育诸大端，何能接济？""苕夫"还引用了《字林西报》的政论，认为"中国整顿西藏之政策，已决意实行，西藏之振兴，亦当自今日始"② 实在是自娱自乐。③ 他并不认可这种观点，认为西藏的境遇改变比较困难，评论认为，当前朝廷用人更替频繁，"前此更调川督，锡易为岑，岑易为赵，赵易为陈""举棋未定，莫知所可"。

这些舆论实际上表现的是民族主义者对腐朽清朝和满族利益的一种愤恨，对于清政府的盲目自满也认知得很深刻。但是，对于西藏与其他藩属国的地位，部分舆论也有时代背景下不同于今日的认知。署名为"中国之新民"的作者认为，中国对待其他属国，例如高丽（朝鲜）、缅甸、暹罗（泰国）、安南（越南），施政都为羁縻政策，绝不干涉其内政，但是对于西藏，"则兵权全握，政治权（命官权）全握之，商权全握之"④。显然，作者不明白西藏与其他区域的本质不同，西藏的政治地位在清代是完全属于中国领土的这一事实。

由于清末西藏地险难通，国内舆论界自叹对藏情所知者甚少，认为可以通过国外媒体来向民众展示西藏也是一个较好的途径。《民声》杂志第 2 期刊发了《西藏探查记》，称"藏地为吾西方屏藩，番人朴野，地等不毛，朝廷久漠视之"，引起较大反响。这篇文章的内容原为斯文·赫定所撰。1900年斯文·赫定在发现楼兰古城后，考察队继续深入西藏，在藏北进行了地理考察。1907 年，斯文·赫定第四次来中国，勘测了冈底斯山和藏南地区。

---

① 参见《西报论中国经营西藏问题续论》，《广益丛报》第 154 号（第 5 年第 26 期）。
② 参见《西报论中国经营西藏问题续论》所引，《广益丛报》第 154 号（第 5 年第 26 期）。
③ 《西报论中国经营西藏问题续论》，《广益丛报》第 154 号（第 5 年第 26 期）。
④ 《哀西藏》，《新民丛报》第 55 号（第 3 年第 7 号）1904 年 10 月 23 日（光绪三十一年九月十五日）。

他在西藏先后绘制了近 2000 张路线图、冰川图、山系图、测高图等专门地图，编制出西藏全图（1:750 万）、西藏全图（1:100 万）。但中国国内民众对斯文·赫定所知甚少，尤其是《民声》深感国外"探险西藏之队时有派遣，不得其中实情形不已……多吾国人所未闻"，特刊译之，希望国人能对西藏有一个概貌认知。《西藏探查记》对雅鲁藏布江、喜马拉雅山脉、扎什伦布寺、天葬、西藏僧侣阶层做了概要介绍。① 《西藏探查记》目的在于通过国外人旅行西藏的记录，给予国人了解西藏一个窗口。② 实际上，由于维新派在日本的发展，部分日本媒体也发出倡议中国改良西藏政策的声音。日本办有满族宗室恒钧等人主导的《大同报》，这份创办于 1907 年 6 月的刊物的主要撰稿人有恒钧、乌泽声、穆都哩、佩华、隆福和荣升等，虽然在东京大同报社编印，但在北京发行，国内许多书店都有其经销处。③ 该报尖锐地指出，清朝"今老大国之肢体，麻木不仁"，虽然对于满洲已经设立总督，蒙古也派亲王调查，但对于西藏，执政诸公毫无建树，"抑老人健忘竟置之于脑后耶?"④

一种推崇民族主义的情绪开始充溢于舆论界。在《西藏》一文中，作者认为唐代吐蕃曾尚公主，拉萨故宫巍然碑铭俱在，"我兵故垒犹有存者"，但今则大不列颠军旗分建其处，"能无山河废乐之感耶！"对于中央政权的江河日下之感可见一斑！矛头直指清政府的无能，认为西藏的危机原因在于：第一，清朝驻藏大臣选派制度之弊端。驻藏大臣均为穷宦旗人出身，三年任上，百方搜罗，无财不取，以至于声名狼藉。第二，英国人善于经营。英人在川边广为调查，积极传教。驻藏官员不谙藏语，而英牧师则皆精熟。当然，作者也有道听途说之嫌疑，如文章谈到拉萨府耶苏（稣）教信徒计六千三百余人，均为谬传。西藏之政，不在于藏，因"藏民虽蠢然不灵，然质朴驯善最易治"，而在于中央。"若再不思对付之，彼三藏膏腴富地，宝藏高原，将真非我所能有。"⑤ 有学者认为，以该文作者袁仲为代表的内地舆论已经迸发出强烈的中华民族主义情绪。20 世纪初汉族知识分子接受

---

① 《西藏探查记》，《民声》第 733 页。
② 按斯文·赫定所著《亚洲腹地旅行记》，斯文·赫定多次提到从藏北头带红头绳的康巴人附近看到雅鲁藏布江，不知是作者之误还是译者之误。（参见斯文·赫定《亚洲腹地旅行记》，周山译，江苏文艺出版社，2011）。
③ 孙净、李世举《〈大同报〉与晚清满汉融合思想》，《新闻爱好者》2010 年第 19 期。
④ 袁仲：《大同报》第 2 号，1907 年 8 月 5 日。
⑤ 袁仲：《大同报》第 2 号，1907 年 8 月 5 日。

了西方民族主义，维护主权国家利益，外抗强敌、内收西藏政权为舆论主导风向。

此外，对清政府的治藏能力低下的批判声音日益高涨，主要集中于驻藏大臣的权力为十三世达赖喇嘛所掣肘的问题，内地各界已在大张笔伐。"藏人蠢顽不灵，纯未开化……若有心者驻藏夺喇嘛政权，固甚易易"，建议将中央委派官员直接取代喇嘛执政。① 1908年元旦，《大同报》再次刊文，名为"穆都哩"②的作者认为，今日中国有二病，一是政治不统一，"一地之人民，常得幸福，而他一地一部之人民，至或冻馁无吉"；二是社会舆论之偏颇，"甲地之人民所造之舆论，绝不与乙地人民之舆论合"。他从历史、地理以及国民三者关系，详细论述了蒙、回、藏与内地的亲密关系，认为中国如果失去蒙、回、藏，"譬如人之失其四肢，虽有头脑、腹心，无肢体以为辅翼，则不能遂其生存上之作用"③。作者对于英国借口侵藏的"经济缘由"看得很深刻，认为"西藏为世界之秘密国，通商之利，能有几何？""以英人之深心大用如此"，而驻藏大臣，则昏庸屡屡无为。对于赵尔丰则不予认可，认为其虽为驻藏大臣，但赵氏为嗜杀而短于才之人，"短于才则不能胜任艰投大之任，嗜杀则足以激藏民之怒"。

有意思的是，清末这些公众舆论分子虽然热衷于政论，但这些人士基本脱胎于传统的文人，关注于市井、人文的同时，忧国忧民。例如，天僇生此人原名王钟麒④，诗、文、小说、戏曲皆能，在小说理论批评方面甚为时人关注，但对于时局政事颇为关切，尤其在思想上深受近代民族民主主义的影响，对于当时黑暗的官场与蒙昧的百姓，曾发出猛烈抨击，"你们看看这班做官的，只晓得抽剥民脂民膏""做百姓的，终日终夜睡在甜乡里"，称中国并无国民，"通国名为四万万人，竟没有一个能符合国民的资格"⑤。当然，清政府的治藏也成为其抨击的目标。但天僇生对张荫棠给予盛赞，认为

---

① 见张双智《近代民族主义视野下的西藏问题》，《青海民族研究》2011年第1期；袁仲：《大同报》第2号，1907年8月5日。
② 此人为清朝宗室子弟，留日学生。
③ 《广益丛报》第172号，第6年第12期。
④ "天僇生（王钟麒）在1908年的《月月小说》第二十号刊载《玉环外史》，作为"侦探言情小说"民国流行的先驱，影响很大。其作为近代革命文学团体南社的早期重要成员，可惜家道贫寒，以笔耕糊口，生不逢时，英年早逝。刘师培曾云："予与江都王君郁仁……"悼之。
⑤ 天僇生：《中国无国民说》，《安徽白话报》第2期，戊申9月。

其久居藏中，熟谙交涉，如果赵张二人通力合作，加上后方的铁路对抗，是为救济之则。其中所谓铁路修建，为当时蜀中盛传英国人所修铁道，"现在已由印度而入哲孟雄"。作者认为，英国人可以通过江孜、扎什伦布寺、雅鲁藏布江、拉萨，直捣西藏腹地。而今日救急之策为"惟有令（赵尔丰）会同张荫棠商办一切"，并饬令四川总督加快川汉铁路建设，从打箭炉以西行，经过他念他翁山脉以入前藏。由此"运输既便，然后一切新政方可举行"。

荣开在东京《大同报》（1908 年 6 月 28 日）第七号发表《经营蒙藏以保存中国论》认为西方列强为"戴面具"国家，借口输入文明，颇得国内某些"盲评家"认可。作者讥讽道，这些"盲评家"宣扬西方国家在西藏"矿产开，铁路设，海运通，商埠辟，交通之机关大备，文明之输入必多，而不知正以其利文明之输入也"。他认为英国人借长江之利，利用四通八达铁路，席卷大江南北之富源，近期又谋将印度铁路延伸到春丕，"且延长之至西藏高原，冀图侵入青海，与扬子江上游相联络"，现在英国将宗主权归中国，唯用其商业政策，侵入西藏，而"中国商业窳败，安能与世界经济最占优位之国教胜负？"此外，作者除了担心英国外，还对尼泊尔（廓尔喀）潜在的侵藏威胁做了警告，尽管这在当时看来，廓尔喀经过两次失败的侵藏战争后，几乎不存在这种危险，但也并非全无可能，正如其所言"廓尔喀地险民悍，方将兴起，力虽不足侵印度，势必将以略西藏"。荣开与其他立宪派的态度雷同，但所言俄为保全派，英为侵略派的判断，似与作者"英以文明日久，渐流衰弱"的判断颇为矛盾。

作为倡议政府的西藏官职改革，莫过于对驻藏大臣制度再次改革的高涨呼声。驻藏大臣的这种尴尬状况实质上是存在的，历任驻藏大臣大多为满族贵胄中"沈滞者"，一旦被朝廷任命赴藏，均被视为远谪，到藏后都畏葸因循，从来没有喜功好名之心，正如作者叹道，"安识固国殖民之法"。这些大臣也不办事，其后政权逐渐丧失，其中直接原因为大臣溺职，但根本原因在于朝廷轻视此职位，驻藏大臣虽然以二三品官员担任，但职权远远不如地方巡抚总督。由此，舆论界延续了数年的对驻藏大臣的讨论，而在此时，更多关注了驻藏大臣制度不完善，而非大臣本人。另外，由于满族贵族在充任驻藏大臣时，大多无能，舆论界将希望置于汉人官员身上，当然这与清末满族贵族在政治舞台上的整体没落也有关。

首先，舆论界再次激烈批评驻藏大臣的无能与制度的不完善。1908 年 9 月 20 日《东方杂志》第 5 年第 8 期《中国经营西藏谈》（录《时报》，译自日本《朝日新闻》），认为从雍正四年置正副驻藏大臣始，"中国经营西藏之历史，至此又一段落告成，盖实际统治，不但羁縻之而已"①。《论藏僧聚众抗官事》则批评了驻藏大臣嗜赌、班禅不思进取。其曰，驻藏大臣应该居于拉萨，帮办大臣应该居于日喀则，但近十年来，二大臣都居于拉萨，以至于"后藏阿里之区，久矣不睹汉观仪矣"。而自从道光以来，驻藏大臣都出自八旗世家子弟，对于"边情夷务"，均懵然非所知，仅仅是在赚取"二万余金之边俸"，饱食终日以盼望任期结束。有泰等人甚至嗜赌，在拉萨常与牧猪奴在一起厮混，赌博费用均出自公帑。

其次，赞扬赵尔丰整理西藏。1908 年 7 月 18 日《广益丛报》再发表匿名文章整顿西藏条议，赞扬赵尔丰整理西藏，将"藏中所应办各事，通盘筹划，详拟章程"。"赵公兄弟于今政界上负有能名，重于奖谕，度其对于主权损失之西藏，必能竭力整顿，以图挽回于万一者，而无俟记者之喋喋也。"此文作者应该是民间最初提出在川西建立康省的人，认为川藏相连如唇齿，"欲图西藏，不得不先顾川省者"，但是，四川地方辽阔，"川西一带，蛮戎窟宅，几为声教不及之区，总督远驻成都，布置一切，诚虑鞭长莫及"。所以，如果实行整顿，则宜于将四川化为两个省。该作者提到此前一年就有四川分省的舆论，但未几就销声。这个建议无疑对当时的川藏问题有积极意义，但方案中川西分省与此后民国西康建省又有明显不同，该方案认为设川西巡抚署理，但仍然归四川总督节制，所有改革事宜，与驻藏大臣声气相通。关于驻藏大臣的官制弊端，该文认为第一应该提高品秩，加封尚书衔。

最后，再次强调川藏治理的联动。1909 年，《广益丛报》在宣统元年发表了论卫藏与蜀边之不可混。该文指出西藏问题应该正名，明确宁静山以东到炉关诸地为西蜀边境，不要与三藏混淆，然后再筹划收回三瞻，允诺给达赖军费，使其将番官撤退。如此，藏边的主权才能恢复，而后再移民实边。否则藏卫未安，蜀地藩篱也丢失。②

关于如何改革驻藏大臣制度，有人认为，驻藏大臣仍总揽外交、军

---

① 1909 年 1 月 1 日《广益丛报》第 192 号，第 6 年第 32 期。
② 1909 年 3 月 31 日《广益丛报》第 197 号，第 7 年第 5 期。

事、财政大权，但寻常委任不同，其威望权利与督抚应相等，"前后藏事，均归督理，其下应有属员若干人，分掌外交、军事、财政各职"；至于达赖喇嘛，仅总理教务，一切行政，均不得过问；关于军事，认为士兵由土人充用，什长以上，"间或用汉人，土官则全部以汉人充之"。另外主张在关隘驻汉兵，设立工兵以筑垒、架桥、凿洞等，作者所称"军政宜改练"的核心在于将全藏军队，皆归驻藏大臣及提督调遣和节制。该文提出一个当时看来非常激进的观点，就是虽然要镇守军事险要之地，但应该将往来的孔道之都市，全部向国外开放，如此则"北达西域，南达印度，东达四川、云贵"，如此则既可以获得通商的利益，又免于海盗之虞，俄国和英国也不再故肆苛求。他对赵尔丰深予寄望，"赵公！朝廷即以全藏付公之一人之手……全始者必期全终，善谋者必能善成"。该文也如前人一样，指出国人对于西藏的无知。所谓藏地情形，"中国人知之者不及万一，论藏事者亦皆依稀恍惚，有如海客谈瀛"，外国人涉猎西藏地理者，无微不至，而中国人却倚靠翻译其记载，才略知一二，如同"盲人瞎马，陨越堪虞"。

总之，从清代灭亡前的这些公众舆论分子的言论来看，对于西藏问题的呼吁基本上符合当时西藏的政局实情，尤其是支持维新派的民间绅士大力主张发展西藏近代工业，将西藏融入现代社会体系中，并且倡导改革清朝西藏治理、驻藏大臣积弊、加强中央对西藏直接管辖、抵抗英俄侵略者、改革西藏政教合一制度等一系列舆论中体现了当时发展民族资本主义的热忱政治与社会关怀。当然，由于知识结构所限，有些人的论述出现明显的硬伤。例如，天僇生认为西藏是汉族发祥地之基址，虽然羌族、藏族与汉族之间的同源关系以及清廷广为信奉藏传佛教有待进一步考证外，其所谓佛教之由印度入内地，"实以西藏为转输承接之地"则为明显的谬误了。日本《国民新闻》发表论西藏政治，被《外交报》翻译介绍到国内。[1] 其中对历史叙述尚有混乱，如将泥婆罗国公主记为印度白布王，萨迦派等同为红教等，但仍然以普通易懂的语言，将达赖喇嘛代称"大喇嘛"，班禅喇嘛代称为"第二之大喇嘛"，认为"西藏之今日之政治，实为拉萨朋党之现象而已"[2]。而清末公众舆论涉藏内容多选取杂志进行发声，这与时情有关，有学者曾指出，杂

---

① 《论西藏政治》，《外交报》第 95 期（甲辰第 26 号），1904 年 11 月 11 日。
② 《论西藏政治》，《外交报》第 95 期（甲辰第 26 号），1904 年 11 月 11 日。

志的公众影响力要远远大于其他方式，"三十年来，动撼社会之力，以书报相比较，报之力大于书；以杂志与日报相比较，杂志之力大于日报。凡社会风气将转迻时，必有一两种杂志为之唱衰；而是时变动之方向，即惟此一、二种杂志之马首是瞻"①。再者，清末办刊人和执笔人大多为时代才俊，富有启国救民之热情，言论秉公慎重，不敢妄肆雌黄，梁启超与陈独秀等人均有一呼百应的社会号召力。所以，清末西藏议题在杂志上频现有其特殊原因。很多舆论在一定程度上也促进了清末西藏新政的出台，清朝政府也开始抛弃过去因循迁就的态度和政策，加强对西藏的治理，但隐含在公众舆论中的民族主义情绪也凸显出对于整个清朝统治体系的强烈不满并暗喻着辛亥革命的爆发，这也是张荫棠和联豫等人治藏未曾预料到的。

---

① 吕思勉：《三十年来之出版界（1894－1923）》，参见张耕华《人类的祥瑞——吕思勉传》，华东师范大学出版社，1998，第90页。

试论判定政治联姻的标准问题[*]

——以唐与突厥"和亲"研究为例

刘兴成

刘兴成

摘　要： 唐与突厥"和亲"问题，已有很多学者做过深入研究，并取得了丰硕的研究成果；但是由于研究者所持有的判定政治联姻的标准不统一，所以他们在研究对象的选取方面存在较大差异，从而使得当前唐与突厥"和亲"研究显得十分混乱和矛盾。判定政治联姻的真正标准实际上包含三个缺一不可的方面：必须有婚姻内容，或者说，必须有女人参与；发生于不同政治实体之间；当事双方要以婚姻关系为基础确立相应的姻亲名分。

关键词： 唐代　突厥　和亲　政治联姻

作者简介： 刘兴成，历史学博士，贵州财经大学副教授。

在我国古代，政治联姻随处可见，不仅同一政治实体内部不同势力之间，而且不同政治实体之间，都时常通过政治联姻来缓和或促进双方关系。作为一种历史现象，政治联姻必然成为历史学研究对象。既然如此，就有必要确定一个判定政治联姻的标准，并按此标准来确定其研究范围，否则，研究就不可能进行下去，至少不可能取得像样的研究成果。

因相关研究者一般都主张或相信"和亲"即政治联姻这一"和亲"观念，故所谓"和亲"研究，实即政治联姻研究。从当前"和亲"研究现状来看，不同研究者在研究对象的选取方面，存在较大分歧，如有些研究者主

* 本文系贵州省教育厅高校人文社会科学研究项目"唐与突厥'和亲'问题再研究"（2015GH10）的阶段性研究成果。

张将南粤王子婴齐娶邯郸樛氏女、蔡文姬因被掳掠而嫁与匈奴人、唐高祖派人给突厥可汗送"女妓"、唐太宗给突厥降将赐婚等事件都视为"和亲"[1]，而有些研究者则又明确表示反对。[2] 显然，不同研究者所持有的判定政治联姻的标准并不统一。正是这种判定政治联姻标准的不统一，使得当前"和亲"研究还存在很多问题。对此，拙文《试论我国当前"和亲"研究中存在的主要问题》（未刊）已有专门论述。因此，确定与统一判定政治联姻的标准，对纠正当前"和亲"研究中的错误，规范"和亲"研究等，具有十分重要的作用和意义。本文将以唐与突厥"和亲"研究为例，对此试作初步探讨，以为引玉之砖。

一

关于唐与突厥"和亲"研究概况，拙文《唐与突厥"和亲"述评》（未刊）已作详细梳理，故不再赘述。通过对唐与突厥"和亲"研究现状的梳理与分析，我们发现这一研究不仅未能囊括唐与突厥间的所有"和亲"史实，而且对于唐与突厥是否实现过"和亲"，以及究竟实现过哪些"和亲"等基本问题，也都未能研究清楚。在文中我们还进一步讨论了唐与突厥"和亲"研究存在这些问题的原因，认为研究者未能准确把握"和亲"的真正实质，未能真正掌握判定政治联姻的标准，是引起这些问题的根本原因。

尽管如此，在该文中，我们尚未对不同研究者所持有的判定政治联姻的标准进行详细比较分析；同样，对判定政治联姻的标准究竟是什么的问题，亦未作探讨。这是该文之不足。为弥补于此，本文将对这些问题试做探讨。下面，将通过对不同研究者研究对象的对比分析，来探讨他们所持判定政治联姻的标准的差异。具体情况如表 1 所示。

---

① 如刘戈、郭平梁在《汉匈"和亲"的本来面目是什么?》（《河北学刊》，2005 年第 5 期）中，将婴齐娶邯郸樛氏女视为"和亲"，林恩显在其《中国古代和亲研究》一书第五章"汉代的和亲政策"中，就将蔡文姬因被掳掠而嫁与匈奴人视为东汉与匈奴之间的"和亲"，崔明德等人在其论著中，将唐高祖给突厥可汗送"女妓"、给突厥降将赐婚等视为政治联姻。

② 如邝平樟在《唐代和亲公主考》一文中就明确宣称唐给突厥降将的赐婚不能视为"和亲"。另外关于唐高祖给突厥可汗送"女妓"的问题，很多研究者并未将其视为"和亲"，没有将其纳入研究范围。

表1　唐与突厥"和亲"研究对象统计分析

研究者	是否和亲	和亲次数	研究对象类型			
			请婚类		赐婚类	送女妓类
			实现的请婚	未实现的请婚		
王桐龄[①]	是	2	1. 金山公主 2. 南和县主	未讨论	无	无
邝平樟[②]	是	1	1. 南和县主	1. 武则天时突厥频请和亲 2. 金山公主 3. 开元二年，突厥请和亲	无	将送女妓视为和亲变种
林恩显[③]	是	5	1. 南和县主 2. 金山公主 3. 交河公主	未讨论	1. 赐婚阿史那忠 2. 赐婚阿史那社尔	无
任崇岳、罗贤佑[④]	是	2	金河公主（交河公主）	1. 统叶护可汗请婚 2. 沙钵罗咥利可汗请婚 3. 乙毗射匮可汗请婚 4. 默啜请婚	赐婚阿史那社尔	无
崔明德[⑤]	是	8	1. 金山公主 2. 南和县主 3. 交河公主	1. 武德五年 2. 武德六年 3. 武德八年 4. 贞观初年 5. 贞观九年 6. 贞观十七年 7. 贞观二十年 8. 长安二年 9. 景云二年 10. 开元二年 11. 开元九年 12. 开元十二年 13. 开元十三年	1. 赐婚阿史那社尔 2. 淮南公主 3. 赐婚阿史那忠 4. 赐婚执失思力	唐高祖送"女妓"

研究者	是否和亲	和亲次数	研究对象类型			
			请婚类		赐婚类	送女妓类
			实现的请婚	未实现的请婚		
张正明[6]	是	5	1. 南和县主嫁杨我支 2. 金河公主（即交河公主）嫁苏禄	未讨论	1. 赐婚阿史那忠 2. 赐婚阿史那社尔	唐中宗给突骑施可汗娑葛赐宫女
龚荫[7]	是	6	1. 金山公主 2. 南和县主 3. 交河公主	1. 西突厥请婚 2. 默啜可汗请婚	1. 赐婚阿史那忠 2. 赐婚阿史那社尔	唐高祖送"女妓"
王寿南[8]	否	0	无	1. 武德五年西突厥请婚 2. 武德六年西突厥请婚 3. 武德八年西突厥请婚 4. 贞观十七年突厥请婚 5. 贞观二十年西突厥请婚 6. 景云二年许嫁金山公主 7. 开元二年默啜请婚 8. 开元九年默啜请婚 9. 开元十二年默啜请婚 10. 开元十三年默啜请婚	无	无
周佳荣[9]	否	0	无	1. 武德五年西突厥请婚 2. 武德八年西突厥请婚 3. 贞观四年西突厥请婚 4. 贞观二十年西突厥请婚 5. 长安二年默啜请婚 6. 睿宗许嫁金山公主 7. 玄宗许嫁南县主 8. 开元二年默啜请婚	无	无

续表

研究者	是否和亲	和亲次数	研究对象类型			
			请婚类		赐婚类	送女妓类
			实现的请婚	未实现的请婚		
古晓凤[10]	否	0	无	1. 武德五年西突厥请婚 2. 武德八年西突厥请婚 3. 贞观四年西突厥请婚 4. 沙钵罗至利可汗请婚 5. 贞观二十年西突厥请婚 6. 长安三年默啜请婚 7. 睿宗许嫁金山公主 8. 玄宗许嫁南和县主 9. 开元二年默啜请婚 10. 开元九年毗伽可汗请婚	无	无

注：为了更好地比较不同研究者在研究对象选取方面的差异，现将研究对象划分为"请婚类""赐婚类""送女妓类"三种类型，其中又将"请婚"划分为"实现的请婚"与"未实现的请婚"。

①王桐龄：《汉唐之和亲政策》，《史学年报》第一卷第一期，第9～14页。

②邝平樟：《唐代和亲公主考》，《史学年报》第二卷第二期，第23～68页。

③林恩显《隋唐两代对突厥的和亲政策研究》一文于1970年发表于《中华文化复兴月刊》第3期，笔者尚未找到其原文，但是作者的论文集《中国古代和亲研究》已于2012年由黑龙江教育出版社出版，其中第七章即以"隋唐两代对突厥的和亲政策"为题。因该书为文集，故可断定，这一章的内容当与《隋唐两代对突厥的和亲政策研究》一文相同。也因此，本文所有与《隋唐两代对突厥的和亲政策研究》一文有关的信息，均来源于《中国古代和亲研究》第七章。

④任崇岳、罗贤佑：《试论唐代的和亲政策》，《中央民族学院学报》1981年第1期。

⑤见崔明德《对唐朝和亲的一些考察》（《历史教学》1983年第12期）与《唐与突厥和亲述论》（《中央民族大学学报》1992年第3期）等文章。

⑥张正明：《和亲通论》，《民族史论丛》第一辑，第3～24页。

⑦龚荫：《唐代和亲政策述论》，《思想战线》2000年第1期。

⑧王寿南：《唐朝的和亲政策》，《唐代研究论集》第四辑，新文丰出版公司印行，中华民国八十一年十二月初版，第141～176页。

⑨周佳荣：《唐代"和亲"考略》，《陕西师范大学学报》（哲学社会科学版）2000年第1期。

⑩古晓凤：《论唐王朝与突厥的和亲》，《陕西师范大学学报》（哲学社会科学版）2006年第4期。

从上表统计可以看到，不同研究者所选取的研究对象，存在非常明显的差异。

首先，在认为唐与突厥实现过"和亲"和认为没有实现过"和亲"的两派学者之间，研究对象存在明显的差异。从上表来看，认为唐与突厥没有实现过"和亲"的研究者，其研究对象都只集中在"请婚类"中"未实现的请婚"一栏中；而认为唐与突厥实现过"和亲"的研究者，其研究对象不仅分布在"请婚类"栏中（既分布在"实现的请婚"栏，也分布在"未实现的请婚"栏），而且他们之中还有不少人将"赐婚类"与"送女妓类"中的一类或两类作为研究对象。显然，这两派学者的研究对象确实存在明显的差异。

其次，在认为唐与突厥实现过"和亲"的研究者中，不同研究者的研究对象也存在明显差异，这种差异的程度并不亚于上述认为唐与突厥实现过"和亲"与认为没有实现过"和亲"两派学者之间的差异。根据上表统计，实际上可将他们的"和亲"，按其所包含内容的差异，划分以下四种类型。

（1）"和亲" = 请婚类。这以王桐龄为代表。

（2）"和亲" = 请婚类 + 送女妓类。这以邝平樟为代表。

（3）"和亲" = 请婚类 + 赐婚类。这以林恩显、任崇岳、罗贤佑等人为代表。

（4）"和亲" = 请婚类 + 赐婚类 + 送女妓类。这以崔明德、张正明、龚荫等人为代表。

显然，在认为唐与突厥实现过"和亲"的研究者中，不同研究者的研究对象也大有不同。

另外，不同研究者研究对象的差异，除了上述两种情况之外，实际上还有一些其他差异，如有些研究者认为唐睿宗许嫁金山公主、唐玄宗许嫁南和县主是"实现的请婚类和亲"，而有些研究者则认为这两件请婚事件没有最后实现，是"未实现的请婚类和亲"。又如有些研究者将突骑施首领苏禄与阿史那怀道之女交河公主的联姻视为唐与突厥之间的典型"和亲"，而有些研究者则将其排除在唐与突厥"和亲"研究之外。

不过，从当前唐与突厥"和亲"研究中研究对象差异的总体情况来看，无论是因对金山公主、南和县主联姻是否实现问题的理解不同而产生的差异，还是因对突骑施首领苏禄与交河公主联姻是否为唐与突厥"和亲"的不同看法而导致的差异，实际上都只是一些偶然因素引起的偶然现象，而且也并非唐与突厥"和亲"研究中研究对象差异的主要部分。其主要部分乃是上文已经论述过的两种差异，即认为唐与突厥实现过"和亲"与认为唐与突厥之间没有实现过"和亲"的两派学者之间的差异，以及在认为唐与突厥实现过"和亲"的这一派学者中的不同研究者之间的差异。而从具体内容来看，这两种差异的存在实际上都反映了这样一个事实，即不同研究者研究对象的选取范围各有不同。

同样是研究我国古代唐朝的"和亲"问题，为什么不同研究者研究对象的选取范围会出现各不相同的现象呢？这主要与不同研究者所持有的判定"和亲"的标准不同有关。在当前学界，大多数相关研究者都主张或相信"和亲"即政治联姻这一"和亲"观念，因此，所谓判定"和亲"的标准实际上就是判定政治联姻的标准。由此可见，当前唐与突厥"和亲"研究中，不同研究者之间之所以出现研究对象选取范围不同的差异，其根本原因就在于不同研究者所持有的判定政治联姻的标准有所不同。

从上述研究者对研究对象的选取来看，认为唐与突厥没有实现过"和亲"的研究者，大多把"和亲"严格限定在不同政治实体之间的经过"请婚""许婚"等过程最终实现的政治联姻。因此，他们在考察唐与突厥的交往过程时，发现唐与突厥之间尽管曾经有过"请婚"甚至"许婚"的过程，但是，由于各种原因，这些"请婚""许婚"都没有能够最终实现政治联姻，因此，他们得出唐与突厥之间没有实现"和亲"的结论。而认为唐与突厥实现过"和亲"的研究者中，尽管也有一些研究者将"和亲"严格限定在不同政治实体之间的经过"请婚""许婚"等过程最终实现的政治联姻，但大部分研究者对"和亲"概念的界定都比较宽泛，他们不仅将由"请婚""许婚"而实现的政治联姻视为"和亲"，而且还将给归降的异族人员的赐婚，或者将给异族首领"送女妓"等凡有女性参与的事件都视为"和亲"。这样，他们在考察唐与突厥交往过程时，就发现尽管唐与突厥之间的许多"请婚""许婚"等事件，都未能最终实现（当然，有个别研究者认为有些"请婚""许婚"事件最后成功联姻）；但在唐与突厥之间却曾发生过一些赐婚、送"女妓"等事件，这些事件中有女人参与，甚至存在一定形式的婚姻内容，因此，他们得出唐与突厥之间实现过"和亲"的结论。

显然，无论是认为唐与突厥实现过"和亲"与认为没有实现过"和亲"的两派研究者之间，还是在认为唐与突厥实现过"和亲"的这一派研究者内部，判断政治联姻的标准并不统一。也正是由于判定政治联姻的标准不统一，他们在研究唐与突厥"和亲"问题时，研究对象选取范围也就各有不同，进而使得他们在唐与突厥是否实现"和亲"以及实现过哪些"和亲"等问题上得出了完全不同的结论，于是产生了唐与突厥有无"和亲"之争与"和亲"多少之争。

二 判定政治联姻的标准

在上文中已经说过，在当前唐与突厥"和亲"问题研究中，由于研究者所持判定政治联姻的标准各不相同，从而使得他们研究结论存在较大分歧和矛盾。其实，从我国古代"和亲"问题的总体研究现状来看，不仅唐与突厥"和亲"问题研究如此，而且其他朝代的"和亲"问题研究也同样如此，都存在判定政治联姻标准不统一的问题。如在研究两汉"和亲"问题时，有少数学者将南粤王子在长安做人质时娶邯郸樛氏女①，彭宠给匈奴送美女②，甚至蔡文姬因被掳掠而嫁与匈奴人③等事件都作为政治联姻；而大部分研究者则将这些事件排除在"和亲"研究范围之外。显然，在我国古代"和亲"研究中，有关政治联姻的标准的认识，确实非常混乱，有必要重新探讨，确立一个统一标准。

其实，所谓政治联姻，是指不同政治实体之间通过个别成员（主要是主要领导者或他们的家庭成员）的婚姻而结成的以姻亲关系为基础的政治联盟。显然，政治联姻是一种特殊的涉外关系，它实际上包含三个条件：（1）必须有婚姻内容，或者说，必须有女人参与；（2）当事双方必须是不同政治实体；（3）当事双方必须确立相应的姻亲名分。任何涉外事件只有同时满足这三个条件才是真正的政治联姻，因此，这三个条件实际上就是判定政治联姻的标准。下面结合当前有关唐与突厥"和亲"问题的研究现状，分别对这三个条件进行分析。

（一）必须有婚姻内容，或者说，必须有女人参与

这是政治联姻最基本的条件。判断一个事件是不是为政治联姻，首先应

---

① 刘戈、郭平梁：《汉匈"和亲"的本来面目是什么?》，《河北学刊》2005年第5期。
② 崔明德、林恩显：《论中国古代和亲的类型、特点及其它》，《民族研究》1995年第5期。
③ 林恩显：《中国古代和亲研究》，黑龙江教育出版社，2012，第205、209页。

该考察它是否包含婚姻内容，如果有，那就有可能是，而如果没有，则即便有再多其他内容，也不可能是政治联姻。其中的道理很简单，而且学界研究者大多明白这一点。尽管如此，仍然有一点需要特别强调，即有无婚姻内容只是判定政治联姻的条件之一，而不是全部。也就是说，政治联姻必须有女人参与，必须有婚姻内容，但是并非凡有女人参与，凡有婚姻内容的事件都是政治联姻，它还需要其他条件相配合。

对于这一条件，学界研究者一般都还是把握得比较好，如在对唐与突厥"和亲"研究中，研究者所选取的研究对象，都是包含一定婚姻内容的，或者说都是有女人参与的，不管是突厥的"请婚"，还是唐朝的送"女妓"、赐婚，都是有婚姻内容，或者说有女人参与的。而对于那些虽然被称为"和亲"，而没有婚姻内容，没有女人参与的涉外事件，一般研究者都未将其纳入研究范围。如从相关文献记载来看，自李渊太原起兵至唐太宗消灭东突厥这段时期，唐与东突厥之间至少"和亲"过六七次，众所周知的便桥会盟就被称为"和亲"，对此，笔者将另撰专文探讨。对于这些"和亲"，尚未见有人将其作为研究对象。这一方面说明这一研究并不彻底，没有囊括所有"和亲"史实，但是，另一方面则说明，在这些研究者的观念中，政治联姻是有一定标准的，至少没有婚姻内容，没有女人参与的涉外事件不可能是政治联姻。

由此可见，判定政治联姻的最基本的前提条件就是看有没有婚姻内容，有没有女人参与，如果没有婚姻内容，没有女人参与，就不可能是政治联姻。当然，如果有婚姻内容，有女人参与，是不是就一定是政治联姻呢？这还不一定，还需要有其他条件相配合。

（二）当事双方必须是不同政治实体

政治联姻不是简单的通婚，而是专指发生于不同政治实体之间的联姻。因此，判断一个事件是不是政治联姻，除了考察其是否包含婚姻内容之外，还要看它是否发生于不同政治实体之间，也就是看当事双方是不是不同政治实体，如果是，则有可能是，而如果不是，则即便这一事件包含婚姻内容，也不是政治联姻。这个道理其实也很简单，而且很多研究者也都清楚这一点，如崔明德说："至于'联姻'，则不是一般的民间通婚，而是两个政权首领之间的联姻。"[①]

---

① 崔明德：《关于和亲研究的几个问题》，《甘肃社会科学》1991 年第 6 期。

不过，尽管如此，但在具体的研究过程中，很多研究者，包括崔明德，都未能真正坚持这一原则，他们往往将一些并不是发生于不同政治实体之间的联姻，也作为政治联姻的研究对象。在唐与突厥"和亲"研究中，林恩显、崔明德、任崇岳、罗贤佑、龚荫、王晓晖等人，都将唐朝给突厥降将的赐婚视为政治联姻，作为"和亲"研究对象。具体情况，上文已有详细论述。这显然违背了政治联姻的这一原则。因为赐婚的对象——突厥降将，放弃原有的突厥身份，加入唐朝阵营，成了唐朝臣民，不再代表突厥政权。因此，唐朝给突厥降将的赐婚，已经不是唐与突厥之间的政治联姻，而只是唐朝内部君臣之间的通婚。

这种同一政治实体内部的通婚，与不同政治实体之间的政治联姻的区别，也可从它们目的的差异得到说明。内部的通婚的目的在于笼络与团结同一政治实体的各个组成部分，以增强自身的力量；而不同政治实体之间的政治联姻，其目的则在于缓和或促进相互关系。显然，同一政治实体内部的赐婚，与不同政治实体之间的政治联姻有实质性的区别。

由此可见，尽管赐婚也带有一定的政治色彩，但它与政治联姻性质完全不同，不是政治联姻。

其实，在我国历史上，不仅有中原王朝给归附的少数民族人员赐婚，也有少数民族给归附或俘获的中原汉族人员赐婚。如据《汉书》记载，李陵投降以后，匈奴也曾赐婚，"单于壮陵，以女妻之，立为右校王"①。单于很器重李陵，将自己的女儿（即公主）嫁给他。又张骞出使西域，半路为匈奴俘获，匈奴也曾赐婚，"留骞十余岁，予妻，有子，然骞持汉节不失"②。后来从西域回国途中，再次为匈奴俘获，后来趁机逃脱，并将其匈奴妻子带回中原，"留岁余，单于死，国内乱，骞与胡妻及堂邑父俱亡归汉"③。从文献记载看，这种归降少数民族，并获赐婚的汉人还很多，限于篇幅，不再一一列举。

对于这些赐婚，尚未见有人将其视为政治联姻，纳入"和亲"研究范围，即便是那些将唐给突厥降将赐婚视为政治联姻的学者，也是如此。为什么会这样？本文认为，原因无非以下两个方面：（1）研究者没有注意到相

① 《汉书》卷54《李陵传》。
② 《汉书》卷61《张骞传》。
③ 《汉书》卷61《张骞传》。

关史料；（2）研究者认为这些赐婚不是政治联姻。本文认为，第一个原因不能说没有，但可能性不大，因此，这些研究者之所以不将这些赐婚作为研究对象，其原因主要是他们认为这些赐婚本身不是政治联姻。其实，这很好理解，汉族人员归降少数民族，实际上，至少在形式上就成了少数民族这一政治实体的组成部分。少数民族首领给他们的赐婚，就是少数民族这一政治实体内部的通婚，而非中原王朝与少数民族之间的政治联姻。两者有实质性区别。政治联姻的目的，是缓和或促进不同政治实体间的相互关系，而少数民族给归降汉人的赐婚，实际上只是少数民族为了笼络这些归降汉人，使他们更好地帮助其对抗中原王朝，而不是通过这种联姻来缓和或促进少数民族与中原王朝的关系。这与中原王朝给少数民族降将的赐婚不是政治联姻，道理上是相同的。

可见，无论是中原王朝给归降的少数民族人员的赐婚，还是少数民族给归附的汉族人员赐婚，实际上都是同一政治实体内部的通婚，而非政治联姻。政治联姻，必须是不同政治实体之间的通婚。因此，从这个角度来看，唐朝给突厥降将的赐婚，只是同一政治实体内部的通婚，而非政治联姻，所以部分研究者将唐给突厥降将的赐婚现象视为政治联姻，将其纳入"和亲"研究范围，这是不妥的。

（三）当事双方必须确立相应的姻亲名分

上文已从是否有女人参与，是否发生在不同政治实体之间两个方面，探讨了政治联姻的条件。那么是否只要这两个条件具备，也就是说，凡是发生于不同政治实体之间的有女人参与的或有婚姻内容的事件，就一定是政治联姻呢？其实，在目前学界，很多研究者都是按这一标准来划定政治联姻研究对象的范围，他们将发生于不同政治实体之间的凡有女人参与，或者说凡有婚姻内容的事件都视为政治联姻，作为"和亲"研究对象，如崔明德、林恩显等人不仅将中原王朝或割据政权给少数民族嫁公主或宗室女视为政治联姻，而且还将中原王朝或割据政权给少数民族送"美女"或"女妓"等现象也视为政治联姻。[①] 嫁公主或宗室女，无疑是政治联姻，但送"美女"或

---

① 如崔明德、林恩显：《论中国古代和亲的类型、特点及其他》（载《民族研究》1995 年第 5 期）中将东汉初年彭宠送"美女"给匈奴归类在"割据政权与少数民族政权之间的联姻"；另外，崔明德在其相关论著中，将唐高祖送"女妓"给突厥可汗，也释为政治联姻。

"女妓"等现象能不能算政治联姻呢？

政治联姻的目的是借婚姻关系而建立政治同盟关系，而这种同盟关系具体要如何建立与维持呢？从历史经验来看，这主要是通过在政治联姻过程中，在当事双方之间确立某种相应的姻亲名分，并规定相应的责任和义务来实现的。在姻亲名分和责任与义务之间，姻亲名分无疑更为重要，所有责任和义务都要以此为基础。这就是刘敬所谓"冒顿在，固为子婿；死，外孙为单于。岂曾闻孙敢与大父亢礼哉？"①。对于这一点，其实，林恩显已有比较到位的理解，如他将"和亲"，也就是政治联姻的内容归纳为以下几个方面：（1）名分的确定；（2）下嫁公主；3. 赐予；4. 互市。② 林恩显将当事双方确定名分作为政治联姻内容的第一个部分，显然，作者认为，在政治联姻过程中，确定双方的名分十分重要。他说："所谓'名分''正名'为中原人所重视。在历史上中原与边疆民族往来之际，中原往往宁愿取'名'而舍'利'。"③ 显然，在作者观念中，判定一宗联姻事件是不是政治联姻，应该考察当事双方是否确定姻亲名分。当然，从林恩显本人的相关研究来看，他在具体研究中并没有很好地坚持这一原则，如他将彭宠给匈奴送"美女"④ 以及蔡文姬因被掳掠而嫁与匈奴⑤等事件也释为政治联姻，就是证明。

从这个角度来看，送"美女"或"女妓"等现象，虽然也是发生于不同政治实体之间，而且也极有可能包含婚姻内容，但它们与政治联姻还是存在实质上的不同。政治联姻，当事人双方不仅存在事实上的婚姻关系，而且他们所代表的政治实体之间还要以婚姻关系为基础，确立相应的姻亲名分，如唐与吐蕃之间，世为舅甥之国的关系。而送"女妓"或"美女"等事件则不然，一般来讲它不可能存在姻亲名分。在古代男权社会，女人是男人的附属物，男人有权将女人，尤其是年轻貌美且有才艺的女人作为特殊的礼物赠送他人。这种事情在我国古代也很普遍，唐高祖送"女妓"给突厥可汗即属此类。唐高祖送"女妓"给突厥可汗，其用意究竟何在？是为了让这些"女妓"成为突厥可汗的妻子，还是仅仅供其娱乐之用？所谓"女妓"

---

① 《汉书》卷43《刘敬传》。
② 林恩显：《中国古代和亲研究》，第5页。
③ 林恩显：《中国古代和亲研究》，第5页。
④ 崔明德、林恩显：《论中国古代和亲的类型、特点及其他》，《民族研究》1995年第5期。
⑤ 林恩显：《中国古代和亲研究》，第205、209页。

实即舞女、歌女之类，她们虽然年轻貌美且颇具才艺，但社会地位较低。显然，唐高祖给突厥可汗送"女妓"不是为了让"女妓"成为可汗的妻子，而只是供突厥贵族们消遣娱乐之用。可以想象，如果唐高祖是为了让自己所送女人成为可汗的妻子，借以在双方之间建立政治联姻关系，那么，唐高祖为什么不选派地位较高一些的女子，如公主、宗室女或大臣之女呢？

因此，这种事情最多可算美人计或性贿赂，而非政治联姻，因为，尽管这些事件也是发生于不同政治实体之间，且有女人参与，甚至可能也有婚姻关系，但由于在这些事件中，当事双方不可能确立某种姻亲关系。从这个方面来看，当事双方是否确立姻亲名分也是判定政治联姻的重要条件。

政治联姻的第三个条件，实际上是政治联姻是否成立的实质性条件。前文已经阐明过，政治联姻与一般的民间通婚有着实质性的不同，它具有强烈的政治色彩，为政治服务，它代表的是不同政治实体之间的利益。因此，政治联姻事件中的婚姻只是双方政治利益的载体。那么如何通过这一载体来体现当事双方的政治利益呢？这就需要当事双方确立以婚姻关系为基础的姻亲名分以及以此为基础的相关责任和义务。正如林恩显所言，中原王朝将名分看得很重，往往舍利而求名，追求一种精神上的名声与威望。这实际上与我国古代的天下与家国观念以及外交思想与原则相一致。在我国古代人们的观念中，国家与社会是家庭或家族的延伸与扩展；而反过来，家庭或家族以外的一切其他社会关系皆可还原或简约为家庭或家族内部关系。基于这种观念，形成了带有浓厚伦理色彩的外交思想与原则。不同政治实体之间进行政治联姻实际上就是这种外交思想与原则的体现。因此，在政治联姻关系中，最重要的不是当事人之间的感情和婚姻，而是他们所分别代表的政治实体的政治利益，而这种政治利益关系如何体现出来呢？这就需要婚姻当事人双方所代表的政治实体通过婚姻关系确立相应的姻亲名分，需要强调的一点，就是这个姻亲名分不是婚姻当事人双方或者其家庭，而是他们所代表的政治实体。如唐与吐蕃长期维持舅甥之国的关系。

综上所述，判定一宗外交事件是不是政治联姻，首先要考察是否有女人参与，其次，要看当事双方是否代表不同政治实体，最后，就是要看在这个过程中，当事双方是否确立了以婚姻关系为基础的相应的姻亲名分。只有这三个方面的要求全部满足，才能算作政治联姻。因此，政治联姻的这三个条件，实际上就是判定政治联姻的标准。

边疆民族研究

中国边疆学
（第四辑）

论中国边疆城市社区民族工作的转型困境及其突破[*]

杨鹍飞　李浩功

摘　要： 随着边疆地区少数民族流动人口的不断增多，边疆城市社区民族工作也成为学术界关注的热点问题。本文梳理了城市社区民族工作的价值，也探讨了城市社区民族工作转型的三大困境：工作内容"复杂化"、工作难度"多层次化"和工作职能"多部门化"，并提出相应的对策建议，推动社区民族工作机制创新，以适应新形势的需要。

关键词： 社区工作　转型困境　非正式网络　城市融入

作者简介： 杨鹍飞，四川大学中国西部边疆安全与发展协调创新中心博士；李浩功，东北财经大学公共管理硕士（MPA）教育中心，辽宁省大连市公安局刑侦支队在读研究生。

近年来，城市化的快速发展促使城市少数民族流动人口不断增多，族际交往更加广泛深入，城市社区民族关系日益复杂，社区层面的民族问题也呈现增多的趋势。"从2001年至2009年底，上海累计发生涉及少数民族的矛盾和纠纷400余起，其中330多起涉及外来少数民族，影响城市民族关系的事件逐步增加且保持高发态势"①，这给城市社区民族工作带来了巨大的挑战。

---

* 本文系司法部国家法治与法学理论研究项目"我国边疆民族宗教问题法律治理研究"（14SFB3005）、国家社科青年项目"城镇化进程中民族互嵌型社区的成长机制及其建设模式研究"（15CMZ023）、国家社科一般项目"城镇化进程中的民族问题及社区民族工作研究"（10BMZ042）阶段性成果。

① 刘舒凌：《中国号召学北京牛街，减少影响城市民族关系事件》，中国新闻网，http://www.chinanews.com/gn/news/2010/06-25/2364301.shtml，2010年6月25日。

在 2014 年 9 月 29 日召开的中央民族工作会议上，习近平总书记特别指出："我们的民族工作也面临着一些新的阶段性特征""我国进入了各民族跨区域大流动的活跃期，做好城市民族工作越来越重要。"结合 2014 年 5 月 25 日中共中央政治局会议提出的新观点——将推动建立"民族互嵌型社区"作为促进"各民族交往交流交融"的重要手段和基本途径①，我们可以看出，这标志着中央民族工作思路的重大转变：民族关系建设着力点从经济建设转移到社会建设上，以社区民族关系的发展推动整个国家层面的民族关系的发展。因此，当前我国城市社区民族工作的重中之重就是：如何面对"新的阶段性特征"，做好社区民族工作转型。

城市社区民族工作确实到了必须转型的新阶段，但是，目前学术界对城市民族工作的转型所面临的困境及其突破路径的讨论尚未完全展开。基于此，本文结合当前民族工作面临"新的阶段性特征"这一具体境遇，探讨我国城市社区民族工作的转型困境，并提出相应的对策建议，以图推进城市民族工作的机制创新。

一　边疆城市社区民族工作的基本价值

随着边疆城市少数民族流动人口的不断增多，边疆城市社区民族工作的价值日益凸显。总体而言，其价值体现在以下四个方面。

（一）增强中华民族文化认同的"基站"

任何一个民族的形成与发展过程，都伴随着一种文化的形成与发展，这一文化又反过来塑造着这个民族。文化也成为一个民族屹立于世界的独特基因，中华民族也不例外。在数千年的历史长河中，中华民族逐渐发展成为一个由 56 个民族组成的"多元一体"的伟大民族，并创造了灿烂的中华文明和独特中华文化。中华文化是一个最具有包容性的文化群，是一个拥有众多次生文化形态的文化集成。

文化认同是指公民个体对所属民族的文化及其基本价值的认同。② 这就

---

① 《政治局：推动建立各民族相互嵌入社会结构》，新华网，http://www.sh.xinhuanet.com/2014-5/27/c_133364240.htm，2014 年 5 月 27 日。
② 朱贻庭、赵修义：《文化认同与民族精神》，《学习时报》2008 年 10 月 31 日。

意味着，国内各个民族既有自己本民族的次生文化认同，也有共同基质的中华文化认同。中华文化是各民族文化交融发展的结果，各民族文化和中华文化具有内在统一性。但是，文化认同则存在个体差异，造成各民族的次生文化认同和中华文化认同具有一定程度的差异性。任由这种差异性力量发展，则会造成个体内在的价值观念冲突以及群体层面的文化冲突，危及整个国家的稳定和民族关系的和谐。

城镇化的发展推动各民族在城市中不断聚集，产生一定程度的利益纠葛，导致少数民族个体的文化认同出现断裂和紧张。社会转型的矛盾积累也不断反映到民族关系上，中央提出加强各民族的"中华民族文化认同"建设，强化各民族之间的文化联结和共同意识。这一工作必须落实在城市社区民族工作层面，才具有现实可能性。否则，"中华民族文化认同"建设只能流于形式而毫无实际价值。从这个意义上讲，城市社区民族工作是增强中华民族文化认同的"基站"，接收中华民族文化并施之于各民族社区成员，在社区层面上巩固各民族成员的中华文化认同。

（二）构筑各民族共有精神家园的"抓手"

各民族共有精神家园是中华民族认同和尊崇的心灵寄托、灵魂安顿和精神归宿的安身立命之所，是民族生命力的精神之母、创造力的精神之源、凝聚力的精神纽带、团结奋进的精神动力。[1] 各民族共有精神家园建设是整合各民族的民族认同和国家认同的有效途径，维护民族团结的重要手段。习近平指出，"要把建设各民族共有精神家园作为战略任务来抓"，"要把爱我中华的种子埋在每个孩子的心灵深处"。[2]

精神文化建设工作的难点在于精神层面的"务虚"理论难以有效转化成实际的行动，往往以"会议落实会议、文件落实文件"而流于形式。究其原因，一方面是官僚机构的"体制性迟钝"[3]；另一方面是因为实际工作者缺乏理论学习的动力和机制。各民族共有精神家园建设工作的着眼点在于基层各民族群众的实际需求和现实利益，关键在于民族社区建设。任何一个

① 韩振峰：《中华民族共有精神家园及其构建途径》，《中州学刊》2009 年第 7 期。
② 《中央民族工作会议暨国务院第六次全国民族团结进步表彰大会在北京举行》，新华网，2014 年 9 月 29 日，http：//politics. people. com. cn/n/2014/0930/c1024 - 25763359. html。
③ 杨鹍飞：《论我国民族事务治理法治化：理念转变、现实困境与路径选择》，《广西民族研究》2015 年第 5 期。

个体都有具体的、现实的基本需求，衣食住行不可避免，这些需求都离不开具体的居所或社区。因此，各民族共有精神家园建设需要从城市社区建设入手，从社区层面推进。

城市社区民族工作基本目标在于协调城镇化进程中形成的多民族社区内部民族关系和社区共同体建设，促使社区内部各民族成员相互团结、为社区发展提供全方位的支持。新形势下，城市社区民族工作就是要促进社区各民族成员都自觉认同"同属于一个社区""各民族是一家人"，直至形成一种潜意识的共同体观念。城市社区是构成城市社会的"细胞"，而社区各民族共有精神家园建设的深入，从一个社区扩散到另一个社区，这种共同体意识逐渐弥散于整个城市社会，乃至整个国家，推动各民族共有精神家园建设。在这一发展过程中，城市社区民族工作对于社区共同体的建设与发展具有决定性的作用，是构筑各民族共有精神家园的"抓手"。

（三）抵制宗教极端主义渗透的"盾牌"

宗教极端主义具有狂热、非理性和极端化特点，是宗教的异化形态。从世界范围来看，宗教极端主义主要表现为伊斯兰极端主义。它们往往打着宗教的幌子从事具有政治目的的活动，通过制造族群矛盾破坏民族关系并煽动极端民族主义情绪，为其生存、发展创造空间和土壤，并以此作为换取个人利益和"政治资本"的重要手段。

近年来，西方敌对势力鼓励、支持中亚宗教极端主义势力对我国西北边疆地区进行渗透性活动，已经不再单纯地依靠单线联系的方式发展成员，渗透目标逐步转移到基层社区各族群众。宗教极端主义对社区渗透已经严重威胁到边疆基层社会的稳定。如在新疆发生的"暴恐"案件，都有一定数量受到蒙蔽的少数民族群众参与打砸抢违法犯罪活动。

在西北地区城市社区，信教的少数民族群众较多。由于普通群众科学文化素养不高而辨识能力不强，容易被宗教极端主义所蛊惑。非法行为或犯罪行为可以依靠法律手段予以解决，而涉及思想层面的问题却不能靠强力手段予以清除，必须通过并依靠社区民族工作来解决。① 可以说，城市社区民族工作的另外一个重要价值就在于：通过社区民族工作的开展，不断提高各民

---

① 杨鹍飞：《民族互嵌型社区建设的特征及定位》，《新疆师范大学学报》（哲学社会科学版）2015 年第 4 期。

族群众的科学文化素质，增强信教群众自觉抵制宗教极端主义的能力，成为城市社区抵制宗教极端主义渗透的"盾牌"。

（四）促进少数民族城市融入的"节点"

传统中国是一个农业大国，现代化中的中国则开始工业化过程，这是一个巨大的社会变迁。现代化进程需要基本的劳动技能和文化素质，随着国民教育水平的提高，即便是边疆地区农村的整体文化素质也有质的飞跃，以至于农业劳动者转变为工业劳动者或出现农民—市民身份的相互切换，技术上的壁垒已经不存在。但是，这并不意味着农村少数民族进入城市不存在"文化壁垒"或者"软性壁垒"。这里的"软性壁垒"是指传统农业文明与现代城市文明的鸿沟对农村少数民族融入城市的文化性影响或造成的不适应，主要体现为心理层面缺少城市归属感。今日中国，任何人、任何民族都有权利进入城市追求优质公共服务的美好生活，但同时，每个人也必须成为城市文明的一部分，融入城市生活，适应城市工业生产方式。

随着农业科技的飞速进步，农村富余劳动力也逐渐增多，必须将富余劳动力人口转移进入城市满足城市工业生产的需要。由于边疆少数民族群众依旧保有独特的传统，如民族风俗习惯、传统的价值观念和生活方式，这些传统与现代城市文明有着巨大的差异。传统与现代之间的"鸿沟"造成离开农村进入城市的少数民族，必然会或多或少遭遇到诸多不适应，其中也包括心理不适应的问题。如何改变自己适应新的城市生活，成为少数民族群众适应现代化，完成民族文化现代化所必然面对的重大问题。

城市是由一定数量的社区所构成的一种网状的空间系统。少数民族流动人口进入城市，在其完全转变成为市民之前，城市社区民族工作的重心就是要尽可能减少少数民族群众的种种不适应，缩短其转型"阵痛"的时间，帮助其融入城市。可以说，城市社区民族工作就是促进少数民族流动人口融入城市空间的一个个"节点"。

二　边疆城市社区民族工作的现实困境

随着国际国内形势的不断变化，中国边疆城市社区民族工作的内容"复杂化"、难度"多层次化"和职能"多部门化"，造成传统的城市民族工作机制和条件难以适应新形势的需要。

（一）城市社区民族工作内容"复杂化"

随着我国城市化进程的快速推进，多民族化趋势成为城市发展的重要特征之一。少数民族地区如此，非少数民族地区也不例外。我们以2010年第六次全国人口普查（以下简称"六普"）数据和2000年第五次全国人口普查（以下简称"五普"）数据相比较。乌鲁木齐市少数民族增至51个，少数民族人口780905人，占总人口的25.09%。与"五普"数据相比，少数民族人口增加了266633人，增长了51.85%。① 北京少数民族人口80.1万人，占全市常住人口的4.1%。与"五普"相比，少数民族人口增加了21.6万人，增长36.8%，年均增长率为3.2%。② 上海市少数民族人口总数为27.56万人，比"五普"增加了17.2万人，增长165.9%，少数民族人口占全市总人口的比重为1.2%，与"五普"的0.6%相比明显提高。上海少数民族个数达到55个，覆盖了国内所有少数民族。③ 2012年，广州有少数民族人口63万人，共55个少数民族，人数较多的主要有壮族、回族、满族、土家族、瑶族。④

城市社区多民族化，导致城市社区民族工作内容也"复杂化"。我国少数民族风俗习惯、宗教文化差异较大。我国宪法和民族区域自治法等法律规定了必须尊重少数民族风俗习惯和民族感情，另外，国务院《城市民族工作条例》第十七条规定："城市人民政府应当教育各民族干部、群众相互尊重民族风俗习惯。宣传、报导、文艺创作、电影电视摄制，应当尊重少数民族风俗习惯、宗教信仰和民族感情。"这些法律法规也是社区民族工作的基本规范。因此，城市社区民族工作首先要了解社区内各民族的风俗习惯，随着社区少数民族人口的变动，社区民族工作内容必然趋于增多，不同层次和领域的问题相互交织而日益"复杂化"。

---

① 《少数民族综述》，乌鲁木齐之窗，2010年6月25日，http：//www.urumqi.gov.cn/zjsf2/rkmc/59.htm。

② 《北京市少数民族状况》，北京统计信息网，2011年5月30日，http：//www.bjstats.gov.cn/lhzl/rkpc/201201/t20120109_218572.htm。

③ 上海市统计局：《上海少数民族人口数量与结构分析》，新浪网，2011年11月21日，http：//sh.sina.com.cn/news/s/2011-11-21/1614201041.html。

④ 《广州概况之人口民族》，广州政府网，http：//www.guangzhou.gov.cn/node_2090/node_2120/。

（二） 社区民族工作难度 "多层次化"

城市社区少数民族流动人口增多，民族成分多样、流动性大、心理不稳定等特征凸显，造成不同民族之间的交往交流出现多重困难，社区矛盾纠纷也时有发生，给城市社区民族工作提出了新的课题。

以广州为例，2012 年少数民族流动人口达到 55.4 万人，人数较多的民族主要是南方少数民族，如壮族、土家族、苗族、瑶族、侗族。少数民族流动人口的文化程度普遍不高，还有相当程度的少数民族处于文盲、半文盲状态，对于社区管理人员的工作方式和工作语言不理解，而东部城市社区的管理干部多数也不懂少数民族语言。本地干部不懂少数民族语言，配备少数民族干部成本高、待遇低，为每个社区配备懂少数民族语言的人才，可操作性程度不高。语言不通成为东部城市社区民族工作的难点之一。

另外，少数民族流动人口中也有相当一部分是穆斯林群众，他们的特殊需求不是每个社区都能够满足的。譬如，清真食品网点问题。东部地区城市多数清真网点数量偏少，经营上也往往难以保证持续赢利。清真食品来源渠道单一严格，清真食材成本高，在市场竞争中缺乏价格优势，而穆斯林群众相对较少，固定的食客也就较少。市场竞争中的问题反映到社区，就是穆斯林群众的清真食品供应和监管不到位，容易造成一些矛盾和冲突，一旦处置不当，容易引发群体性事件。总之，随着城市社区少数民族流动人口的增加，社区民族工作的难度不断增加，不再像以往城市民族工作那样简单，逐渐呈现 "多层次化"。

（三） 社区民族工作职能 "多部门化"

少数民族的需求也趋于多样化，还面临诸多社区公共服务问题和社会融入问题，这些问题促使社区民族工作职能不断增加，涉及教育、卫生、就业、司法等领域。

首先，城市社区少数民族流动人口的公共服务总体质量不高、服务不到位。在教育供给方面，城市教学资源 "分布不均" 和 "相对不足" 现象并存，少数民族流动人口教育问题往往得不到解决。加之缺少双语教育，由于语言问题，少数民族学生的教与学都存在交流困难。其次，在社会保障方面存在两个问题：一些少数民族流动人口是个体劳动者，也有一些是在非正规经营的企业或店面从事临时工作，用工单位不愿意为其缴纳社会综合保险；同时，他们自己缺乏法律意识、收入相对低下，是有多种原因不能参加社会保险。最后，少数民族流动人员自身的风俗习惯、文化程度和语言不通等问题，造成其社会交往面狭窄，基本局限在本民族和老乡范围内，和当地其他民族交往不足或处于空白，游离于城市的经济、文化和社会体系之外。

这些不同领域的问题只要涉及少数民族群众，相关责任部门就担心引发"民族问题"，或是出于避免问题趋于严重，或是抱持"有难同当"的心理，就要求民族事务部门协调或参与管理。于是，凡是涉及少数民族的问题，不管是不是民族工作范畴，都要扯上"民族问题"，造成社区民族工作成为专门服务于多部门的"协调员"或"议事协调机构"。就是这种"推诿扯皮""拈轻怕重"的官僚作风造成社区民族工作的职能"多部门化"。

三　边疆城市社区民族工作机制创新

我国城市社区民族工作转型困境的成因主要在于社区自治和管理过程过度"行政化"，造成"政社不分"，难以形成灵活机动的工作机制。因此，如何突破城市社区民族工作所面临的困境，我们认为，不能重走"头痛医头脚痛医脚"的老路，必须走中国特色社会主义民族工作机制创新之路——需要两手抓：一手抓社区自治"去行政化"；一手抓社区共同体建设。

（一）培育社区自治组织，社区民族工作"去行政化"

社区服务是以满足社区居民的各种需求、提高居民生活质量为宗旨的。在国有企业改革之前，企事业单位承担着职工住房、医疗和娱乐等基本任务，以"企业办社会"的方式满足社区居民需求是单位制社区时代的典型特征。随着我国单位制社区的瓦解，原有依托各个单位而存在的社区服务也失去了必要的资金、制度支撑；而城市社区组织发展后劲不足，过度依赖政府的行政指导和资金支持。

在城市多民族社区，社区民族工作主体是社区自治组织，而社区民族工作的"过度行政化"造成社区组织并不是以满足社区成员的需求为行动准则，而是以政府指令马首是瞻，这就形成这样一个恶性循环的困局：一方面，过度行政化的社区自治组织无法满足社区成员的多元化、个性化的需要；另一方面，社区成员反过来更加不信任、不支持社区自治组织建设，造成社区组织建设更加依赖政府。

摆脱社区民族工作的这种困境，必须从社区建设的源头抓起，加强社区制度建设和配套的政策，促使社区自治组织建设依靠社区成员，社区服务的完善依赖于社区自治组织建设，创造一个有利于社区自治组织自我成长的空间环境。只有培育社区组织走向成熟，社区民族工作"去行政化"的过程才能顺利开展。

（二）发挥民族社区宗教的整合功能

中国少数民族大都有自己的宗教信仰，维吾尔族、回族、哈萨克族等少数民族信仰伊斯兰教，藏族、蒙古族等信仰喇嘛教，傣族等信仰佛教，还有一些少数民族信仰基督教、天主教，一些少数民族信仰原始宗教。[①] 宗教通过情感使信仰者从心理上体验到自己与外界的关系，情感是信仰产生的动力，信仰是人们对信仰对象的情感态度的结果。[②] 从这个意义上讲，宗教对于特定的少数民族具有强大的整合功能。

"宗教的这种特殊认同感作用于宗教的群体认同，使宗教的群体认同感比之民族认同更为强烈和牢固。"[③] 宗教对于社会共同体而言，既可能产生正面的积极功能，也可能产生负面的消极功能。过于强化民族认同，不利于社区共同体认同意识的形成。因此，要充分发挥民族社区宗教的正功能，消解可能产生的负功能。

宗教工作是城市社区民族工作的重要内容，也是社区民族工作机制创新的重要方面。需要充分发挥宗教人士的权威作用，引导和规范相关信教群众的行为，有利于降低社区民族工作的阻力和难度，提升社区民族工作的效率。

（三）利用"非正式网络"的社区精神建设功能

社区是一种地缘共同体，也具有一定的文化属性。"在社会学中，共同体是由个人构成的群体，这个群体的'我们感觉'来自于对价值观、规范

---

① 金炳镐：《民族理论通论》，中央民族大学出版社，2007，第348页。
② 孙振华：《论审美情感与宗教情感》，《文艺研究》1988年第5期。
③ 吕建福：《论宗教与民族认同》，《陕西师范大学学报》（哲学社会科学版）2006年第5期。

和亲密人际关系的认同。"① 社区成员之间存在一定组织化形式的团体，如广场舞团体、棋艺团体等，这些团体成员内部并不是正式的组织网络关系，而是一种"非正式网络"关系。

这种"非正式网络"往往是社区居民之间"友谊"性质的弱关系，能够起到正式网络或组织起不到的作用。在中国人的关系划分中，弱关系是工具性关系，熟人关系兼具工具交换和情感的混合关系。② 因为"非正式网络"的存在，社区成员之间关系不仅具有工具价值，也具有伦理性的情感关系。这就为社区精神家园建设创造了便利条件，非正式网络成员的交往过程中的亲密行为、亲密话题对彼此之间的情感巩固和共有精神家园的形成，具有不可替代的作用。

城市社区各民族之间"非正式网络"的形成与发展，对于城市社区各民族共有精神家园的形成与发展，具有基层党组织所不具有的效果和作用。不像基层正式组织那样，组织成员的一言一行必须符合当下的政治情景和组织纪律，非正式网络反而能够加强社区各民族成员之间的情感联系，促进社区各民族成员之间的友谊，情感和友谊的巩固又能增进社区各民族成员之间的共同体意识，促进城市社区各民族共有精神家园的建设。

（四）建立健全少数民族流动人口城市融入机制

大多数少数民族群众原本生活在农村地区，由于城市化或者个人的缘故移居到城市社区。城市社区与农村地区的生产生活方式截然不同，适应这种城市生活需要一个变化的过程。这个过程可能是短暂的，也可能是漫长的。多数情况下，少数民族居民适应城市生活的过程比较漫长，可能因长期无法适应城市生活而处于被社会排斥的状态。这种受排斥或被隔离的生活状态，既不利于少数民族个体积极融入城市社区生活，也不利于形成和谐融洽的城市社区民族关系。

社区民族工作转型的重要突破口应是引导少数民族居民融入社区，融入城市主流社会，通过引导规范城市社区各民族居民的行为，塑造社区共同体的身份认同。少数民族流动人口的城市社区融入包括两个方面：社区接纳和

---

① 魏玲：《第二轨道进程：清谈、非正式网络与社会化——以东亚思想库网络为例》，《世界经济与政治》2010 年第 2 期。
② 罗家德：《社会网分析讲义》（第二版），社会科学文献出版社，2010，第 105 页。

心理认同。社区接纳就需要先入住的居民改变对少数民族的刻板印象和偏见，从内心深处接受新移居民族，改善新移民的社区交往环境，促进少数民族社会交往范围不断扩展，促使少数民族逐渐适应城市社区的新的生活方式、社区价值和市民规范；心理认同主要是指新移入居民避免自我隔离，形成排斥或逆反的心理，要积极适应城市社区的新环境，接受并强化自我的社区认同感和社区共同体的归属感。只有做好这两方面的社区民族工作，才能在更大程度上决定与促进社区共同体和城市社区各民族共有精神家园的建设进程并取得成果。

总之，城市社区民族工作面临转型的诸多困境，需要创新机制，转变工作方式。需要通过发挥民族社区宗教的整合功能，推动城市社区共同体的凝聚力建设；发挥城市社区的"非正式网络"的社会联结作用，增进社区各民族居民的共同体意识；引导少数民族融入城市社区，鼓励社区对新移入的少数民族积极接纳，促进少数民族自我社区认同和社区归属感的提升。通过社区民族工作的深入推进，不断夯实城市社区民族工作的物质和精神基础。只有这样，城市社区各民族居民才会真心认可社区成员资格的价值和意义；也只有这样，才能让各民族群众活得更有尊严，从而使社区各民族成员自觉维护社区共同体的和谐生活，城市社区民族工作的转型才会有更加坚实的基础。

少数民族地区人口外流对社区发展的影响[*]

——以云南省大理白族自治州大达村为例

张和荣　郭占锋

摘　要： 在中国高速推进的城市化进程中，大量人口频繁流动，在此种趋势下，少数民族农村地区人口外流逐渐发展，对于人口流出社区产生了较大的社会影响，并导致了相应的社会后果，一方面为社区的发展提供了物质基础，并带来先进的技术与观念；另一方面也使农村社区的生产萎缩、社区治理负担加重、社区居民趋向原子化及民族文化传承出现困境。本文在调查云南一个少数民族村庄人口外流现状的基础上，考察其对社区发展所产生的影响，并提出相关的政策建议，以期能更好地促进少数民族社区的发展，同时为类似的调查与研究提供参考经验或材料积累。

关键词： 少数民族农村地区　人口外流　社区发展

作者简介： 张和荣，西北农林科技大学人文社会发展学院研究生；郭占锋，管理学博士，西北农林科技大学人文社会发展学院副教授。

---

　*　本文系国家社科基金西部项目"中西部地区农民集中居住过程中的文化适应研究"（13XSH031）及博士科研启动基金项目（Z109021114）的阶段性成果。

一　调研思路

随着中国经济的发展，人民物质生活水平显著提高，交通越来越便捷，加之原来阻隔城乡交流的户籍制度的影响逐渐削弱，20世纪90年代以来，中国出现了较为广泛和持久的人口流动狂潮，而且其主要流动方向是从农村流向城市、从中西部地区流向东部地区。学界对中国人口流动这一现象较为关注，并且进行了深入的研究，相关文献也较为丰富。在全国人口流动频繁的大趋势下，少数民族农村地区人口也随之大量外流，并对人口流出社区产生了一系列的社会影响。然而，学术界与之有关的研究则比较少，而且已有研究主要集中于对人口流入地的调查与探究，如对少数民族人口流动的驱动因素①、特点②与趋势③的研究，对少数民族城市聚居区的研究④以及对城市民族关系⑤、少数民族的城市融入⑥的研究等，将关注点集中于少数民族人口外流对人口流出社区所产生的影响的研究则较为稀少。因此，本研究基于对云南省大理白族自治州大达村人口外流的个案调查与分析，旨在对少数民族地区的人口外流状况进行分析，探究其对于人口流出社区所产生的社会影响，并提出具有针对性的对策与建议，以期能为相关研究提供参考材料。

---

① 高永久、曹爱军：《少数民族人口流动：驱动因素与社会效应》，《广西民族研究》2012第4期。
② 汤夺先：《西北大城市少数民族流动人口若干特点论析——以甘肃省兰州市为例》，《民族研究》2006年第1期；李吉和：《我国城市少数民族流动人口特点探析》，《西南民族大学学报》（人文社科版）2008年第11期。
③ 邓作勇、高文进：《西部少数民族人口流动趋势分析——基于2010年第六次全国人口普查数据》，《广西民族研究》2013年第3期；张善余、曾明星：《少数民族人口分布变动与人口迁移形势——2000年第五次人口普查数据分析》，《民族研究》2005年第1期。
④ 蒋连华：《城市少数民族流动人口聚居区的形成及应对原则》，《社会科学》2006年第9期。
⑤ 凌锐：《试论少数民族流动人口对城市民族关系的影响》，《中南民族大学学报》（人文社会科学版）2005年第1期。
⑥ 陈云：《少数民族流动人口城市融入中的排斥与内卷》，《中南民族大学学报》（人文社科学版）2008年第4期。

二 样本基本概况

（一）大达村基本情况

大达村位于云南省大理州西北部，隶属于 Y 县长新乡，距离县城 39 公里。长新乡属山区，最高海拔 3597 米，最低海拔 1812 米。长新乡 2013 年末总人口 22740 人，其中男性 11536 人，占 50.7%，女性 11204 人，占 49.3%，居住着白、彝、汉、傈僳等民族，少数民族 22646 人，占 99.6%，其中白族人口 22265 人，占 97.9%。大达村海拔为两千米左右，年平均气温 15.6℃，年降水量 786 毫米，气候温和，适宜种植农作物，但由于地形限制，耕地相对较少。大达村面积 22 平方公里，有耕地 941 亩，其中人均耕地 0.92 亩，主要种植水稻、玉米、小麦等粮食作物和烤烟等经济作物。有林地 15591 亩，其中经济林果地 150 亩，人均经济林果地 0.15 亩，主要种植核桃等经济作物。水面面积 140 亩；荒山荒地 3940 亩，其他面积 1820 亩。① 据可查资料，2009 年全村经济总收入 344 万元，农民人均纯收入 2400 元，农民收入主要以种植、养殖业为主。其中，种植业收入 151 万元，占总收入的 43%；畜牧业收入 117 万元，占总收入的 34%；林业收入 3.5 万元，占总收入的 1.6%；第二、三产业收入 54.5 万元，占总收入的 25.3%；工资性收入 10.6 万元，占总收入的 4.9%。大达村土地流转情况较少，农户多为个体经营。②

（二）大达村人口外流与留守情况

大达村有 4 个村民小组，2013 年末有农户 324 户，人口 1048 人，其中农业人口 968 人，劳动力 604 人，从事第一产业的 540 人。③ 人口流动属于动态性现象，所以很难统计其确切数字，2014 年 4 月，笔者对全村进行了样本收集，收集了全村 993 个人员基本信息，缺失值 55 个，对全村人口留守和外流状况进行了大致的分析。

---

① 长新乡政府：《2013 年数据统计年报》。
② 云南省数字乡村网：http://www.ynszxc.gov.cn。
③ 大达村所属村委会：《2013 年数据统计年报》。

1. 大达村人口外流情况

表1　大达村外流人口年龄结构

单位：人，%

年龄段	占总体百分比	男	百分比	女	百分比
0~19岁	18.5	39	19.5	31	17.4
20~29岁	36.0	64	32.0	72	40.4
30~39岁	27.5	56	28.0	48	27.0
40~49岁	12.7	27	13.5	21	11.8
50~59岁	4.0	10	5.0	5	2.8
60~69岁	1.3	4	2.0	1	0.6
70岁及以上	无				
外流人口总数：378		200		178	
占全村人口比重：38.1		20.1		17.9	

表2　大达村外流人口受教育程度

单位：人，%

受教育程度	占总体百分比	男	百分比	女	百分比
未上学	0.5	1	0.5	1	0.6
小学	12.2	17	8.5	29	16.3
初中	50.0	103	51.5	86	48.3
高中或中专	18.8	41	21.5	28	15.7
大学或大专	18.2	36	18.0	33	18.5
其他	0.3	0	0	1	0.6
合计	100.0	200	100.0	178	100.0

2013年大达村外流人口为378人，占全村人口的38.1%，其中男性有200人，占外流人口总数的52.9%，女性有178人，占外流人口总数的47.1%。外流人口中主要为外出务工人员，有261人，占外流人数的69%，其次为学生和其他人员，分别有61人和56人。而从年龄结构来看，0~19岁年龄段的男性有39人，女性有31人；20~29岁年龄段的，男性有64人，女性有72人；30~39岁年龄段的，男性有56人，女性有48人；40~49岁年龄段的，男性有27人，女性有21人；50岁以上的外流人口比较少，总共有20人。

从以上数据可以看出，外流人口中占主体的是青壮年，20～29岁、30～39岁这两个年龄段的人员分别占了外流人口总数的36%和27.5%。从外流人口的受教育程度来看，未上学的很少，只有2人，占外流人口总数的0.5%，上过小学和初中的分别占总数的12.2%和50%，而接受过高中或中专教育、大学或大专教育的分别占总数的18.8%和18.2%，从中可以发现，外流人口中多为接受过初中教育的人员，其中男性有103人，女性有86人，远多于其他受教育程度的人员。

2. 大达村人口留守状况

表3　大达村留守人口年龄结构

单位：人，%

年龄段	占总体百分比	男	百分比	女	百分比
0～19岁	17.4	52	17.0	55	17.8
20～29岁	3.9	9	3.0	15	4.9
30～39岁	17.4	56	18.4	51	16.5
40～49岁	20.8	68	22.3	60	19.4
50～59岁	18.1	49	16.1	62	20.1
60～69岁	11.7	43	14.1	29	9.4
70～79岁	7.2	20	6.6	24	7.8
80岁及以上	3.4	8	2.6	13	4.2
留守人口总数：614		305		309	
占全村人口比重：61.8		30.7		31.1	

表4　大达村留守人口受教育程度

单位：人，%

受教育程度	占总体百分比	男	百分比	女	百分比
未上学	9.9	24	7.9	37	11.97
小学	47.1	114	37.4	175	56.6
初中	36.8	141	46.2	85	27.5
高中或中专	4.6	22	7.2	6	2.0
大学或大专	0.7	2	0.7	2	0.6
其他	1.0	2	0.7	4	1.3
合计	100.0	305	100.0	309	100.0

2013 年，大达村留守人口总数为 614 人，占全村人口的 61.8%，其中男性有 305 人，占全村人口总数的 30.7%，女性有 309 人，占全村人口总数的 31.1%。从大达村留守人口年龄结构来看，0 ~ 19 岁的男性有 52 人，女性有 55 人；20 ~ 29 岁的男性仅有 9 人，女性有 15 人；30 ~ 39 岁的男性有 56 人，女性有 51 人；40 ~ 49 岁的男性有 68 人，女性有 60 人；50 ~ 59 岁的男性有 49 人，女性有 62 人；60 ~ 69 岁的男性有 43 人，女性有 29 人；70 ~ 79 岁的男性有 20 人，女性有 24 人；80 岁以上的男性有 8 人，女性有 13 人。

从表 3 中不难看出，大达村的留守人口中，少年儿童和中老年人较多，0 ~ 19 岁的留守人口占留守人口总数的 17.4%，20 ~ 29 岁的人口只占总数的 3.9%，30 ~ 39 岁的占总数的 17.4%；而 40 岁以上的人口占总数的 61.2%，超过六成，可见大达村留守人口中大部分人员为中老年人及青少年或儿童，而青年劳动力则较少留守于村内。从留守人口的受教育程度来看，村内多为具有小学和初中文化水平的人员，分别占了总数的 47.1% 和 36.8%。

从教育程度上来看，外流人口的受教育程度普遍高于留守村中的人员，从年龄来看，外流人口的年龄则普遍低于留守村中的人员，向外流动的多为具有一定文化水平的青壮年，而留守村中的则多为文化水平相对较低的中老年人及少年儿童。

三 典型个案分析：人口外流对乡村社区发展的影响

乡村社会作为一个较为稳定的系统一直在良性运行着，人口作为乡村社会最基本的组成部分，其发生的微妙变化都会给乡村社区带来影响，少数民族农村地区的人口外流同样会给人口流出社区带来相应的社会影响。本研究在对云南大理大达村这一少数民族农村社区实地调查的基础上，分析人口外流对社区发展所造成的多重影响，并提出思考与建议。

农村劳动力流动已被视为中国农村收入增加的新因素[①]，同样，少数民族农村地区人口的外流也为少数民族乡村社区的发展提供了物质积累。大达村外流人口中占主体的为外出务工人员，外出务工人员在城市获得了较

---

① 马忠东、张为民、梁在、崔红艳：《劳动力流动：中国农村收入增长的新因素》，《人口研究》2004 年第 3 期。

为丰厚的经济回报，这些经济回报通常会全部或部分地回馈给社区，为乡村社区的发展提供经济基础。笔者曾和一些外出务工人员交谈，从中了解到，每个务工者年底基本上都可以给家庭带回金额不等的工资积攒，最少的也能有几千元，这些积攒为新房的建设、来年农业活动的开展奠定了基础。居住在大达村的白族居民们，从古至今的住房都是土木结构的房屋，而近年来，一部分外出务工人员已经通过在外多年打拼获取的经济积累，建造起了一些钢筋混凝土结构的住房，改善了居住条件，提高了住房抵御自然灾害的能力。另外，务工者所带回来的经济积累也为农业活动的顺利开展提供了条件，作为一年里农业活动中比较大的开销，化肥的购置与农具的更新换代通常会花费白族农家人较多的费用，而这些经济积累通常都会用来担负这些支出。

此外，人口的外流也为少数民族乡村社区带来了先进的技术和现代的观念。外出人员在城市中受现代文化的熏陶和影响，逐渐内化了相关的观念，并将这些观念带回家乡，对少数民族乡村社区产生影响。务工人员与学生在自己的工作以及接受教育的过程中，学习了相应的先进技术和科学知识，并将这些知识带回自己的家乡，进一步反馈给社区。比如在大达村，近年来已经有许多人用山地式犁田机器取代了以前的牛耕式的农具，用机器打谷取代以前人工打谷的作物收获方式，这种改变一方面是由于村民经济水平的提高，另一方面也是因为村民们在观念和学习能力上有了转变与提升。在几年前，大达村只有较少数量的犁田机器，笔者就曾观察到其中的使用者之一就是一名前几年在外务工的人员。外出者相较于留守者，更易接受新观念和新技术，正因这样，外出人员在无形中已经引领了村民们在观念和技术上的转变与革新。

但近年来，人口的外流对于人口流出社区的多重影响进一步表现出来，如造成土地闲置、基础设施建设不完善[1]、老人赡养问题、乡村精英外流等问题[2]。对于大达村所处的少数民族社区来说，人口外流所造成的多重影响主要表现在以下几个方面。

---

[1] 王哲：《陆地边境地区人口流出对当地社会生活的影响及对策》，《社会科学家》2013 年第 4 期。

[2] 杨亮：《城市化背景下边疆少数民族农村的人口流动与经济社会状况——基于延边州三合镇的实地调查》，中央民族大学硕士学位论文，2013，第 36~37 页。

（一） 土地"撂荒"现象严重，农业生产萎缩

人口的外流导致了社区劳动力的流失。劳动力流失产生的结果就是使少数民族农村地区"撂荒"现象变得越来越普遍。大达村外流人口中所占比重较大的是 20 ~ 29 岁和 30 ~ 39 岁年龄段的人群，分别占了外流人口总数的 36% 和 27.5%，也就是说，20 ~ 39 岁这个年龄段的外出群体占了外流人口总数的 63.5%，总共有 240 人，占全村人口的 24.2%，而留守村内的主要人员为 19 岁以下的儿童和 40 岁以上的中老年人。这对于社区所产生的影响很大，在农村地区最主要的活动就是农业活动，而农业活动的主体是青壮年劳动力，青壮年劳动力的外流对于农业经济的发展是致命的打击，中老年人和儿童虽然也可以进行农业活动，但那些强度较大的农活对于他们却是沉重的负担，需要花费比青壮年劳动力更多的时间和精力，有时他们甚至根本不能完成那些比较繁重的农活。同时，由于子女在外务工可以使全家人生活水平有所改善，老人在家也不一定必须进行劳作。所以，近年来少数民族农村地区的"撂荒"现象已越发普遍。据统计，2010 年，大达村经营 10 亩以下耕地的农户数为 152 户，经营 10 ~ 30 亩耕地的农户数为 129 户。[1] 2011 年，经营 10 亩以下耕地的农户数急剧增加，有 270 户，而经营 10 ~ 30 亩耕地的农户数则迅速减少，变为 48 户。[2] 从中可见，两年内，有许多农户趋向于耕作 10 亩以下的田地，而耕作面积在 10 ~ 30 亩的则大量减少。由于地处山区，所以大达村的土地除了用作宅基地之外，不能用作其他建筑用地，所以耕作面积的减少，意味着土地"撂荒"的出现。农业生产活动为乡村社区的发展提供物质基础，如果人口的外流不能为社区发展带来外部的物质支撑，却又使社区内的青壮年劳动力外流，使从事农业生产的劳动力变少，导致社区农业生产萎缩，那么就会使社区的未来发展缺乏经济基础，社区的持续发展面临挑战。

（二） 社区人口结构不合理，增加了社区治理的负担

人口的外流增加了少数民族社区在社会管理、社会保障等方面的负担。大达村外流的大部分为青壮年，而留守下来的大部分是中老年人与儿童，0 ~ 19 岁的占留守人口的 17.4%，40 岁以上的人口占总数的 61.2%，这两部分人

---

[1] 大达村所属村委会：《2010 年数据统计年报》。
[2] 大达村所属村委会：《2011 年数据统计年报》。

占留守人员总数的 78.6% 。这样一来就使社区在老人养老和儿童的身心健康等方面出现了问题，也使留守的儿童、妇女和老人的安全出现了隐患，并使得自然或者人为灾害的发生不易抵御，从而给当地政府的社会管理、社会保障及社会治安等方面带来负担与挑战，使政府在社会治理上极易陷入困境。大达村在明、清和民国时期由于自然、土匪、战乱等原因多次发生火灾，在吸取教训之后村中加强了对村里具有防洪、防火等功能的相关设施的建设，并对村民从小培养较强的灾害预防观念[1]，所以近几十年来很少发生火灾，然而从 2003 年之后，短短几年之中，村里就发生了四次较为严重的火灾。2003 年和 2009 年，村里有两户人的住房被烧毁，火灾发生时这两户家中均无人留守，火灾之后房屋已不能居住，这给相关家庭带来了巨大的经济损失和心灵创伤。2010 年和 2011 年，又发生了两次由于小孩无人照看玩火而引起的火灾。且火灾发生之后，由于村中多为中老年人和儿童，火情没能得到及时控制，因此造成经济损失较为严重。火灾频繁发生折射出的问题是留守的青壮年人口较少，而导致相关灾害的频发性以及灾害发生后的不易抑制性，这对于社会安全和社会治理是一个严重的隐患。

（三）社区居民趋向"原子化"，使社区内家庭关系、青少年教育和青年人婚姻遭遇困境

人口外流使得社区内的居民逐渐向"原子化"的趋势发展，极易造成少数民族社区家庭内部成员的分隔，从而使彼此间亲情变得淡漠，进一步则会造成家庭的分裂；另外也会导致父母和家庭在子女的教育上出现缺位，从而不利于子女的成长；同时，这也会造成青年人结婚难和婚姻"畸形"。

人口外流对一个家庭首要的影响就是使相关家庭的老人与子女或夫妻之间长期分居两地，外出人员有时还有可能在外定居，使得原来的家庭分离成两个家庭，这使得双方之间的情感联系出现问题，很容易让亲情变得淡漠。一个完整和睦的家庭在孩子的成长过程中对其性格等方面会产生关键性的影响，尤其是父母的教育会帮助孩子形成一个完好的人格，然而父母与子女长期分离则会使父母在子女教育上缺位。大达村位于山区，村内只设有小学，学生从中学起就要到乡上开始住校学习，如果可以进入更高层次的学校学习

---

① 张启发：《大达》，云南民族出版社，2011，第 22 页。

离家可能就更远，使其与其他家庭成员相处的时间变得更少，这虽然在一定程度上培养了学生的独立生活和生活自理能力，但也极易造成亲情的缺失及父母或家庭在子女教育上的缺位。同时，对于村内的年轻人来说，他们充满希望地走进城市寻求经济回报，也憧憬着自己的婚姻与爱情，然而青年人的大量外流使其结婚愿望实现的难度增大。笔者通过调查发现，全村在 25 ~ 35 岁年龄段的青年人有 213 人，未婚的有 89 人，这个年龄段外出人口中未婚的有 70 人，占这个年龄段未婚人数的 78.7% （见表5）。对于留守于村内的年轻人来说，由于村内的其他年轻人外流，他们的交际对象变少，交际圈变得更窄，降低了恋爱结婚的可能性。而对于外流的青年人来说，女性在外流后对于结婚对象的要求一般都会提高，男性在城市中则会面对更多的竞争者，他们想在城市找到与自己适合的结婚对象的难度增加，即使可以结婚，双方差异或了解的不深入，也极易造成婚姻"畸形"。大达村曾有年轻人张某在务工过程中结婚生子，之后却染上疾病不幸去世，而他来自异乡的妻子受不了乡村的破落，留下不满 10 岁的孩子和张某年迈的父母而离去，这对于张某的家庭来说无疑是雪上加霜，这可以说是对青年人婚姻"畸形"后果的真实展示。

表5　25 ~ 35 岁年龄段青年人婚姻状况

25 ~ 35 岁青年人总数 （人）	25 ~ 35 岁未婚青年人总数 （人）	25 ~ 35 岁外出未婚青年人总数 （人）
213	89	70

（四）使社区"民风"出现衰落，不利于传统民族文化的传承

人口外流在使外流者获得相对较多的经济回报的同时，也使人们更加看重经济因素，使社区"民风"出现了衰落。少数民族常常有自己独特的文化，包括生产方式、生活方式、精神生活、价值信仰中的特殊元素。① 人口外流使民族传统文化的传承后继乏人，外流人口接受了城市流行文化后，对于本民族文化缺乏兴趣和自信，导致少数民族传统文化的传承遭遇困境。

---

① 王思斌：《民族社会工作：发展与文化的视角》，《民族研究》2012 年第 4 期。

　　以大达村为例。白族人有本主崇拜传统，村东有本主庙，村民若遇婚丧、建房或是出远门，都会来本主庙进行祭祀，祈求诸事顺利；白族人也有独具浓郁民族特色的民族住房、民族服饰、民族语言、节日习俗以及婚丧仪式等；同时还有白族特有的戏种"吹吹腔"，村中保存有年代久远的古戏台，每年春节从年三十开始筹备演出直至初六结束。人口的外流对大达村的传统文化产生了强烈的冲击。首先，人们对于本主崇拜的重视程度增加，然而这实际上是在祭祀仪式或形式这一层面上关注度的增加，而并不是真正从内心上来增强信仰本主的程度。从 2014 年春节来看，在本主庙举办祭祀仪式的人数较之以往任何时候都要多，究其原因，经济因素占了主导，人口流动致使人们致富渠道增多，使人们经济收入增加，人们有能力举办更加频繁的祭祀仪式和活动，同时最主要的是人们通过祭祀活动来祈求来年经济收入进一步增加，并期望诸事顺利。其次，村民服饰装扮在悄然发生变革。在大达村，除了年龄较高的老人之外，如今白族居民很少有人会制作和穿戴本民族服饰，大部分人日常生活中所穿戴的是各式各样购买于市场的服饰。另外，虽然村里人平时交流所用的语言还是白族话，但在城市工作的人员以从小培养自己的孩子学习普通话为荣，以期提高孩子未来的竞争力，而忽视了对白族语言的学习。同时，人口外流所导致的相关民间技艺和仪式知识传承的缺失，也使大达村的相关节日和婚礼习俗与仪式较之以往变得更为简化，人们在建房时如有条件也大多倾向于建造坚固的青砖房和混凝土房，对传统的民族房屋则考虑较少；而对于白族人所特有的戏剧"吹吹腔"，以往每至春节，民间艺人白天表演戏曲，学校组织学生晚上进行文艺演出，村里男女老少全都聚集于古戏台前，尽情欣赏，然而如今每至春节艺人虽然还是照常表演，但戏台下的观众已变得稀少，村中男女老少都被设于古戏台下具有博彩性质的娱乐活动所吸引。笔者在 2014 年春节进行调查后发现，这些活动分为两种，一种为金额较大的，参与人员多为男性，一种为金额较小的，参与人员多为妇女和小孩。从这些转变中，我们可以发现，人口的流动使得人们获得经济收入的渠道增多，也增加了人们接受外来文化的机会，但这些文化有好有坏，并没有使人们的精神世界随着经济收入的增加而得到提升，同时却让人们丢失了对传统文化的兴趣，在一定程度上使少数民族的文化传承出现危机，民风趋于衰落。

四 思考与建议

少数民族农村地区人口外流相较于中国其他地区的人口流动，具有某些共性，但又有其独特性。如上文所述，这种人口外流对少数民族农村地区也产生了较为独特的影响，综观这些影响及后果，笔者认为可以从以下几点进行改善。

（一）发展特色支柱产业，促进农村社区经济发展，引领人口回流

社会是一个由政治、经济等因素所组成的系统，其中各种因素的变化都会产生一定的社会影响，而其中最为根本的当属经济因素。在人口大量外流、农村社区剩余劳动力不足的情况下，简单模仿其他地区的经济结构与产业模式，并不一定能够缩小彼此之间的经济发展差距，关键在于要选择一个具有比较优势、提高本地经济发展效益的经济结构和产业模式，发展特色经济和优势产业。[1] 对于少数民族乡村社区来说，由于缺乏发展工业的基础，那么就应从促进农业良好发展这一方面入手。但应避免农村地区只发展一种作物种植的单一模式的出现，应创造条件促进多种作物种植，不仅发展农业作物，也要发展经济作物，从整体上促进农村地区经济的发展，从而留住劳动力。大达村虽处于山区，但气候温和，降水适中，一年中温差变化不大，适宜种植各种作物，大达村传统种植的农作物有水稻、玉米、小麦、蚕豆等，也有较为丰富的菌类资源和林业资源。进入 21 世纪以来，在当地政府的支持下，大达村还发展了烤烟和泡核桃种植产业，在使村民收入有所提高的同时，在一定程度上也留住了部分劳动力。此外，2014 年，当地政府计划投入 150 万元，大力发展规模达到 500 亩的金银花种植产业。可以预期的是，多种种植产业的发展将会极大促进当地产业结构的升级和地区整体经济的发展，在给当地居民带来更多经济收益的同时，也将对外流人口产生更强的回乡致富的吸引力，从而引领人口回流并留住更多的青壮年劳动力，缓解人口外流所造成的社会压力。

---

① 庄万禄：《论西部民族地区特色经济发展战略》，《中南民族大学学报》（人文社会科学版）2004 年第 1 期。

（二）培育农村社区自组织，参与社区治理，分担社会责任

当前农民有自己组织起来的愿望与动力，农民自组织是适应现代社会与市场经济发展需要的。[①] 但当前在农村所建立的自组织大部分为经济合作性的，而其他类型的农村社区自组织则发展缓慢。在少数民族农村社区的治理过程中，可以培育社区自组织参与社区的治理，分担社会责任。人口外流较多的村庄，由于留守的大部分是妇女、儿童和老人，治安问题无法保障，政府可以在相关村庄派驻治安协管员并鼓励社区内部成立治安管理小组为留守人员的安全提供保障。对于老年人的养老问题，政府和村委会可以鼓励村民建立老年协会，并给予相关的政策和资金支持。

在这方面，大达村的经验可谓成熟。大达村于 2009 年成立了大达村老人协会，采取会员制的方式，55 岁以上的都可参加，自愿缴纳年费，一人 20 元/年，成立之初有 210 名会员。协会以"为老年人服务"为宗旨，由会长、副会长、秘书长、会计等 7 人组成，协会有一套面积为 40 平方米的两层楼房，每层有两间房，其中一层一间常年租给村里人开小商店，所得房租则作为协会的活动经费，之外，协会还有将近 40 平方米的露天活动场地，为协会举办活动提供了场所。老人协会的成立不仅为大达村的老年人养老提供了条件，使老年人之间可以经常互相沟通、交流感情、排解寂寞，也对大达村产生了良好的社会影响。笔者在对大达村老人协会负责人的访谈中得知，协会每年春节都会对村里 80 岁以上的老人进行春节慰问，对于不幸去世的会员则会派送花圈，并对家属进行慰问，每年九月九敬老节还会对良好履行赡养父母责任的先进个体给予表彰，同时老人协会的场所、物资也常免费提供给村里人举办婚丧等活动。当然，协会这些活动的举办所需经费也是巨大的，协会所坚持的方针是"党政主导、社会参与、各方资助"，除了老人协会会员每年所缴纳的会费及房租收入，协会每年向政府各部门申请经费，社会企业和人士有时也会对老人协会给予帮助，正是政府、社会及老人自身三方的努力，才使得大达村老人协会运行稳定，对老人养老产生了积极作用。

[①] 杨嵘均：《论农民自组织动力源的现代转型及其对乡村治理的结构优化》，《学术研究》2014 年第 5 期。

（三） 放宽社会工作者与组织准入条件，引领其介入民族地区社会工作

在我国政府向"服务型"转变的时期，放宽社会工作者和组织的准入条件，引领其介入少数民族农村社区工作是必要的。要推动民族社会工作的"边界跨越"，要通过越来越多的社会工作机构、项目、制度，以及社会工作人员来引导更多专业社会工作主体、专业资源进入民族地区或少数民族人群，有效整合资源并衔接各方需求。[①] 开展少数民族农村社区的社会救助、农村扶贫、老年人和儿童服务（特别是留守家庭的老人和儿童）、医疗保健服务等方面。[②] 专业的民族社会工作者首先要评估少数民族群体的需要，在此基础之上寻找和协调相关资源，为个人、家庭或者社区提供相应的服务。[③]

以大达村具体情况来说，就是要引领社会工作介入社区，为社区内和谐的家庭关系、儿童教育、青年结婚等创造条件。对于儿童的教育，社会工作者可以定期地进入小学进行支教，而社会组织则可以协助各个学校建立心理咨询室，加强对留守儿童心理健康的关注，可以对学校原有的老师进行一定的心理咨询知识培训，让其兼任心理咨询师，来促进留守儿童的心理健康。对于青年人的婚姻困难，则可以与当地民政部门和村委会合作，收集统计未婚人员的数量及基本信息，在合适的时间如春节外出人员回家之时组织相亲活动，并尽量拓展活动的传播渠道和传播范围，吸引更多的未婚青年参与相亲活动，从而缓解青年人婚姻困境。

（四） 培育文化自觉与文化自信，多举措综合保护少数民族传统文化

保护少数民族传统文化，促进其传承，最为主要的就是要培养少数民族对于本民族文化的信心及兴趣，类似于费孝通先生所提倡的"文化自觉"。

---

① 王旭辉、柴玲、包智明：《中国民族社会工作发展路径："边界跨越"与"文化敏感"》，《民族研究》2012 年第 4 期。
② 胡阳全：《我国民族地区社会工作探析》，《云南民族大学学报》（哲学社会科学版）2006年第 6 期。
③ 任国英、焦开山：《论民族社会工作的基本意涵、价值理念和实务体系》，《民族研究》2012 年第 4 期。

文化自觉指的是生活在一定文化中的人对其文化有"自知之明"，明白它的来历、形成过程、所具有的特色和它的发展的趋向。① 首先，要维护少数民族对于本民族的文化自觉与文化自信，促进少数民族文化教育，使少数民族群众了解本民族文化的起源、发展历程、内容及形式等。对于在校学生可以开设相关的课程，而对于社会人士，政府或村委会可以定期举办相关的宣传活动来使其了解本民族文化。其次，少数民族艺人在保留文化内核的前提下，对传统文化的内容与形式可以进行创新。以大达村的传统戏曲"吹吹腔"来说，多年来艺人所表演的都是固定的几个剧目，观众熟悉之后兴趣大减，此时艺人可以增加一些剧目，或者让剧目与现实生活相结合，这样观众的兴趣才会逐渐增强，当然这种创新如果能在专业人士的指导下进行，所产生的效果将会更好。

除了要培育、维护少数民族的文化自觉外，还应实行多种措施综合保护传统文化，应全面把握民族传统文化的现状，保护民族物质文化，传承民族宝贵文化遗产，并努力使民族文化走向市场，同时在保护过程中还应坚持科学的方法，并营造良好的保护机制。② 以大达村来说，可以建立专门的资料整理、文物收藏、档案管理的机构③，对村内的各种物质形态的文化形式进行整理和保护，如对古戏台、古碑墙、本主庙及其他庙宇进行修缮和保护。同时还应对活态文化遗产进行搜集整理与传承，在保护好大达村本主信仰及"吹吹腔"艺术的同时，对村民的婚丧、节日、建房、种植等习俗进行整理传承，对于民间艺人所掌握的特色艺术表演技艺及工具制作工艺也应当尽量进行收集整理，从而在物质和精神两方面达到对少数民族文化的保护。在这一保护过程中，最重要的是要有专业人员的指导，这需要发挥当地政府文体部门的作用与责任，并以科学的态度与方法进行，所有的行为都应当以对民族文化的保护为前提。一系列保护措施的实施需要大量的经费，在要求政府投入的同时，还应发展民族自身潜力，如发展山地白族特色体验旅游业，从而为相关活动的开展提供支持。

人口外流对于少数民族农村社区所产生的社会影响是巨大的，它导致了

---

① 费孝通：《中国文化的重建》，华东师范大学出版社，2014，第 188 页。
② 高永久、刘庸：《城市化背景下西北少数民族文化的保护与开发利用》，《西北民族大学学报》（哲学社会科学版）2005 年第 6 期。
③ 蒋彬、张原：《羌族传统文化的保护与发展研究》，《西南民族大学学报》（人文社科版）2009 年第 4 期。

青壮年劳动力大量外流，虽然为社区的发展提供了一定物质基础，为社区带来了一定先进的技术与观念；但大部分留守于村内的人员为中老年人和青少年，也使得农村社区的生产萎缩、社区治理负担加重、社区居民趋向原子化及民族文化传承出现困境。因此，要加大对民族社区自我发展能力的建构①，并给予民族社区的社会发展以优先的关注。② 然而政府与众多学者研究大部分侧重于其对人口流入社区的影响，因此需要学者及政府在人口外流及其与少数民族农村社区间的关系这一问题上给予更多的关注与政策支持，从而缓解相关的社会困境，促进少数民族农村社区的良性发展。

---

① 郑长德：《中国民族地区自我发展能力构建研究》，《民族研究》2011 第 4 期。
② 胡鞍钢、温军：《社会发展优先：西部民族地区新的追赶战略》，《民族研究》2001 年第 3 期。

藏传佛教政教关系的演变及政治功能的实现方式

摘　要： 西藏的政教制度经历了从政教合一到政教分离的发展过程，在这漫长的历史演变中，主导精神世界的藏传佛教与关怀世俗世界的统治阶级互相倚重和扶持，不仅满足了统治阶级攫取政治利益的野心，而且也使各教派在这一过程中扩大了影响力，从而使二者结成了紧密的联盟。藏传佛教特有的政教合一制度、活佛转世制度以及寺庙僧伽制度也在这一过程中日臻完善，凸显了藏传佛教在群体整合、主权统一、民族融合中的政治功能，更重要的是在国家统一的进程中发挥了不可替代的作用。

关键词： 藏传佛教　政教关系　政治功能

作者简介： 刘秧，四川大学中国西部边疆安全与发展协同创新中心研究员。

佛教从印度到青藏高原传播的历史是一个将宗教作为工具，并借重政治的统合功能深刻影响西藏发展的历史。在整个佛教历史上，无论是在印度本土的传播，还是在南传与北传的地区，佛教都表现出强大的政治适应能力和政治影响力，在其所覆盖的国家和地区，因地因俗构建起了不失其精神和理念的各种政教关系模式。而西藏的政教关系的演变就是佛教传播过程中与政治结合的典型，西藏的政教关系主要经历了从政教合一到政教分离的变化，西藏的政教合一制的特殊性在于与其特有的宗教藏传佛教相结合，从而形成了西藏地方几千年来的治理方式。

一　西藏政教关系的演变

所谓政教关系就是政治与宗教之间的关系，美国学者 D. 奇德斯特认为，"宗教与政治是人类权力中的两个重要方面，是不同的权力模式、不同的行为过程和相互关系发展过程，是所有社会内部权力体制中权力分配的制约力量……政治是世俗社会的终极关怀，宗教是精神世界的终极关怀"①。西藏的宗教，主要是传入西藏后在西藏发展起来且具有西藏特色的佛教，在藏族的历史进程中发挥了重要的作用，"数百年藏族社会的每一重大的政治实践和历史运动，无不与寺庙有关或带着宗教色彩"②。西藏的政教关系主要经历了从政教合一到政教分离的变化，而主导藏族社会上千年的政教合一制度，对西藏的方方面面产生了举足轻重的影响。

（一）西藏政教合一制的形成及确立

从佛教传入西藏，到佛教与西藏本土宗教苯教之间的斗争与融合，再到藏传佛教最终在西藏社会的确立经过了漫长的时间。在这一过程中也形成了西藏特有的政教合一制度。西藏政教合一的发展主要经历了由政教合一制的形成及完善到政教合一制的确立这一过程。

1. 政教合一制度的形成及完善

佛教自 7 世纪从印度传入西藏，与西藏土生土长的苯教进行了长达 200 余年的斗争。苯波师被视为"上观天象，下降地魔""指善恶路，决是非疑""纳祥求福，祷神乞药"，甚至可以"护国奠基，拔除一切久暂违缘之事"③，部落的祸福兴衰和农牧业生产中的丰歉似乎全都由他们掌管。在吐蕃王朝统治时期，政教关系围绕着以贵族大臣为代表的苯教教权和以赞普王权为代表的佛教教权展开博弈。吐蕃佛教发展到中期，僧人地位有所提高，出现了等级之分，高级僧人开始公开参政。赤热巴巾赞普时期，专门设立"钵阐布"之职，由僧人充任，权势凌驾于众臣之上，左右朝政，被视为藏

---

① 董小川：《20 世纪美国宗教与政治》，人民出版社，2002，第 6 页。
② 龚学增：《论宗教与民族》，收入牟钟鉴、刘宝明主编《宗教与民族》，宗教文化出版社，2006，第 41 页。
③ 转引自丁汉儒《藏传佛教源流及社会影响》，见刘立千译《西藏王统记》民族出版社，2002。

族历史上僧人参政之始。①而佛苯之间的斗争，实质上是王权统一与部落割据势力之间的博弈，是赞普王室与贵族大臣之间对利益与权势的争夺。在吐蕃王室的大力支持下，佛教经过公元771年寂护"佛苯之辩"和792～794年莲花生大师的"渐顿之争"，藏传佛教逐渐确立了在西藏本土的绝对地位。

政教合一制并没有在吐蕃王朝统治时期产生，政教合一制是在赞普达磨灭佛（842年）之后的"后弘期"才开始真正出现的。从吐蕃王朝崩溃到元朝统一西藏的400年，西藏地区长期处于分裂割据的状态。正如藏史《贤者喜宴》所载："吐蕃本土经历彼此火并内讧，日趋支离破碎，于是境内各处各分割为二，诸如大政权与小政权，众多部与微弱部，金枝与玉叶，肉食者与谷食者，各自为政，不相统属。"从公元10世纪后期，佛教经过"上路弘传"和"下路弘传"又开始在西藏再度恢复和弘扬，西藏的政教合一制度也是在这一时期出现并逐步完善。新兴的封建主既是雄踞一方的地方首领，又是寺院的大施主，有的则直接给自己披上一件僧人的袈裟，本身就是政治首领，又是宗教寺院首领，形成僧俗一体、政教不分的局面。诸如朗达玛之子意希坚赞在山南地区自称"阿大"（藏语领主、君、王之意），他既是地方首领，又是著名桑耶寺寺主。翰松的四世孙意希沃是阿里地区的封建首领，本人又是僧人，藏史称他为"拉（天）喇嘛"。②

西藏政教合一制的产生一方面源于西藏从农奴制社会过渡到封建社会，经济实力得到了发展，原西藏地方的豪族转而成为新兴的封建主；另一方面也与11世纪之后陆续出现的教派有关。11世纪以后，陆续出现了二三十种教派和教派支系，其中主要有宁玛派、萨迦派、噶举派、噶当派等，这些教派与世俗封建主结合，封建主利用教派的力量扩大庄园，攫取经济利益；而各教派也倚重各自"施主"扩大自身教派影响力，进而互相争权夺利。其后在统治阶级的支持下，经元、明的发展，政教合一制日臻完善。而政教合一制在这一时期的典型就是以萨迦派和噶举派为代表的家族式和教派式的政教合一制度。

元朝统治者将西藏纳入中国版图，萨迦派成为其统治西藏的代言人。

---

① 许德存：《藏传佛教研究》，宗教文化出版社，2008，第342页。
② 唐景、丁汉儒、温华、孙尔康：《藏传佛教源流及社会影响》，民族出版社，1991，第31页。

1247 年，萨班到凉州与阔端会面，经过协商，议妥了卫藏归顺蒙古的条件，由萨班向西藏写了一封信"致僧俗劝降书"，信中具体说明了元朝规定的西藏地方行政制度。萨班死后，其侄八思巴（1235~1280）继承了他的地位。1260 年元世祖忽必烈即位，为了利用萨迦派巩固元朝在西藏的统治，封八思巴为"国师"（后封帝师），总领管辖佛教事务的总制院（后改为宣政院），并赐玉印，开始了元以后历代帝王任命"帝师"的做法（元代共任命 14 个帝师，大多为萨迦派）。1267 年，经八思巴推荐，忽必烈任命萨迦派的释迦桑布为萨迦"本钦"（西藏首席行政官员），此后，萨迦本钦遂成为西藏地方最高行政长官的固定职位。由于本钦主要由帝师举荐，皇帝任命，所以萨迦本钦多与昆氏家族有密切关系，并代表萨迦派利益。而国师这一职位一直为担任萨迦派法主的昆氏家族后嗣所继任，或者由萨迦派的嫡传弟子所把持。八思巴在 1252 年 2 月写的一封信中称"所有僧人之事俱由萨迦派掌领"①，萨迦派也由此成为元朝在西藏统治的代表，并协助元朝政府管理西藏事务。正如东嘎·洛桑赤烈先生所说："萨迦派的宗教上层人士为巩固和发展自己的势力，以元朝的政治力量为靠山，而元朝为了加强在西藏的统治，需要利用当时在西藏社会上层有声望的萨迦派人士，在双方利益结合的情况下，萨迦派才能够成为西藏政教两方面的领主。"②

以昆氏家族萨迦派为代表的萨迦政权通过与元朝统治阶级的结合，对西藏进行了长达 95 年的管理。随着元朝的衰亡，萨迦昆氏家族内部也分裂为细脱、拉康、仁钦岗和都却四个喇让，即四支地方势力。而帕木竹巴地方势力（帕竹噶举派）乘机迅速发展，并于 1354 年在朗氏家族绛曲坚赞（1302~1368）担任万户长后，消灭了萨迦政权，卫藏各地方势力纷纷归属帕竹噶举派。

噶举派，分为香巴噶举和达波噶举，达波噶举又分为"四大八小"，是藏传佛教中支系最多的一支。朗氏家族的帕竹噶举派在元明两代中央政府的支持下，建立了帕竹第悉"政教合一"的帕竹噶举政权，掌管西藏地方政教大权，设立十三个宗，建立宗本三年一换制度，制定了《法典十五条》，规定出家僧人为地方政权的掌权人。③ 与元朝独尊萨迦不同，明朝采取"多

① 阿旺贡噶索南：《萨迦世系史》，陈庆英、高禾福译注，西藏人民出版社，1989，第119 页。
② 东嘎·洛桑赤列：《论西藏的政教合一制度》，陈庆英译，民族出版社，1985，第42 页。
③ 唐景、丁汉儒、温华、孙尔康：《藏传佛教源流及社会影响》，第54 页。

封众建"的政策，对藏传佛教各教派一律加以争取，并结合藏区地方势力与宗教势力结合的特点以及佛教教派家族化的实际，对藏族僧人封赐不同的封号，采用"悉给以印浩，许之世袭"的方式。而藏传佛教各派出于利益及各势力集团之间的竞争关系，皆把明朝封给的官职和称号作为巩固和提高自己地位的一条重要途径，争先恐后地去争取明王朝的赐封。政教合一制度进一步发展。

2. 政教合一制的确立

帕竹噶举和朗氏家族建立的政教合一地方政权统治了西藏 200 余年，公元 1481 年，帕竹政权被其属部仁蚌巴以武力击败，逐步失去了政治上的权势，帕竹噶举也随着这一政权的衰亡而衰落。明朝后期，格鲁派逐渐兴起接力噶举派，后在清朝政府的支持下迅速崛起，成为藏传佛教各教派中实力最强的一派。西藏的政教合一制度也在此时确立。在清朝崛起时，藏传佛教格鲁派在蒙古各部已被广泛信奉，有着不可忽视的政治影响力，清朝政府在藏区推行"兴黄教，即所以安众蒙古"[①] 的政策。在中央层面，清朝政府通过理藩院管理蒙藏事务；地方层面，则通过册封、驻军定制和设官等措施逐步加强了对西藏的统治。

1653 年，清朝在册封至京朝贡的五世达赖喇嘛为"西天大善自在佛所领天下释教普通瓦赤喇怛喇达赖喇嘛"的同时，册封固始汗为"遵行文义敏慧顾实汗"[②]。随着 1713 年五世班禅罗桑益西被封为"班禅额尔德尼"，班禅的宗教和政治地位也得到清朝政府的确认，由此逐渐形成了达赖掌管前藏、班禅管理后藏事务的格局。1728 年设置"驻藏办事大臣衙门"，清朝政府派遣大臣驻藏成为制度，加强了对西藏事务的管理。1751 年，清政府颁行的《酌定西藏善后章程》十三条赋予达赖喇嘛掌管西藏政务的权力，建立起在驻藏大臣统摄下的政教合一的噶厦政权。1793 年，清政府颁布了《钦定藏内善后章程》二十九条，在进一步肯定达赖权力的同时强化了驻藏大臣的权威。根据《章程》，驻藏大臣拥有行政权、人事权、军权、司法权、外事权和财政权[③]，享有向皇帝直接上奏表章的权力，达赖、班禅及全藏一切请旨陈禀及西藏地方应办事宜，皆须经驻藏大臣转奏皇帝裁决，特别

---

① 《卫藏通志》卷首，《高宗纯皇帝御制喇嘛说》。
② 《清世祖实录》卷 74，顺治十年四月丁巳。
③ 王辅仁、索文清：《藏族史要》，四川民族出版社，1981，第 248 页。

是在涉外事务方面。① 在第一条中对金瓶掣签制度中活佛转世制度进行了规范，规定活佛转世灵童的寻访和认定都必须报经中央政府批准。清朝中央政府也顺势认可"自此一切政教之重任皆由达赖喇嘛办理"②。后来摄政制度实施，西藏政教合一制度正式确立，并成为清朝政府对西藏的根本治理制度。

（二）西藏政教分离的确立

1951 年中央政府在西藏地区进行了民主改革，实行"政治统一、信教自由、政教分离"的方针，废除了藏区寺庙在政治、经济方面的一切特权，以及封建占有、剥削的奴役制度，以及寺庙内部的封建管理和等级制度，废除了持续上千年的政教合一制度，实行政教分离制。我国西藏实行政教分离的实质，是废除宗教在有关立法、司法和行政方面的任何特权，是促进宗教与社会生活关系和谐的体现。东嘎·洛桑赤列指出，西藏和平解放前夕，"政教合一制度也像灯油耗尽的灯火一样开始走向没落"③。

二 藏传佛教政治功能的主要表现形式

西藏特有的政教制度形成之后，藏传佛教与统治者的意志和需求结合，西藏社会更加固化，藏传佛教通过其政教合一制度、活佛转世制度、寺庙僧伽制度，社会结构越来越完善，社会分层也更加细化，藏传佛教不仅在精神领域主导藏族民族，而且在社会生活和政治发展的世俗层面也发挥了非常重要的作用。

（一）政教合一制

学界对"政教合一"制度有不同的解释。《中国大百科全书·政治学》对政教合一制度的定义是："政权和神权合而为一的政治制度，其基本特点是：国家元首和宗教领袖同为一人，政权和教权由一人执掌；国家法律以宗教教义为依据，宗教教义是处理一切民间事务的准则，民众受狂热和专一的

---

① 《清高宗实录》卷 1418，第 10~13 页。
② 恰白·次旦平措、诺章·吴坚《西藏通史》，陈庆英等译，西藏古籍出版社，1996，第 715 页。
③ 东嘎·洛桑赤列：《论西藏的政教合一制度》，第 67 页。

宗教感情所支配。"①《辞海》的定义是："政权与教权合一的政治制度。古代一些奴隶制国家有特别规定的国教，教规即国法，君主即国教首脑。这种制度也实行于欧洲中世纪的教皇国和宗教改革后的基督教新教国家。前者由教皇直接掌权，后者由封建君主改组本国教会，自任教主。"② 鉴于西藏特殊的情况，藏族学者东嘎·洛桑赤列指出："政教合一制度是大农奴主阶级对农奴实行专政的特殊形式，僧俗区分只是表现而已。这一专政的特点是僧俗大农奴主结合起来，利用神权强化政权，又利用政权维护神权，两方面相互利用，以加强对农奴的统治。"③ 也就是说，我国藏区的"政教合一"制度并不必然表现为政教两方面权力的最高首领同为一人，在历史中还出现过政权与教权由一个家族或一个教派掌握的情况。

1. 家族式政教合一

家族式政教合一制主要以萨迦派和噶举派为代表。萨迦派，始于 11 世纪，创始人是西藏贵族昆氏家族后代贡却结波（1034～1102）。昆氏家族是西藏历史上古老的勋贵望族，其族源被《萨迦世系史》追溯到吐蕃王朝赤松德赞时。萨迦政权经萨迦前四祖的发展，至第四祖贡噶坚赞时，成为后弘期西藏割据势力中举足轻重的一支力量。④ 萨迦派凭借政治经济和宗教等方面雄厚的实力，成为当时西藏社会有实力的统治者，而萨迦派教主既是寺主，又是雄踞一方的封建主，扮演双重角色。

元朝统治者迎请萨班，将当时宗教上有联系又控制着藏族地区的各个分散的教派与地方势力相联系，以达到使藏族地区归入自己统治之下的目的。1260 年忽必烈即位后，封八思巴为国师，令其领宣政院，之后元朝历代皇帝皆以藏僧为国师，由国师领宣政院事务。此时的国师不只是宗教上的领袖，而且是藏族地区的政治代表。而国师这一职位一直为担任萨迦派法主的昆氏家族后嗣所继任，或者由萨迦派的嫡传弟子所把持。萨迦派也由此成为元朝在西藏统治的代表，并协助元朝政府管理西藏事务。

明朝一方面沿袭元朝的治藏政策接管了西藏的事务，另一方面实行"多封众建，尚用僧徒"，并扶持朗氏家族的帕竹政权作为管理西藏的代理人。从扎巴迥乃开始，丹萨替寺座主就由朗氏家族世袭，帕竹噶举派遂为朗

---

① 《中国大百科全书·政治学》，中国大百科全书出版社，1992，第 481 页。
② 《辞海》，上海辞书出版社，1989 年缩印本，第 1654 页。
③ 东嘎·洛桑赤列：《论西藏的政教合一制度》，第 3 页。
④ 戴发望：《后弘期西藏的政教合一制度》，《中国藏学》2006 年第 3 期。

氏家族垄断。自朗氏家族的扎巴迥乃执掌噶举派主寺丹萨替寺教权后，朗氏帕木竹巴政权遂逐渐形成。

2. 教派式政教合一

教派式政教合一制的典型是格鲁派与统治者政权的结合。格鲁派一方面与蒙古势力联合扩大教派的影响力，另一方面倚重清王朝统治者建立甘丹颇章政权，进而确立在各教派中的权威地位。而格鲁派对噶举派活佛转世传承方式的效仿又增加了教派掌权的连续性和稳定性。五世达赖喇嘛与蒙古固始汗联盟建立起甘丹颇章政权，固始汗下令以赋税供养格鲁派，并将行政事务委付第巴①管理，由此形成和硕特汗王与达赖喇嘛共同领导的第巴政权。

固始汗和五世达赖喇嘛的去世，加剧了格鲁派与蒙古和硕特部的矛盾，清政府出兵将蒙古势力排除出西藏，结束了蒙古诸部对西藏的占领和统治。随着驻藏大臣的设置，清政府治理西藏的制度建设也提上议事日程。1751年，清政府颁行《酌定西藏善后章程》十三条，对西藏的治理体制做了较大改革，赋予达赖喇嘛掌管西藏政务的权力，由此，格鲁派倚重清王朝的支持逐渐做大做强，建立起在驻藏大臣统摄下政教合一的噶厦政权统领西藏地区的政教事务。此后直到 1959 年民主改革，历届达赖都作为西藏地方政府的政教领袖掌管西藏世俗与宗教事务。

（二） 活佛转世制度

活佛转世制度始于噶玛噶举派黑帽系的第二世传承者噶玛拔希，第一世则是噶玛噶举派的创始人都松钦巴。都松钦巴 84 岁临终时，对身边的岗译师嘱咐道："你要在这里住上几年，守护我的三宝，不要丢失一件，我亦托付法神等在明示化身将出现的情况之后，当日圆寂。"② 而格鲁派又将这一传承方式发扬光大，后来这种传承方式被各教派所效仿，并在各教派中出现了各种不同的活佛转世方式。

藏传佛教活佛转世制度的出现也使以格鲁派为主的教派式政教合一制度达到顶峰，清政府通过金瓶掣签制对活佛转世制度加以规范。此后，活佛转世灵童的寻访和认定都必须报经中央政府批准。一方面，金瓶掣签制度将活

---

① 又称第司，俗称藏王，受命于和硕特汗王和达赖喇嘛，代为执掌西藏政务，一般由达赖亲信充任。

② 恰白·次旦平措、诺章·吴坚：《西藏通史》，第 289 页。

佛转世权力集中到中央，进一步明确了西藏地方与清朝中央政府的从属关系。另一方面，金瓶掣签制度还避免了世俗贵族同宗教间的联合而导致的混乱格局，这也是格鲁派此后得以长足发展的重要原因。

（三）寺庙僧伽制度

所谓"僧伽制度"就是佛教僧尼共同遵守的制度、规定及传统习惯。在初奉佛法时，大昭寺与小昭寺等佛殿是由汉族和尚管理，在当时的西藏是没有僧人的，直到墀松德赞时期，他指出"为了佛教以后在吐蕃兴旺发达，须建立僧伽组织"，便有了后来的"七觉士"出家，成为西藏首批的僧人。后弘期藏传佛教逐渐复兴与发展，到清朝噶厦的建立，西藏地方以格鲁派为首的僧伽制度也越来越完善，并建立了一整套寺院管理机制。

15 世纪经过宗喀巴对藏传佛教的"宗教改革"，建立了一整套严密的寺院组织和僧人的学习管理制度。格鲁派具有代表性的三大寺院是甘丹寺、哲蚌寺、色拉寺，这也是西藏最大的寺庙集团。三大寺由"喇吉""扎仓""康村"三级管理机构组成。

在政治制度方面，1751 年，清政府颁布《酌定西藏善后章程》，同时，西藏地方噶厦政府也开始运作，达赖和班禅两位领袖系宗教统率政治，共同管理西藏地方政教事务。西藏地方政府的噶厦由三俗一僧组成，以僧官为主席。噶厦之下设仔本三人管会计；商卓特巴二人管会计出纳，其办事处称商上；业仓巴二人管粮务；朗子二人管拉萨市政；协尔帮二人管司法；硕第巴管布达拉一带藏民；达本二人管马厂等。① 达赖之下，承办宗教的机构为译仓，处理一切寺庙行政事宜；寺庙堪布与仔仲官均由译仓任免。随达赖左右的僧官由基巧堪布（总堪布）担任管理达赖的印信，总揽一切事务，地位与噶伦相当。其下有苏本堪布、森本堪布、却本堪布，分管达赖的饮食、起居和诵经。② 班禅之下，由苏本、森本、却本等大堪布组成堪布会议厅，以扎萨喇嘛为主席，下设内务处、总务处、秘书室（译仓）和交际（卓尼）。

从达赖、班禅系统到寺庙僧人，在西藏社会形成了一套完整而严密的僧伽等级制度和社会集团。寺庙上层的统治者都出身于贵族世家、高僧活佛和

---

① 陈芳芝：《清代边制述略》，中国蒙古学信息网，http：//www.surag.net/？p=6150，访问日期：2015 年 9 月 10 日。

② 黄奋生：《藏族史略》，民族出版社，1985，第 267~268 页。

富裕家庭，他们集政教一体，参与原西藏地方政府日常政治事务的管理，占西藏人口不到 5% 的僧俗封建主控制着占人口 95% 以上的农奴和奴隶的人身自由和绝大多数生产资料。[①] 寺庙在西藏政教合一制的发展、完善和确立期间充当了中介和凝合剂的作用，将教派和世俗统治者的利益在寺庙的组织制度上贯彻，调节各方的利益，统治者借助于寺庙行使政治职权，实现对西藏地方的统治和管理。

三 藏传佛教的政治功能

在西藏延续上千年的政教制度，从政教合一制到政教分离制，虽然作为制度化的政治功能式微，但是藏传佛教仍然是藏民族独特文化的根本代表，是民族认同和情感聚集的旗帜，也是融入现代社会的文化资源优势。[②] 藏传佛教这一独特的宗教与统治者的意志契合，使其成为统治者进行决策和行使政策的工具，实现对藏族社会的管理和统治，并随着统治者政权的更替而调节其政策，在这一过程中不仅确立了历代中央政府对西藏地方的主权，而且维护了国家的稳定和统一，具有重要的政治统合和社会凝聚作用。

（一）稳定族群，加强民族凝聚力，体现群体整合功能

宗教是一种具有丰富政治属性的社会现象，具体表现为：宗教能够控制社会、稳定社会秩序、凝聚民族力量，可以为政治运动鸣锣开道。[③] 涂尔干说过，"宗教是社会的凝聚剂"。藏传佛教的政治功能首先也表现为它参与西藏社会的整合过程，稳定族群，并加强了民族的凝聚力。佛教刚传入藏区时，正值吐蕃王朝兼并小邦而走向统一之时，赞普王室连连征讨而雄踞青藏高原，佛教的引入以及与苯教的磨合和斗争，使当时的西藏社会不得不靠盟誓与结盟来维系王室与地方豪族以及部落之间关系的稳定。在佛教的推动下，吐蕃的政治文明程度得到彻底改造和提升，如苯教参政时的血祭、咒术以及鬼神信仰等原始宗教祭祀方式逐渐被边缘化，代之以佛教的因果轮回、

① 《西藏的民族区域自治》白皮书，2014 年 5 月 23 日，新华网，http://news.xinhuanet.com/newscenter/2004-05/23/content_1485502.htm，访问日期：2014 年 10 月 25 日。
② 才华加：《藏传佛教政治功能的当代变化及价值预设》，《青海师范大学学报》（哲学社会科学版）2012 年第 6 期。
③ 闵丽：《近年来国内学者对政教关系的研究述评》，《社会科学研究》2010 年第 6 期。

五戒十善等思想和律法规范，并成为藏族社会普遍认同的社会伦理规范。

朗达玛灭佛之后的后弘期，吐蕃一统的政局分裂成许多地方小政权，佛教的复兴促使藏族社会以氏族血缘为纽带的世家大族联合西藏各教派首领而逐渐建立了政教合一制度。这一制度的典型就是上文提到的，以萨迦派昆氏家族为首在蒙元支持下而建立的萨迦政权、以噶举派朗氏家族为首在明代支持下建立的帕木竹巴政权、以格鲁派为首的在蒙古和清政府支持下建立的甘丹颇章政权。这些政教联合方式无论是元朝扶持萨迦，明朝多封众建，还是清朝的独尊黄教，他们都利用藏传佛教，并且出于政治的需要采取"因其教不易其俗"的方式在西藏建立统治秩序。

藏传佛教一方面被封建主利用作为统治民众的政治手段，另一方面凭借其宗教教义和思想信仰，连接藏族各家族部落、教派和寺院组织，使藏族社会保持了长久的稳定和统一。寺院既是宗教活动场所，又往往是政教基层组织中心，活佛扮演着政治与宗教的双重领导身份，僧众往往是文化和政治的精英，政权与寺院特权紧密相连。藏族民众的个人、家庭、部族依属于相应地区各自教派的寺院，寺院又统属于某个主寺，主寺作为一地的政教中心，除了教育、文化、经济等功能外，又能号令信众，对地区的社会安定、部族团结发挥作用。[1]

（二）实现当权者治理功能，体现国家主权，维护国家统一

前弘期是藏传佛教的孕育期，也是藏民族和藏文明形成的重要时期。吐蕃王朝时期，赞普王权的合法性受到各地方豪族势力的挑战，国家建构存在严重的民族认同危机。西藏自元代纳入中国的行政版图以来，藏传佛教便成为中央政府实施对西藏统治的载体，成为国家主权的象征，明朝的多封众建和清朝的金瓶掣签制度就是藏传佛教这一属性的体现。西藏和平解放后，虽然旧的社会制度被推翻，藏传佛教参与政治的方式也发生了根本改变，寺院也不再是政治中心，寺院的经济、教育等功能弱化，但是寺院作为信众与高僧活佛沟通的载体却仍然意义重大。活佛不再参政，但一些僧人仍然以无党派人士的身份，通过政协或政府参与地方和国家的政治生活。这既体现了国家对西藏地方事务的管理，又充分体现了僧众追求精神世界的权利和自由。

---

[1] 阿忠荣：《佛教政治理念及藏传佛教政治功能》，《青海师范大学学报》（哲学社会科学版）2011 年第 2 期。

元朝的萨迦派是在西藏实现统治的代表，利用藏传佛教成为蒙古皇室建立政权的重要一环，也是实现国家主权和实施统治的枢纽。多达那波在返回凉州时给阔端报告说："在边地西藏，惟噶当巴丛林最多，达隆巴法王最有德行，直贡巴京俄大师具有法力，萨迦班智达学富五车，迎请何人，请示明谕。"① 可见，在统一西藏的过程中，了解藏传佛教各教派现状，并借助藏传佛教进行社会治理和政治统治是最有效的方式。

明朝政府在统一西藏的过程中也借重藏传佛教的影响，同时承袭元朝对西藏的行政管理和官职设置。对于藏传佛教，明朝统治者改变了元朝独尊萨迦的态度，更加注重其社会功用，"因其习尚，用僧俗化导"，而采取多封众建的政策，对藏传佛教各教派一律加以争取。而藏传佛教各派出于利益及各势力集团之间的竞争关系，皆把明朝封给的官职和称号作为巩固和提高自己地位的一条重要途径，争先恐后地争取明王朝的赐封。由此可见，通过藏传佛教的影响，明朝以和平方式顺利确立了在西藏的统治地位，实施了军政合一、汉藏官员共治的模式，加强了明朝政府对藏区的管理，促进了国家的统一。通过册封和朝贡，明朝同藏传佛教各教派确立了君臣关系，国家主权得到体现。

清承明治，推行"修其教不易其俗，齐其政不易其宜"的治藏政策，鉴于格鲁派深远的政治影响力，清朝政府推行"兴黄教，即所以安众蒙古"② 的政策。在中央层面，清朝政府通过理藩院管理蒙藏事务；地方层面，通过册封、驻军定制和设官等措施，加强对西藏的统治；并且利用达赖和班禅的社会影响力治理西藏事务，同时通过驻藏大臣的权威地位统摄全局。清朝有效的西藏政策不仅确立了在西藏的主权地位，而且加强了西藏同内地的经济和文化联系，使统一的多民族国家进一步巩固。

（三）促进各民族间交流和融合，有利于国家稳定

宗教的内在凝聚力是民族形成和国家建构的主要推动力，这种凝聚力正是宗教对内的自我认同性和对外的排他性的体现。藏传佛教不仅促进了各民族间的融合，而且也使西藏地方民众在宗教的教化和影响下，成为不可或缺的信仰和精神支柱。

---

① 刘立千编译《续藏史鉴》，华西大学华西边疆研究所，1945，第39页。
② 《卫藏通志》卷首，《高宗纯皇帝御制喇嘛说》。

　　佛教由印度传入青藏高原，在传播与发展过程中，北向蒙古地区发展，并于 13 世纪在蒙元统治者的支持下将西藏地方纳入中国版图，与此同时，藏传佛教也逐渐传入蒙古地区。萨迦派和噶举派最先传入蒙古地区，元一代灭亡后，黄教格鲁派的影响力渐入蒙古地区，"领受佛教要旨，迎经典桂"，并迅速在该地区传播，统治者也遂开始建寺、传法译经、迎请上师。四世达赖喇嘛就出生于蒙古，为阿勒坦之孙松布尔彻辰楚库古尔台吉之子，加强了与蒙古地区的联系与交流。至今藏传佛教在蒙古一带的影响也颇深，据内蒙古佛教协会 2010 年公布的数据，内蒙古现有信教群众 30 多万人，有寺庙 116 座，喇嘛 3370 人，活佛 15 人。其中，除了位于巴彦淖尔盟的阿贵寺属宁玛派外，其余藏传佛教寺庙均属格鲁派。①

　　自唐代以来，西藏和中原王朝就有经济和文化往来，元蒙古统治者利用和崇信藏传佛教，元朝八思巴被忽必烈封为帝师，常为帝王、后妃、皇室成员等传法授戒、灌顶讲经，元王室皈依藏传佛教，并且在统治者的提倡下藏传佛教传入内地五台山。八思巴于 1257 年到五台山弘传萨迦教法，撰写密法要义和仪轨等。随之藏传佛教也传入以杭州为中心的江南各地。据载，八思巴还派他的亲传弟子到江南传法，一年之中就受戒剃度了 947 名弟子。这些弟子又传出无数比丘、僧伽，从而使藏传佛教在江南极为兴盛。② 至明代，"多封众建"的治藏政策使大量的藏僧涌入内地，藏传佛教进一步发展。

　　藏传佛教的东向传播，一方面迎合了统治者治理西藏的需求，加强了西藏与蒙古各部落以及与内地的交流和融合，为民族统一和各民族的稳定做出了重要贡献。另一方面，也使藏传佛教成为藏民族的精神支柱，在很大程度上成为维系藏民族内部团结的精神纽带。藏传佛教通过其信仰的权威教义、宗教仪轨对个人行为的反复强化，不仅使之成为宗教戒律，更发挥了道德规范的作用，使藏族社会的社会规范和价值观打上了深深的宗教印记而神圣化。活佛、上师既是神权的代言人，又是藏族社会世俗权力的象征，通过对活佛、上师的崇拜而进行的宗教仪式使这种信仰得到肯定，从而使藏族社会关系更加合法化和稳固化，对于维护西藏地区的稳定与发展起了积极的

---

① 《内蒙古的寺庙》，2007 年 6 月 13 日，《中国网》，http://www.china.com.cn/aboutchina/zhuanti/nmggj/2007 - 06/13/content_ 8382474. htm，访问时间：2014 年 10 月 25 日。
② 赵改萍：《元明时期藏传佛教在内地的发展及影响》，中国社会科学出版社，2009，第 136 页。

作用。

四　结语

西藏的政教制度的演变经历了上千年历史的发展，政教合一制度不断发展和完善，统治阶级利用藏传佛教或"多封众建"，或"因俗而治"，但不外乎出于其阶级利益的考虑，成为统治者进行西藏治理和政治统治的有效方式。藏传佛教各教派与封建统治阶级的结合，一方面，使各教派利用封建主的政治权力攫取经济利益，壮大了教派的力量；另一方面也使统治阶级达到了获取权力的目的，进而又对西藏实施有效的管理。在这一过程中，藏传佛教的政治治理功能在群体整合、主权统一、民族融合方面发挥了重要作用。目前基于我国宗教的群众性、复杂性和长期性等基本特点，进一步发挥藏传佛教的道德规范和民族凝聚力，强化藏民族的国家认同感和向心力，并制定符合藏区实际的政策，积极引导藏传佛教与社会主义相适应，无疑具有重要意义。

边疆地理

中国边疆学

（第四辑）

清代新疆英吉沙尔城市形态及内部格局变迁研究

王　耀

摘　要： 新疆英吉沙尔城的城市形态和内部格局在清代经历了巨大变化。本文将借助汉文史籍、满文档案、西方人游记等资料，就清代英吉沙尔城历史演进过程中的空间形态变迁这一前人极少关注的领域，进行图文并用的追述和研究。乾隆统一新疆前，英吉沙尔位于今英吉沙县南部，城市以清真寺为核心，街巷呈放射形分布；统一后，随着清政府军政势力的进入，在乾隆年间于旧城内建造东西向隔墙，以衙署、军营等军政设施为主的镇城居于城北，而城南居住着当地民众，形成了一城两区的特殊城市格局。道光年间，因为张格尔之乱造成镇城北移选址重建，镇城与旧城在地域上实现分离；后经阿古柏之乱，光绪年间在道光镇城基址上重修，并增筑内城。

关键词： 清代　英吉沙尔　城市形态　内部格局

作者简介： 王耀，历史学博士，中国社会科学院民族学与人类学研究所新疆研究室助理研究员。

　　清朝在边疆地区的治理开发与城市建设方面成效显著。清统一新疆后，在天山南北兴建了大批城市，用于安置军政官员、满汉官兵等。在南疆地区，在原有旧城内部或周边新建了"南八城"（喀什噶尔、英吉沙尔、叶尔羌、和阗、阿克苏、乌什、库车、喀喇沙尔），这些新建城市无疑是清代边疆治理与开发成果的集中体现，蕴含着众多值得挖掘的历史信息。英吉沙尔因为扼守要道，介于喀什噶尔、叶尔羌之间，历来为重要交通孔道和兵家必争之地。清代英吉沙尔位居"南八城"之列，乾隆三十一年（1766）设置英吉沙尔领队大臣，管理当地军政事务。清朝军政势力进入该地后，新建了用于供军政官员及兵丁居住的城市及衙署、兵房等，给当地城市形态、城市内部格局等带来了巨大变化。当前学界并未针对清代英吉沙尔的空间形态变迁及历史演变进行专题探讨，尚存在一定的学术研究空间。本文拟以英吉沙尔城为研究对象，借助文献记载、满文档案、西方人游记等，尽可能复原其在清代不同历史阶段的城市空间形态与内部格局，揭示城市在清代新疆南疆开发中的历史演进与空间变迁，呈现出清代新疆城市发展的部分特征。

英吉沙尔（今新疆英吉沙县）位于昆仑山北麓、塔里木盆地西沿，处于库山河、依格孜也尔河两河的洪积平原上，整体地势西南高、东北低。英吉沙尔扼守要道，西南为高山、东北为沙渍，城市东南孔道为往来喀什噶尔、叶尔羌两城之间的必经之路。

一　英吉沙尔回城①

英吉沙尔地处要冲，清统一之前，该地即存在城市，据文献记载，旧有"土城一座，周围约二里一分，南北二门"②。现有文献中言即及此，未有更为详细的记载。在此根据《英吉沙县地名图志》中若干地名意义，大致推测复原出英吉沙尔回城的位置及当时的街巷、清真寺等状况。

英吉沙尔地区有两座历史最为悠久的清真寺（见图 1）。其一为艾提尕美其特（清真寺），位于英吉沙尔城东，今天的城关乡艾提尕村，该寺建于1529 年，历史悠久，目前占地面积 1998 平方米。③"艾提尕"，维语意思为"欢聚过节之地"，因为每逢节日，城镇居民来该清真寺聚会过节而得名。该寺位于回城外的东关地区。其二为代尔瓦扎美其特（清真寺），位于英吉沙尔达西喀勒克巷，西邻阿提巴扎巷，目前占地面积 720 平方米，为两层建筑，该寺建于 1479 年，是英吉沙尔现存最古老的清真寺。因该寺前面是英吉沙尔大门，故名代尔瓦扎阿勒迪美其特，意为"镇门前的清真寺"，后来

---

① 新疆南疆地区以信仰伊斯兰教的维吾尔族为主，在清代文献中多依据宗教信仰而将其居住城市称之为"回城"，在此借用。

② （清）佚名：《回疆志》，乾隆间抄本，《中国方志丛书》西部地方·第一号，成文出版社，1968，第 40 页；《回疆通志》卷七《喀什噶尔·英吉沙尔·建置》中亦有记载："旧有土城二里一分"。

③ 英吉沙县地名委员会：《英吉沙县地名图志》，喀什日报社印刷厂，1990，第 187 页。

简化为代尔瓦扎美其特。① 1479 年，英吉沙尔城址曾发生过大的改移，新城址就是后来清代回城所在地，代尔瓦扎美其特的修筑是与当时新城的建设同年进行、同步施工的，其位置在当时镇门前。但是，发展到清乾隆统一之前已近 200 年，这期间城墙、城门等设施是否进行过改扩建，并未见到文献有明确记载，因此还不能依据代尔瓦扎美其特来推断清乾隆统一前回城城门的确切位置。但是，综合上述记载以及遗留至今的街巷纹理结构，可以推知英吉沙尔回城大致应该在代尔瓦扎美其特及达西喀勒克巷一带。这种推测与《英吉沙尔地名图志》中的相关记载也是相吻合的。② 另外，今天已经纳入喀什地区县级文物保护单位的英吉沙县"阿特巴扎居民建筑"，位于达西喀勒克居委会处，属于维吾尔传统民居建筑，具有悠久历史和鲜明民居特色，其位置与清代英吉沙尔回城所在地部分重合，这些民居建筑应属于清代英吉沙尔回城的遗存。

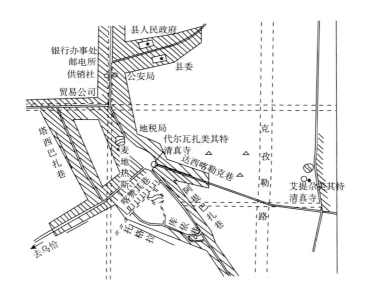

图 1　英吉沙尔回城示意

资料来源：根据 "1950 年英吉沙县城区图" 改绘，引自《英吉沙县志》，新疆人民出版社，2003，第 830 页。

---

① 《英吉沙县地名图志》，第 187～188 页。
② 《英吉沙县地名图志》，第 3 页："公元 1479 年，英吉沙城迁到现在县镇南部的达西喀勒克巷一带"。

如图 1 所示，五条历史悠久的街巷从左往右依次为："塔西巴扎巷"——形成于 1500 年，因该地买卖磨盘石而得名；"喀赞其巷"——因该巷居民大多铸锅为业而得名；"托格拉库依巷"——形成于 1500 年，因该巷有条由东南向西北延伸的横渠而得名；"阿提巴扎巷"——意为"马市"；"达西喀勒克巷"——铁匠之意①。从历史形成的街巷纹理结构来看，如图 1 所示，周边各条街巷皆围绕代尔瓦扎美其特而延展，或者说以清真寺为核心，各商贸街巷呈放射形分布。另外，从上述五条街巷的得名来看，显示出英吉沙尔回城具有浓厚的商贸城市属性。

虽然因为材料所限，并未能够完全复原清代英吉沙尔回城，但是根据已有的地名信息，依旧可以看出代尔瓦扎美其特（清真寺）对于城市内部格局的重大影响作用。各条商业街巷虽然蜿蜒曲折，但是都能够通到该清真寺，表明代尔瓦扎美其特对于周边街巷具有吸引作用，是城市商贸活动、宗教信仰的中心所在。这种回城格局在清代喀什噶尔回城与艾提尕尔清真寺的关系上，亦有体现，这无疑是城市浸染宗教色彩、受宗教影响的现实写照，也是南疆回城在城市形态和格局上区别于中国其他城市的重要特征。

二　英吉沙尔镇城②

（一）乾隆年间镇城的兴建

乾隆二十四年（1759）清军至此，并没有建造新城，而是在原有回城内建一东西隔墙，将城市区隔为南北两部分，南面居住回民，北面居住官兵③。因为回城与镇城一墙之隔，所以镇城南墙即为回城北墙。这一时期镇城占据了旧有回城的北部，因此其地理位置仍旧在今天英吉沙县南部的达西喀勒克巷一带。

乾隆四十年（1775），清政府将城垣展拓七分，周围达二里八分，"城

---

① 《英吉沙县地名图志》，第 16～18 页。
② 清代新疆地区新建城市多居住军政官员、满汉官兵，城市内部以衙署、兵房等建筑为主，在清代文献中，比如乾隆年间的《西域闻见录》中即以"镇城"称之，这一称谓符合新建城市的性质，在此借用。
③ 事见《回疆通志》卷七《喀什噶尔·英吉沙尔·建置》："乾隆二十四年初建以驻官兵，其城中隔一墙，南半回民居之，北半官兵居之"。

高一丈七尺，底宽八尺，顶宽三尺，女墙高四尺，南北二门，各高八尺五寸，宽六尺"①，通过扩建，将关厢民众纳入城内。据满文档案乾隆四十年九月二十二日"喀什噶尔办事大臣申保等奏扩展英吉沙尔城并查看卡伦驿站折"②，申保实地踏勘扩建事宜，提到"如从彼处旧城南墙向南扩建六十余丈，居于城外之回子，可全部划入城内安置"，可见此次扩建目的在于将回城南关外的居民纳入城垣之内。在该年扩建城垣过程中，同时对回城、镇城之间的隔墙进行增高整修，因为申保认为"回子与满洲、绿营官兵住于一城，虽然筑有隔墙，但是高低不齐，亦有可逾越之处，因所涉关系甚大，固再增筑数尺"，用以"杜绝不宵之兵丁翻墙为乱"。

因为镇城居北、回城居南，所以乾隆四十年的城垣展拓，主要是往南扩建了回城。就两者的占地规模而言，回城大致为镇城的三分之一，"回城东西与镇城等，南北视镇城三分之一。东偏一门，出入镇城者由之"③。如《新疆识略》附图（图2）所示，可见回城南北大致为镇城的三分之一的记载属实。根据城市与山之间的关系，可以推定图2的方位大致为上南下北。

图 2　英吉沙尔回城、镇城地图

资料来源：（清）《新疆识略》卷三，第 31 页，收录于《续修四库全书》"史部·地理类"，第 607 页。

---

① （清）和瑛：《回疆通志》卷七《喀什噶尔·英吉沙尔·建置》，中国国家图书馆藏抄本。
② 中国第一历史档案馆编《清代新疆满文档案汇编》，广西师范大学出版社，2012，第 126 册，第 31 页。
③ 徐松：《西域水道记》，朱玉麒整理，中华书局，2005，第 36 页。

对于镇城内的各类建筑，清嘉庆年间成书的《回疆通志》有详细记载："城头四角各盖巡更房一间，南门内兵房五间，北门内兵房三间，城中隔墙东西长十五丈一尺，高一丈五尺，底宽二尺，顶宽一尺，中安栅门一座，两旁兵房四间，北门内领队大臣衙署一所，兵房三十三间，满营防御驻防五间。满汉印房办事贴写书识等驻防二处，共十六间；笔帖式住房七间，满营兵房十五间，绿营游击衙署一所，住房十七间，绿营官兵住房七十三间，看仓兵房一间。城外北一里许恭建万寿宫一座，傍建关帝庙一座，城内关帝庙一座，廒神庙一座，廒房十间，军器库三间，火药库一间。"①

由上述记载可知，城中东西隔墙"长十五丈一尺，高一丈五尺，底宽二尺，顶宽一尺"，按照清代度量衡（1 丈 = 3.2 米）换算，该隔墙东西长约为 48 米，高约 4.8 米，底宽约 0.64 米，顶宽约 0.32 米。另外根据英吉沙尔旧有回城"周围约二里一分"的记载和清代度量衡（1 里 = 576 米），推知英吉沙尔旧有回城的周长约为 1210 米。从图 2 可以看到，英吉沙尔镇城和回城南北排列，外形为方形，虽然不能够依照图像简单推断英吉沙尔城为方形，但是假设其为方形城市形态，便于依据现有数据粗略推导出部分城市信息，加深对于清代英吉沙尔的认识，并且其推导数值固然有误差，但是不影响对于该城的大体认知。已知英吉沙尔城东、西隔墙长度约为 48 米，假设城市为方形，则该城南城墙和北城墙同样为 48 米，同样已知旧有回城周长约为 1210 米，则旧有回城的东城墙和西城墙的长度均约为 557 米。据上述推测数值可以大致推导出英吉沙尔旧有回城的形状应该是南北长、东西窄的狭长形态，占地面积约为 26736 平方米。现在标准 11 人足球场的面积是 7140 平方米（68 米 × 105 米），可见乾隆统一新疆前英吉沙尔旧有回城的占地面积大概相当于四个标准 11 人足球场的面积。

乾隆统一新疆后，旧有回城区隔成为镇城与回城并立的格局。乾隆四十年（1775），清政府将城垣展拓七分，周围达二里八分，"城高一丈七尺，底宽八尺，顶宽三尺，女墙高四尺，南北二门，各高八尺五寸，宽六尺"。根据清代度量衡换算，可知英吉沙尔城垣周长扩展约为 1612 米，城墙高度为 5.44 米、底宽 2.56 米、顶宽 0.96 米，女墙高 1.28 米，南门和北门分别高 2.72 米、宽 1.92 米。根据上段中城市为方形的假设以及乾隆四十年城垣

---

① 《回疆通志》卷七《英吉沙尔·建置》。

是往南扩展、东西并未拓宽的事实，所以这一时期南城墙与北城墙依旧与东西隔墙相等，为48米，而东城墙和西城墙长度均为约758米①，占地面积拓展为36384平方米。而依据"回城东西与镇城等，南北视镇城三分之一"的记载，可以推导出这一时期的镇城东西长48米，南北长约568米，占地面积27264平方米②，而回城东西长48米，南北长约190平方米，占地面积9120平方米。

据成书于乾隆二十八年前后的《西域地理图说注》记载，统一初期英吉沙尔"土居回民，二千二百四十四户，男妇大小七千五百八十九口"③。这一回城人口数值是指英吉沙尔城乡的总人口，并非单指英吉沙尔回城内的人口。有关统一初期镇城内的满汉官兵数量，据记载，"分驻英噶萨尔满营马步兵八十名。乾隆二十四年，原驻兵一百六十二，二十六年增三十八名，二十七年裁一百名，三十六年裁二十名，如今额。隶参将辖"；"分驻英噶萨尔绿旗马步兵二百名，乾隆二十四年，原驻兵三百九十二名，二十六年裁一百九十二名。隶游击辖"④。可见乾隆统一初期英吉沙尔镇城驻守满洲、绿营兵丁共计280名。此外，关于英吉沙尔镇城内的军政官员数量，据记载，"领队大臣一员，兼管卡伦，笔帖式一员，委笔帖式四员，满营防御一员，绿营游击一员，千总一员，把总一员，经制外委二员，满营官兵由乌鲁木齐派来，三年更换；绿营官兵陕河州镇属各营派来，作为二班，五年更换；凉州镇属书识三名"⑤，由这则史料可知军政官员数量为15名。考虑到乾隆统一初期，南疆地区军队实行换防制，不准携带家眷，所以兵丁数目便于统计；而军政官员数量，虽有明文规定，但是有可能携带胥吏、仆役等人员，数量应不会太多。所以将乾隆年间镇城常住居民数量定为300余人，应该比较可靠。由上述数据可知，占地面积9120平方米的回城居住生活着数

---

① 上文已述，乾隆四十年往南展拓城垣之前的东、西城墙长度约为557米，根据满文档案记载乾隆四十年扩建，"如从彼处旧城南墙向南扩建六十余丈"，这"六十余丈"如按照六十丈换算，则为192米，两者相加基本与此处758米一致，可见这些推导所得的数据具有一定的参考性。

② 该数值与上文中英吉沙尔旧有回城的占地面积26736平方米存在矛盾，镇城应该是旧有回城的一部分，在占地面积上不应该大于旧有回城的占地面积。这一方面说明按照方形城市形态推导所得数据，虽具有一定参考性，但仍存在较明显的误差，需结合相关记载反复推敲辨别；另一方面也约略反映出镇城占据旧有回城的绝大部分的事实。

③ 阮明道主编《西域地理图说注》卷一《城村户口》，延边大学出版社，1992，第30页。

④ 钟兴麒、王豪、韩慧校注《西域图志校注》，新疆人民出版社，2002，第437页。

⑤ 《回疆通志》卷七《英吉沙尔》。

千名①当地民众，而占地面积三倍于回城的镇城（27264平方米）则仅常住300余人。由这组对比数据可以推知当时人们的生活状态和城市景象，回城内街巷拥挤、人流穿梭、人声鼎沸，而镇城内街道开阔、人疏声稀，无怪乎乾隆四十年喀什噶尔办事大臣申保奏请增加隔墙高度，"杜绝不宵之兵丁翻墙为乱"。所谓杜绝"翻墙为乱"，固然因为存在作奸犯科、扰累民众之徒，更是因为回城较镇城商贸发达、街巷繁华的客观差异所致。

英吉沙尔镇城内各衙署、兵房等的大体位置，据《回疆通志》② 记载：

城内西边——英吉沙尔领队大臣公馆一所、印房等处章京官房三所、笔帖式官房三所、折房一所、满印房一所、汉印房一所、经牧处满房一所、汉房一所、营务台站房一所、回子学房一所；

南门内西边——粮饷局衙署一所、粮员住房一所、笔帖式千总官房各一所、满汉房各一所、库房六间、药库一间、仓廒十五座、添修廒三座；

西门以北——满营协领衙署一所、佐领官房一所、防御住房一所；

南门内——绿营副将衙署一所；

西门内——游击衙署一所；

西门之北——城守营小公馆一所、满营兵房八十间；

西门北——绿营兵房一百三十间；

南门之西——军器库一所；

东、西、南三门及衙门前——侍卫公馆六所、守门堆房四所；

城西北隅——监狱一所；

城东北隅——火药局一所；

城西门外——税务厅一所；

城南门外——接官厅一所；

南门外——管理关厢都司衙署一所；

南门外东南——教场演武厅。

另外同样据《回疆通志》记载，英吉沙尔驻扎"满营兵八十名，绿营马步守兵二百一十七名"③，结合上揭可知，西门之北有"满营兵房八十

---

① 7000余人为英吉沙尔当地民众的城乡总人口数，未有文献记载其中究竟有多少人是城市居民、多少人是乡村住户，并且这7000余人不会同时涌入城内，所以在此谨以"数千名"笼统称之。

② 《回疆通志》卷七《喀什噶尔·建置》。

③ 《回疆通志》卷七《英吉沙尔》。

间"，西门北"绿营兵房一百三间"。由此可见，满洲兵的居住条件是一人一间，而绿营兵的居住条件要差一些，大致为两人一间。从居住条件就能够明显看出满洲八旗与绿营兵在军队系统的高低差异。

此外，镇城内外兴修了万寿宫、关帝庙等，"城外北一里许恭建万寿宫一座，傍建关帝庙一座，城内关帝庙一座，廐神庙一座"①。这些寺庙无疑是镇城文化面貌的集中体现和重要的城市景观，其外在建筑风格与内在神灵信仰均源于内地。万寿宫是清代地方政府进行国家祭祀、皇朝庆典的场所，南疆各城均要修建；而关帝庙的修建同样是遍及天山南北，这与清代普遍的关帝信仰有关，需要"春秋致祭"。

综上可知，清统一后，满汉官兵的涌入，不仅带来衙署、兵房、寺庙等有形建筑，同时带来了内地风俗、文化、宗教信仰等。这打破了先前伊斯兰教一统天下的文化格局，也打破了伊斯兰文化影响下的城市形态、城市格局，为南疆城市发展变迁注入了不同文化要素、不同建筑风格。

乾隆年间，英吉沙尔回城、镇城同处一城，分居南北，形成了一城两区的复式城市格局。城内北部镇城居住满汉官员、兵丁，南部回城居住维吾尔族民众，在空间上、地域上形成了隔离态势；同时，城市功能分区显著，镇城承担军事防守、行政管理职能，回城主要承担商贸功能。这种城市功能、地域、居民等对立统一地存在于同一城市内，这种复式城市格局是在清统一后新出现的，在南疆其他城市同样存在类似状况。这种复式城市格局是这一时期新疆南疆城市形态发展中的最显著特征。

（二）道光年间镇城的迁建

乾隆年间，英吉沙尔镇城与回城同城而居，中间建有隔墙，镇城居北。至道光年间，张格尔之乱殃及英吉沙尔，城市建筑、城墙等多次遭到破坏和重修，镇城城址发生位移。

道光年间，张格尔多次武装入卡，袭扰或占领喀什噶尔、叶尔羌、英吉沙尔、和阗等西四城，一时之间南疆地区政局动荡、战云密布。道光六年（1826），张格尔入寇，南路动乱，根据从喀什噶尔逃出兵丁供述，"英吉沙尔、叶尔羌、和阗三处看明，衙署民房，均被焚毁。惟留叶尔羌西府衙门楼

---

① 《回疆通志》卷七《英吉沙尔》。

房"①。道光七年（1827）十二月间，道光帝曾就英吉沙尔城重修问题，提出原址重建的建议。事见道光七年十二月戊戌，"谕军机大臣等：长龄等奏查探张逆情形及请留带兵大员，并建筑叶尔羌、英吉沙尔城城垣衙署……至建筑叶尔羌、英吉沙尔城垣衙署兵房，非喀什噶尔情形可比，何不修复故城？"② 其后至道光八年（1828）六月，同意英吉沙尔镇城北移一里左右，迁址重建。"至英吉沙尔旧满城向在回城之内，地势湫隘，兵回杂处，既多未便，且衙署兵房，俱经焚毁，与其修复旧城，不如择地另建。现在新勘城基，距回城不及一里，著准其移建，俾官兵另居一城，一切俱照旧制办理。所需工费，即在抄获叛产内筹拨，无庸动支正项。"③ 道光年间，英吉沙尔镇城城址发生位移，从此镇城与回城在地域上分离开来。据《英吉沙县地名图志》记述，"1835年，英吉沙城迁到现县粮食局附近，当时先筑起了外城墙"④，时年为道光十五年。根据英吉沙尔旧有城址与新城址（县粮食局附近）之间距离为1000米左右，推测英吉沙尔建设新城动议起自道光八年，完竣于道光十五年。

至道光二十七年（1847），英吉沙尔城又遭受较为严重的破坏。《清宣宗实录》记载道光二十八年正月，"修英吉沙尔城墙各工，从署叶尔羌参赞大臣吉明请也"。据内阁档库记载，道光二十八年二月，"查明此次贼匪滋扰所有境内各台卡、城门房间、围墙俱被贼匪焚毁，汉城壕沟墙根亦多剥落情形。又城外万寿宫、关帝庙、教场、火药局等处，均被拆毁，亟应修理"⑤，奏请中央政府批准，所需款项由当地阿奇木伯克等捐修。

如图3所示，道光年间回城仍旧在达西哈勒克巷一带，而镇城往北移1000米，其南墙在今天县粮食局一带。道光年间的英吉沙尔镇城，改变了乾隆年间与回城同城而居的格局，发展成为一地两城、相互分离的格局，这在一定程度上强化了复式城市格局的对立态势。

---

① 《清宣宗实录》卷一百七十，道光六年十月上庚申。
② 《清宣宗实录》卷一百三十一，道光七年十二月戊戌。同年十二月再次提出："一移英吉沙尔旧址之北，须建衙署兵房三百余间，此二处只因隔住回城一隅，迥非喀什噶尔改建昭忠祠、不敷居住者可比，何不修复故城？"
③ 《清宣宗实录》卷一百三十七，道光八年六月。
④ 《英吉沙县地名图志》，第3页。
⑤ 《户部为阿奇木伯克等呈恳捐修工程》，道光二十八年二月，中研院史语所藏明清史料，网址：http://catalog.digitalarchives.tw/item/00/28/4a/4e.html，2015年5月17日。

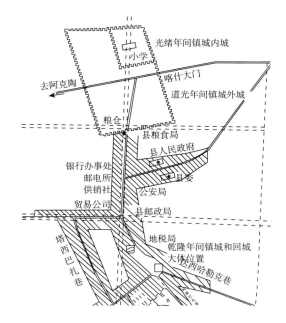

图3　乾隆年间、道光年间及光绪年间英吉沙尔镇城示意

资料来源：根据"1950年英吉沙县城区图"改绘，引自《英吉沙县志》，新疆人民出版社，2003，第830页。

（三）光绪年间镇城的重建

同治四年（1865），英吉沙尔陷于回乱，后经阿古柏之乱，于光绪四年（1878）收复。光绪十年（1884），在旧有土城基础上进行扩建，修补了外城墙，添筑了正方形的内城，取名为"英协海尔依其"（意为"新内城"）。该内城在外城的东北隅，如图3所示。内城墙长二里、高五米，顶宽一米，女墙高一米，墙上设有垛口、射击孔。① 在城内建有"关帝庙、龙王庙、万寿宫、城隍庙、方神庙、托公祠"②。

图4为光绪末年（1906）的英吉沙尔镇城的外城墙及壕沟照片。据芬兰人马达汉记述，英吉沙尔城是四方形的，城墙顶端和四个城楼均留有垛口，各个城门均建有瓮城，城墙外部筑有五尺宽、三尺深的壕沟，壕沟平时

---

① 《英吉沙县志》，新疆人民出版社，2003，第832页。

② （清）黎炳元：《英吉沙尔厅乡土志》"地理"，收录于中国边疆史地研究中心主编《新疆乡土志稿》，全国图书馆文献缩微复制中心，1990，第760页。

是干涸的，需要时从当地灌溉渠中引水注入。而城市内部，分布着按照规划设计建筑的街区，四方形的城市纵横交叉着南北和东西两条大道，将城市划分为四个街区，城中有民居、两座庙宇、步兵营盘等。①

英吉沙尔绿洲的城堡城墙中段及其外沿的壕沟

图4　1906年英吉沙尔城外城墙及壕沟

资料来源：《马达汉西域考察日记（1906－1908）》，中国民族摄影艺术出版社，2004，第45页。

今天，在英吉沙县英也尔路县粮食局以东尚有镇城遗址，如图5"英吉沙古城墙"所示。其中文字注记为"英吉沙古城始建约1776年间，约1800年间完成。原古城东转北、北转西、西转南的方向而建成，城底宽8.5米，城顶宽7米，城高8米，东西北有三个城门。当时此座古城为防止外敌入侵而建。该座古城于1826年被加汗格霍加（笔者按：即张格尔）破坏，在1828年被清政府重建"。该处为道光、光绪年间镇城遗址，并非乾隆年间镇城遗址所在，注记信息多处有误，该处遗址并非始建于1776年，1826年张格尔之乱破坏的是达西喀勒克巷一带的乾隆镇城，此城始建于道光年间（1828），光绪年间重修。

总之，在清政府治理和开发新疆的大背景下，清代英吉沙尔在城市形态、内部格局、居民结构、宗教信仰等方面，经历了从回城到镇城、回城并立的巨大转变。在原有信仰伊斯兰教、以维吾尔族为主的回城内部或者周边，新建了带有军事驻防和政治统辖职能的、以满汉官兵为主的镇城。在空

---

① 〔芬兰〕马达汉：《马达汉西域考察日记（1906－1908）》，中国民族摄影艺术出版社，2004，第44~45页。

图5　英吉沙古城墙遗址

间形态上，以清真寺为核心、街巷呈放射形分布的回城和以衙署、兵房等军政设施为主、街巷较为规整的镇城，二者对立统一地存在着，形成了一城两区或一地两城的复式城市格局。这种复式城市格局的形成，无疑应该归因于清政府推行的民族平抚政策和怀揣的民族防范心理。

聚焦到英吉沙尔镇城本身，在清代大致经历了三个发展阶段：乾隆年间镇城兴修，与回城同处一城；道光年间镇城迁建，镇城与回城分离，新址在回城北一里；光绪年间，修补镇城并加筑了内城。

客观地说，肩负军政统辖职能的镇城，其生命力来自遥远的清廷中央政府，缺乏城市发展的内生动力。当清政府军政势力受挫时，比如张格尔之乱、阿古柏之乱期间，镇城这一清朝统治的地标，往往毁于战火。而回城则扎根于当地，聚合了大量信仰伊斯兰教的维吾尔族民众，具备城市发展所需的人口、农业基础、商贸交易等。因此，历史地看，当清政府势力衰微时，当民族防范心理消融、民族互信增强时，阻隔民族交流和融合的有形城墙将被打破，镇城这一历史产物将不可避免地走入历史。时至今日，也只剩下残存的"英吉沙尔古城墙"遗址和一块错讹百出的铁皮说明牌。

与周边地区
关系研究

中国边疆学
（第四辑）

试析苏联对蒙战略缓冲政策的
形成与外蒙古"独立"

彭传勇

摘　要： 苏联为了在中国开展革命工作、协调与中国的关系，于 1924
年 5 月 31 日与中国签订了《中俄解决悬案大纲协定》，承认中国对外蒙古
的主权和外蒙古为中国之一部分。这样，在 1925～1927 年中国大革命期间，
外蒙古充当了苏联向中国内地输出革命的"走廊"。但很快中国大革命失
败，中苏关系走向全面恶化。与此同时，苏联国内政治状况发生变化，斯大
林模式开始形成，而日本称霸东北亚的对外侵略扩张计划也粉墨登场。在上
述三种因素的综合影响下，苏联开始形成了维护自身安全的战略缓冲政策，
并最终完全得以实现。苏联该政策的实行完全是出于维护本国利益的考虑，
对中国危害极大，不仅使中国又丧失了 150 多万平方公里的土地，而且还扶
植外蒙古建立了独立国家，使中国又多了一个潜在的地缘对手。

关键词： 苏联　外蒙古　战略缓冲政策

作者简介： 彭传勇，历史学博士，黑龙江省黑河学院俄罗斯研究所副研
究员。

外蒙古独立问题是中苏关系史研究中的重要问题之一。学界一致认为
苏联在外蒙古独立中起了关键性的作用，笔者也持此观点。然而，为什么
苏联改变了外蒙古为中国领土一部分的对蒙政策，转而帮助外蒙古自中国
独立？这是需要深入研究的问题。笔者认为，外蒙古自中国独立与苏联制
定、实施的对蒙战略缓冲政策密切相关。学界有的学者也提出了这个问
题。但是什么因素促成苏联改变了承认中国对外蒙古拥有主权的对蒙政

策？苏联新的对蒙政策的形成经历了一个怎样的具体变化过程？这是学界还没有阐述清楚的问题。笔者试就上述问题谈一些自己的看法，以补前人研究之不足。

一　战略缓冲政策的促成因素

众所周知，苏联为了在中国开展革命工作、协调与中国的关系，于1924年5月31日与中国签订了《中俄解决悬案大纲协定》，承认中国对外蒙古的主权和外蒙古为中国之一部分。这样，在1925～1927年中国大革命期间，外蒙古充当了苏联向中国内地输出革命的"走廊"。然而，中国大革命并没有像共产国际和苏联所设想的那样取得成功，而且很快失败了。1927年4月12日，蒋介石发动了"四·一二"反革命政变，1925～1927年中国大革命宣告失败，共产国际和苏联与国民党的亲密合作暂时中断。与此同时，控制北京政府的张作霖由于中东铁路问题与苏联关系全面恶化。[①] 张作霖对苏联在外蒙古的政策也表示极度不满，1927年4月7日，德国一份报纸披露了他在外蒙古问题上的态度："虽然俄国承认中国对蒙古的主权，但蒙古实际上是纯俄国的势力范围。如果苏联不顾及国际社会舆论的话，那么，蒙古早已并入苏联。外蒙古，——张继续说，——处在苏联的直接控制之下，他的政治活动家——莫斯科手中的傀儡。"总之，到1927年，无论是南方的国民党政府还是北京政府都与苏联关系恶化，中苏关系朝着战争方向发展，这使共产国际和苏联必须重新考虑对蒙政策。

除中国内地因素外，还有两个因素决定了苏联和共产国际对蒙政策的转变和战略缓冲政策的形成。

第一，苏联国内的政治状况。20年代末30年代初，在苏联斯大林模式开始形成，斯大林提出按新的路线在某一被控制的地区或国家采取非常手段建成社会主义，以及减弱在东西方国家进行世界布尔什维克化的方针。在资本主义包围中，苏联实行斯大林战略使民族国家安全利益优先于世界革命的阶级、国际主义利益。苏联仍继续在策略上向世界宣

---

① 参见彭传勇《试论〈奉俄协定〉对东北亚国际关系的影响》，《西伯利亚研究》2006年第6期。

传国际共产主义援助的口号和计划，但苏联民族国家利益占据绝对首要地位。

第二，日本因素。1927年6月27日至7月7日，日本在田中内阁亲自主持下召开了"东方会议"。会议后，田中于7月25日把会议决策拟文上奏天皇，即著名的《田中奏折》。奏折详尽地论述了日本争霸世界的计划，其中包括日本进攻苏联和中国（包括外蒙古）的军事战略、经济和外交计划："满洲和蒙古是远东的比利时，——在奏折中说，——在一战时，比利时变成了战场。在我们与俄国作战时……满洲和蒙古也将经历各种战争惨状。""当在内外蒙古有大量的日本人，在那里用1/10的价格购买土地种植水稻，这样增加了日本食品储备……当大量的土地控制在日本人手里就没有必要争论蒙古是属于日本人或蒙古人了。"在奏折中还提出："由于日本拥有大量价廉质优的毛织品，蒙古是潜在的巨额财富的源泉……我们向世界掩饰这个事实，是为了英美不与我们竞争。"最后，奏折提出日本对外侵略步骤，"惟欲征服支那，必先征服满蒙，如欲征服世界，必先征服支那。倘支那被我国征服，——田中推论，——那么亚洲其它国家不可避免地被我国征服"①。针对日本的田中奏折，1927年10月，外交人民委员部在莫斯科召开了日本远东政策对策会议，在分析从日本、满洲、外蒙古发来的外交和谍报资料后，会议的参加者对新出现的情况做出了下列评价："目前，日本军部认为解决蒙古问题应采取下列形式：（1）通过吴佩孚、张作霖和北蒙古王公把苏联的影响排挤出去；（2）声明统一的蒙古从中国独立；（3）建立包括整个蒙古和东三省的缓冲国家。"②

苏联根据上述三种因素在对蒙政策上发生转变，开始考虑应把外蒙古摆在一个什么样位置的问题。一方面，苏联面临着中国收回外蒙古；另一方面，日本图谋吞并外蒙古。无论是中国收回还是日本吞并，苏联都直接面对强大的敌人，他们随时都可能进入苏联境内。为了避免上述危险，苏联开始扶植外蒙古建立真正的"缓冲国家"。这个"国家"的主要作用在于：（1）在苏联扶植下，成为落后东方国家从封建主义过渡到社会主义的样板国家；（2）执行地缘战略功能。该作用完全符合外蒙古领导的意愿，因为

---

① История советско-монголъских отношений. -М. : Наука, 1981. c. 64～65.

② С. Г. Лузянин. Россия-Монголия-Китай в первой половине XX века: Политические взаимоотношения в1911－1946гг. М. : ОГНИ, 2003. c. 183.

在日益增长的中国中央政府特别是日本的威胁下它使外蒙古保持了"独立"存在。外蒙古既不希望被中国中央政府收回，也不愿被日本占领。1929 年 6月，在"蒙古人民革命党"中央委员会和中央全体会议宣言中，该党表明"蒙古人民共和国"面临巨大的威胁，"中国军阀阎锡山和张学良制定了武装进攻和图谋侵犯我们自由的政策。南京政府组建了吸收我们的背叛者参加的专门的蒙藏事务委员会；……采取残酷的行动。另一方面，从外部，蒙古人民共和国又受到日本侵略的威胁"[①]。

总之，在上述三种因素的综合影响下，苏蒙"轴心"开始形成，在"轴心"中外蒙古扮演了"缓冲"的角色，该角色随着日本侵略的加剧在20 世纪 30 年代基本形成。

二　战略缓冲政策的形成过程

在日本发动"九一八"事变之前，苏联和外蒙古把中国视为最危险的敌人。由于苏联在中东铁路问题上的霸权主义，中苏战争一触即发，1929年 8 月初，中国政府出兵占领中东铁路，中东铁路战争爆发。在中东铁路冲突期间，中国政府也试图解决外蒙古问题。中东铁路冲突后，协调中苏谈判的加拉罕在致斯大林、Л. 卡冈诺维奇、В. 莫洛托夫、М. 李维诺夫的秘密报告中告知，呼伦贝尔地方当局建议黑龙江省主席万福麟对外蒙古采取军事行动，该建议得到了蒋介石的支持。蒋甚至向该行动的直接执行者——张学良下达了军事行动计划。根据加拉罕的报告，蒋介石指出："此时是最终解决蒙古问题的最佳时机……从张家口和海拉尔两个方向打击库伦，因为苏联由于国际条件不能公开地帮助蒙古人。"[②]"我认为，——Л. М. 加拉罕报告，——必须关注极富危险的南京对蒙古的计划，因为，毫无疑问，此刻这项计划与日本总司令部的计划相符合。日本人对蒙中战争表现出明显的兴趣。"中苏战争和中国解决外蒙古问题的意图使外蒙古感到异常恐慌，1929年 8 月 19 日，"蒙古人民革命党"中央和"蒙古人民共和国政府"召开专

---

① АВПРФ，ф. Секретариат Карахана，оп. 12，пор. 156，папка. 81，л. 25. 转引自 С. Г. Лузянин. Россия-Монголия-Китай в первой половине ХХ века: Политические взаимоотношения в1911 – 1946гг. М. : ОГНИ，2003. с. 189 ~ 190。

② М. С. Капица，В. И. Иваненко. Дружба，завоеванная в борьбе（советско-монгольские отношения）. М. : международные отношения，1965. с. 58.

门会议讨论所出现的形势，最终决议坚守 "苏蒙同盟……并准备与中国作战。"① 为了在军事上对抗中国中央政府，1929 年 10 月 26 日，外蒙古与苏联签订了苏联向外蒙古提供各类军服和军备品协议。② 同时，外蒙古对中国内地实行经济 "闭关" 和禁止中国内地人口向外蒙古流动、驱逐中国内地商民。总之，在 1927～1931 年形成的政治形势促使外蒙古与中国内地政治经济隔绝，苏联政府开始实施维护本国利益的缓冲政策，中国被莫斯科和乌兰巴托视为比日本对外蒙古更危险的对抗者。

　　然而，1931 年 "九一八" 事变的爆发和日本入侵中国东北阻挠了中国中央政府对外蒙古的计划。对苏联和外蒙古来说，日本消除了中国中央政府军事进攻外蒙古的威胁。但是，随着中国威胁的减弱，日本的威胁急剧上升，并成为苏蒙双方最主要的敌人。1932 年 3 月初，日本在中国东北成立了伪满洲国。3 月 26 日，共产国际东方书记处的领导庞特尼茨基和米夫在与外蒙古代表会晤中讨论了日本入侵中国东北事件，"事实上，——在谈话记录中指出，——除满洲和内蒙古外，日本还想吞并蒙古人民共和国"③。日本占领中国东北被莫斯科视为进一步侵略外蒙古的直接信号，9 月 24 日，副外交人民委员 Л. М. 加拉罕致信驻蒙政治代表 А. Я. 沃赫金，"由于日本占领满洲……必须高度关注蒙古人民共和国的东部地区……从那里获得情报"④。日本在中国东北成立伪满洲国也使外蒙古感到不安，1932～1933 年，外蒙古召开两次 "蒙古人民革命党" 中央全体会议（1932 年 2 月、1933 年 10 月）专门讨论日本威胁问题和日本进攻外蒙古与苏联的可能性。为了避免日本的军事威胁，会议决定请求苏联派遣军事参谋和提供 "国防" 用途的贷款。⑤

---

① АВПРФ，ф. Секретариат Литвинова，оп. 11，пор. 65，папка. 77，л. 84；ф. Секретариат Карахана，оп. 12，пор. 157，папка. 81，л. 87. 转引自 С. Г. Лузянин. Россия-Монголия-Китай в первой половине XX века：Политические взаимоотношения в1911 – 1946гг. М. : ОГНИ，2003. с. 192、190。

② Боевое содружество：О советско-монгольском боевом содружестве. М. : Воениздат，1983. с. 61.

③ АВПРФ，ф. Секретариат Литвинова，оп. 11，пор. 65，папка. 77，л. 87. 转引自 С. Г. Лузянин. Россия-Монголия-Китай в первой половине XX века：Политические взаимоотношения в1911 – 1946гг. М. : ОГНИ，2003. с. 193。

④ Советско-монгольские отношения. Документы и материалы. 1921 – 1974. Т. 1. 1921 – 1940. - М. : Международные отношения，1975. с. 265.

⑤ История советско-монголъских отношений. – М. : Наука，1981. с. 68～69.

尽管出现了对苏联和外蒙古非常不利的情况，但苏联一开始并未想与日本通过武力来解决外蒙古问题，苏联打算向日本让步以承认伪满洲国为代价换取维持现状和日本放弃侵略外蒙古的计划。如 1934 年 3 月 9 日，苏联外交人民委员 M. 李维诺夫在致斯大林、Л. 卡冈诺维奇、В. 莫洛托夫等苏联中央政治局领导人的绝密报告中提出了向日本让步的计划：（1）苏、日、英、美等国缔结维持太平洋流域"现状，包括满洲国"的协议；（2）"在日本放弃进一步侵略的条件下"上述国家发表承认满洲国的决议；3）"在预先确定的边界和承认满洲国的基础上苏、美、日"签订"互不侵犯协定"；（4）"如果无异议的话，——M. 李维诺夫总结道，——那么在罗斯福同意的情况下我将请求他在日内瓦向其它国家提出。"① 然而，苏联的意图不仅没有得到美国的支持，而且还遭到了日本的反对。占领中国东北后，日本开始在中国东北构筑工事并向内蒙古进军。在日本日益增长的威胁面前，苏联开始真正实施维护本国安全的"缓冲"政策：（1）把"蒙古人民共和国"变成完全符合要求的同盟者（军事、经济方面）；（2）发展苏式蒙古国家（巩固"蒙古人民革命党"的作用、消灭政治反对派，形成外蒙古集权模式——乔巴山崇拜）；（3）确立外蒙古的国际地位。②

在上述政策的基础上，1934 年，苏联向外蒙古提供了总额 919 万图格里克（外蒙古货币——笔者注）的军事贷款③，除了购买武器和军事装备，623.4 万图格里克是为外蒙古军队购买粮食。④ 与此同时，苏联人民委员会决议，从 1935 年开始，在 5 年内每年为外蒙古军队提供 600 万图格里克。⑤ 1934 年 10～12 月，在"蒙古人民共和国"部长会议主席根敦和其他领导被

---

① АВПРФ，ф. Секретариат Литвинова，оп. 14，пор. 111，папка. 102，д. 021，л. 3. 转引自 С. Г. Лузянин. Россия-Монголия-Китай в первой половине XX века: Политические взаимоотношения в1911－1946гг. М.：ОГНИ，2003. с. 198～199。

② С. Г. Лузянин. Ялтинская конференция и проблемы международно-правого оформления МНР накануне и в годы второй мировой войны//Проблемы дальнего востока. 1995. №6. с. 53.

③ Боевое содружество: О советско-монгольском боевом содружестве. М.：Воениздат，1983. с. 62.

④ Россия и Монголия：новый взгляд на историю взаимоотношений в XX веке: Сборник статей/Рос. акад. наук. Ин-т востоковедения，Акад. наук Монголии. Ин-т междунар. исслед.；Редкол.：Алтанцэцэг Н. и др. М.：ИВ РАН，2001. с. 122.

⑤ Боевое содружество: О советско－монгольском боевом содружестве. М.：Воениздат，1983. с. 62.

邀访问莫斯科之时，苏联决定与外蒙古缔结军事政治条约。外蒙古从自身安全角度考虑也主张签订防止日本威胁的互相援助和支持的条约。1934 年 11 月 27 日，双方签订了君子（口头）协定，规定"在防止和预防军事进攻方面采取各种措施相互支持，以及在任何第三方进攻苏联和蒙古人民共和国时彼此给予帮助和支持"①。同年 12 月，苏蒙代表在乌兰巴托又签订了《关于苏蒙联合公司协议》《关于图格里克临时汇率结算的协议》《关于聘请苏联顾问、教官和专家的协议》《关于苏蒙贸易结算协议》《关于苏蒙贸易基础协议》，苏联副外交人民委员 Б. С. 斯托莫尼亚科夫还发出了减少在苏蒙贸易中外蒙古商业债务的信函和致根敦关于军事贷款协议的照会。所有这些文件发展了 1929 年苏蒙秘密"相互关系基本原则"协定和 1930 年建设工业联合体协定，在经济方面巩固了 1934 年 11 月 27 日签订的军事政治条约。1934 年 12 月 11 日，"蒙古人民革命党"中央发布了"关于苏联对蒙古人民共和国经济、政治援助和双方关系"的决议，进一步巩固了苏蒙签订的一系列协议。②

从 1935 年开始，日满军队与外蒙古军队在中国的领土上发生了军事冲突。在冲突中，伪满洲国外交官建议乌兰巴托在双方全权代表的专门会晤中讨论有争议的"领土"问题。苏联政府主张外蒙古与伪满洲国谈判。应该指出，苏联政府并不是想通过谈判以妥协的方式解决问题。苏联主张谈判除了应付国际社会希望通过和平手段解决冲突外，另外就是想拖延苏日战争的时间，一方面，可以加强苏联的战争准备；另一方面，扩充外蒙古的军事、经济实力。从 1935 年 7 月至 1937 年 9 月，苏联支持的外蒙古与日本支持的伪满洲国进行了长达两年的谈判，时断时续，双方前后召开了 35 次会议，主要围绕双方都无权谈判的边界、建立外交关系和交换外交代表等问题。最终，双方因具有不可调和的矛盾而使谈判停止。③ 在谈判过程中，日满军队又多次挑起冲突事件，如 1935 年 12 月、1936 年 1 月 30 日和 2 月 12 日。由于受到日满军队的安全威胁，苏蒙认为有必要进一步加强军事政治关系。1936 年 3 月 1 日，斯大林在与美国记者谈话时就已明确指出："如果日本决

---

① Советско – монгольские отношения. Документы и материалы. 1921 – 1974. Т. 1. 1921 – 1940. – М. : Международные отношения，1975. с. 548.

② Там же，с. 313.

③ 关于具体谈判过程见 С. Г. Лузянин. Россия – Монголия – Китай в первой половине ХХ века：Политические взаимоотношения в1911 – 1946гг. М. ：ОГНИ，2003. с. 201～210，221～229。

定侵犯蒙古人民共和国……我们不得不帮助蒙古人民共和国。……我们帮助蒙古人民共和国就像我们在 1921 年帮助它一样。"[1] 1936 年 3 月 12 日，《苏蒙互助议定书》在乌兰巴托签订。议定书具有军事防御性质，规定苏蒙有责任在条约双方中任何一方遭到军事攻击时彼此给予任何援助，其中包括军事援助，并且允许苏联军队进入外蒙古，有效期 10 年。[2] 1936 年议定书的签订标志着苏蒙"轴心"的形成，"在日本侵略的时候，蒙古成为最重要的缓冲"[3]。在议定书签订当天，苏联副外交人民委员 Б. С. 斯托莫尼亚科夫在致驻蒙政治代表的信中也特别强调了议定书的意义，"乌兰巴托议定书是我们制止日本不断侵略蒙古人民共和国行动链条上的新的一环。现在日本已经确信不疑，入侵蒙古将导致与苏联作战"[4]。

《苏蒙互助议定书》的签订严重侵犯了中国主权，因而，中国外交部两次照会苏联外交部声明抗议。在 1936 年 4 月 8 日的照会中指出，议定书破坏了中国的主权和违背了 1924 年的《中俄解决悬案大纲协定》，外蒙古是中国的组成部分，任何国家都不能与它缔约，中国政府断难承认。[5] 4 月 9日，苏联外交部照会中国驻苏临时代办声称："苏联政府兹特重行确证上述协定（1924 年《中俄解决悬案大纲协定》——笔者注），就苏联方面而言，仍将保持其效力以及于将来。""议定书之签订与议定书各条款均无丝毫损害中国主权之处……并不容许亦不包含苏联对于中国及'蒙古人民共和国'有任何领土之要求。"[6] 1936 年 4 月 12 日的照会重复了第一次照会的内容。总之，苏联政府通过签订议定书实际上已经确立了自己从外蒙古排除中国的

[1] Советско – монгольские отношения. Документы и материалы. 1921 – 1974. Т. 1. 1921 – 1940. – М. : Международные отношения, 1975. с. 337.

[2] 李嘉谷编《中苏国家关系史资料汇编（1933 – 1945）》，中国社会科学出版社，1997，第 27 页；Советско-монгольские отношения. Документы и материалы. 1921 – 1974. Т. 1. 1921 – 1940. – М. : Международные отношения, 1975. с. 340.

[3] Россия и Монголия : новый взгляд на историю взаимоотношений в XX веке : Сборник статей/ Рос. акад. наук. Ин-т востоковедения, Акад. наук Монголии. Ин-т междунар. исслед. ; Редкол. : Алтанцэцэг Н. и др. М. : ИВ РАН, 2001. с. 143.

[4] Документы внешней политики СССР. Т. XVIII. -М. : Госполитиздат, 1974. с. 197.

[5] 李嘉谷编《中苏国家关系史资料汇编（1933 – 1945）》，第 29 页；Советско – монгольские отношения. Документы и материалы. 1921 – 1974. Т. 1. 1921 – 1940. -М. : Международные отношения, 1975. с. 342.

[6] 李嘉谷编《中苏国家关系史资料汇编（1933 – 1945）》，第 29 页；Советско-монгольские отношения. Документы и материалы. 1921 – 1974. Т. 1. 1921 – 1940. -М. : Международные отношения, 1975. с. 344、343.

立场，以及政治上已经开始不顾 1924 年《中俄解决悬案大纲协定》的规定了。

在签订议定书的同时，苏蒙还签订了一系列具体的补充文件：（1）苏联政府向外蒙古提供 1000 万金卢布的贷款组织乌兰巴托－赤塔的航空线；（2）尽快实现铺设乌兰巴托－赤塔的铁路；（3）苏联在巩固外蒙古的武装力量方面给予帮助；（4）在必要的时候，外蒙古应向苏联提供各种可能的有利条件使苏联军队穿越外蒙古境内。[①] 在上述背景下，苏联从国家安全出发，在 30 年代下半期，首先在 1936 年 6 月，派遣红军摩托化部队开进外蒙古；1937 年 9 月，在日本发动全面侵华战争和"满蒙"会议停止的大背景下，苏联军队开始大规模进入外蒙古，驻扎在外蒙古东南部地区。其次，苏联在经济和军事领域对外蒙古进行大力扶植，如 1936 年苏联为外蒙古军队提供了 800 万卢布的军费。[②] 同时，苏联教官和军事专家派往外蒙古的数量也迅速增加了，1937 年与 1936 年相比增加了 1.2 倍，而 1939 年增加了 6.1 倍。[③] 这样，苏联扶植的外蒙古（拥有现代化的军队和充满活力的工农业）在远东整体安全结构中成为苏联的"缓冲"和可靠的安全地带。

三 战略缓冲政策的完全实现与外蒙古"独立"

在 30 年代下半期形成的苏蒙"轴心"发生在日本侵略进一步加剧的条件下，而日本发动全面侵华战争和"满蒙"会议的中断，把日本对苏联和外蒙古作战的日期、地点提上了议事日程。日本决定对苏作战的主要原因在于：苏联对华不断进行军事援助和在莫斯科外交与政治支持下国共两党建立统一战线，使日本迅速占领中国的计划破灭；而日本占领了苏联，中国自然就成为囊中之物了。1938 年，日本向苏联边境的张鼓峰发起进攻，但遭到了苏联红军的强力打击后失败。日本意识到苏联在自己边境的防守实力雄厚，决定在苏联防守薄弱的外蒙古诺门坎地区进行攻击，占领外蒙古后进攻

---

① Россия и Монголия：новый взгляд на историю взаимоотношений в XX веке：Сборник статей/ Рос. акад. наук. Ин-т востоковедения，Акад. наук Монголии. Ин-т междунар. исслед. ；Редкол. ：Алтанцэцэг Н. и др. М. ：ИВ РАН，2001. с. 127 ~ 128.

② АВПРФ，ф. Референтура по монголии，оп. 18，д. 10，папка. 10，л. 3. 转引自 С. Г. Лузянин. Россия-Монголия-Китай в первой половине XX века：Политические взаимоотношения в1911－1946гг. М. ：ОГНИ，2003. с. 230。

③ История советско－монголъских отношений. -М. ：Наука，1981. с. 172.

苏联。苏联对日本的这个计划进行了坚决抵抗，并给予外蒙古直接的军事保护，因为对这个缓冲"国家"入侵的任何企图都将使莫斯科出于本国安全直接作战。这样，苏日之间的诺门坎战争从 1939 年 5 月持续到 9 月，以日本失败而结束。① 1939 年 9 月 16 日，日苏双方同意停止在冲突地区的所有或任何军事行动，当日，双方签订了停战议定书。②

如上所述，在 20 年代，苏联领导人和共产国际把外蒙古视为在东方世界革命整体战略中的重要成员；在 30 年代，苏联不顾中国中央政府的反对，为维护本国安全起见，大力扶植外蒙古，把它视为"独立"的"主权国家"和国际关系中的"主体"，充当苏联亚洲领土安全的"缓冲"地带。在 30 年代苏联的外交实践中，外蒙古确实也充当了苏联设想的角色。但是，这个角色是苏联一手操办的，没有得到其他国家（包括中国）的认可，因此，苏联下一步就是使外蒙古扮演的"角色"合法化。在 40 年代上半期，无论是在进行中的苏日中立谈判中还是在与其他国家交涉中（包括中国），苏联坚决推行外蒙古"角色"合法化的外交。1940 年 6 月 9 日，苏日蒙三方签订了关于明确诺门坎地区蒙满边界和恢复到 1936 年前状况的协议。在 40 年代初，苏联首先与日本协调了外蒙古问题，1941 年 4 月 13 日，苏日签订了中立条约并发表了相互尊重"蒙古人民共和国及满洲国领土完整、互不侵犯"的宣言。苏日所发表的破坏中国主权的共同宣言引起了中国政府的抗议，4 月 14 日，中国外交部部长王宠惠声明："查东北四省及外蒙古为中华民国之一部，而为中华民国之领土，无待赘言，中国政府与人民对于第三国间所为妨害中国领土与行政完整之任何约定，决不能承认，并郑重声明，苏日两国公布之共同宣言，对于中国绝对无效。"③

德国入侵苏联时，恰逢抗日战争的第一个喘息时机，蒋介石的国民党政府考虑到苏联在前线的困难处境，准备结束"蒙古人民共和国"的存在。1942 年 1 月，在中华民国军事委员会作战处作战计划里指出，在近期应撤销"蒙古人民共和国"独立和允许外蒙古在中国范围内广泛自治。蒋介石关于外蒙古的态度更明确，1943 年，他在《中国之命运》中写道：

① 关于具体战争过程见 Боевое содружество: О советско - монгольском боевом содружестве. М. : Воениздат，1983. с. 83 ~ 115。

② Советско-монгольские отношения. Документы и материалы. 1921 – 1974. Т. 1. 1921 – 1940. - М. : Международные отношения，1975. с. 434 ~ 435.

③ 李嘉谷编《中苏国家关系史资料汇编（1933 – 1945）》，第 368 页。

"外蒙古是保卫中国国家生存的重要前哨地区，它从中国脱离与撤销中国国防的后果一样。"[①] 1943 年 11 月，蒋介石在开罗会议上首次在大国首脑级会晤中提出了外蒙古问题。蒋介石建议美国总统罗斯福支持 "蒙古人民共和国……并入" 中国，但罗斯福指出，该问题 "必须讨论……通过与苏联谈判"[②]。然而，苏联在外蒙古问题上早已不顾中国的反对，更别说与中国谈判解决了。从 1943 年末至 1944 年 3 月，新疆地方政权在外蒙古边境地区开始进行多次军事试探。针对中国的试探行为，1944 年 3 月 31 日，苏联驻华大使潘友新照会中国外交部："如果今后再发生新疆部队侵犯边境事件，苏联政府将根据苏联与蒙古人民共和国于 1936 年 3 月 12 日订立互助协定向其提供援助，以保证该共和国的安全。"[③] 1944 年 4 月 3 日，中国外交部向苏联大使声明，"外蒙古是中国之一部分，因此，1936 年 3 月 12 日议定书对中国没有效力"[④]。苏联对中国使用武力威胁收回外蒙古，预示着中苏关系中蒙古问题的交涉开始了新的阶段。在这之前，莫斯科在对外交涉中只对日本使用 1936 年议定书的条款（诺门坎战争），在对中国官方交涉上基本依据的是 1924 年的《中俄解决悬案大纲协定》（尽管苏联已严重破坏了这个协定）。此时，苏联把 1936 年议定书也适用于中国，表明苏联认定从根本上改变外蒙古地位的时机来临了，它必须解决外蒙古作为 "主权国家" 的现实情况和它作为中国组成部分的正式地位之间的矛盾。

苏联政策变化的根本原因在于第二次世界大战使苏联的实力和威望大大增强了。同时，1941 年 12 月 7 日日本偷袭美国珍珠港后，美英等国多次请求苏联参加对日作战。如 1941 年 12 月 8 日，美国总统罗斯福在与苏联驻美大使 M. 李维诺夫会晤时提出希望苏联参加对日作战。这个问题在 1941 年 12 月 16 日和 1942 年 6 月 17 日美国总统致斯大林的信函中再次提到。[⑤] 这

---

① Chiang Kai-shek. China's Destiny//Chinese Economic Theory. -New York，1947. p. 57.

② Foreign Relations of the United States（FRUS）. Diplomatic Papers The Conferences in Cairo and Teheran. 1943. -Wash.，1961. pp. 325 – 326，367.

③ 李嘉谷编《中苏国家关系史资料汇编（1933 – 1945）》，第 498 页。

④ АВПРФ，ф. Секретариат Молотова，оп. 7，пор. 557，папка. 38，д. МНР – 020，л. 14 – 15. 转引自 С. Г. Лузянин. Россия- Монголия – Китай в первой половине ХХ века：Политические взаимоотношения в1911 – 1946гг. М. ：ОГНИ，2003. с. 246.

⑤ Переписка председателя совета министров СССР с президентам США и премьер – министрам великобританни во время великой отчественной войны в 1941 – 1945. гг. -Т. 2. -М. ，1976. с. 12、21.

为苏联最终解决外蒙古问题换取了"国际支持"的筹码，1944年10月15日，美国驻苏大使哈里曼在致美国总统罗斯福电中表明，苏联参加对日作战的重要条件之一"就是承认外蒙古现状……保持外蒙古作为一个独立的实体"①。为了换取苏联参加对日作战，美国总统罗斯福明确表示该条件"可以办到"②。1945年2月8日，在斯大林与罗斯福的一次会晤中，斯大林询问罗斯福"关于维持外蒙古现状的意见"。罗斯福回答："他还没有与蒋介石谈这个问题，但认为，应该维持外蒙古现状。"③ 其实，到这时，罗斯福理解的外蒙古现状与斯大林一样，外蒙古现状就是外蒙古处于苏联影响之下和不作为中国一部分的现实存在的独立国家。④ 因此，在1945年2月4日～11日的雅尔塔会议上，在美国满足了苏联的条件下，《雅尔塔协定》签订了。在这个协定中规定，苏联参加对日作战的条件之一就是"外蒙古（蒙古人民共和国）的现状须予维持"，同时规定"经谅解，有关外蒙古……的协定须征得蒋介石委员长的同意，根据斯大林元帅的提议，美总统将采取步骤以取得该项同意"⑤。此时，苏联得到了西方大国英美的支持，可以放开手脚在外蒙古建立真正的缓冲国家，而采取的最后一步就是强迫中国政府接受这一事实。

以外交部部长宋子文为首的中国政府代表团于1945年6月30日抵达莫斯科。在《雅尔塔协定》的基础上，外蒙古问题是谈判的中心议题之一，对中国来说，这是在最高层次上朝着有利于中国方面部分修改《雅尔塔协定》的最后机会。但是，中国提出外蒙古并入中国问题的所有尝试都被斯大林的声明打断，"如果中国不发表外蒙古独立声明，那么我们将不讨论其它问题。那么我们就停止谈判吧"⑥。同时，斯大林还要挟中国代表，"现在不是我求你们，是你们求我们帮助。如果你们国家有实力和你们自己能消灭日本，那么，

---

① 李嘉谷编《中苏国家关系史资料汇编（1933－1945）》，第516页。

② 《德黑兰、雅尔塔、波茨坦会议记录摘编》，上海人民出版社，1974，162页。

③ СССР на международных конференциях периода великой отечественной войны 1941－1945 гг. Крымская конференция руководителей трех союзных держав－СССР, США и великобританни. 4－11 февраль 1945 г.：Сборник документов. －М.：Наука, 1984.－Т. IV. с. 130.

④ Foreign Relations of the United States（FRUS）. Diplomatic papers conf of Berlin. －Wash., 1960. -Vol. II. -p. 1587.

⑤ 《国际条约集（1945－1947）》，世界知识出版社，1961，第8～9页；李嘉谷编《中苏国家关系史资料汇编（1933－1945）》，第524页。

⑥ Т. Лхагва. Что же думал Сталин о монголах？ //Проблемы дальнего востока. 1991. №3. с. 85.

当然，我就没有权利提出要求"①。"中国不承认外蒙古独立，苏联就不出兵对日作战。"② 这当然是中国政府极不希望的，结果，蒋介石政府在苏联强权压制和保证东三省领土、主权及行政之完整，以后不再支持中共与新疆叛乱集团的条件下让步了。③ 这样，1945年8月14日，中苏签订了《中苏友好同盟条约》和互换外蒙古问题的照会。中国照会称："兹因外蒙古人民一再表示其独立愿望，中国政府声明，于日本战败后，如外蒙古之公民投票证实此项愿望，中国政府当承认外蒙古之独立，即以其现在的边界为边界。"苏联照会称："苏联政府将尊重蒙古人民共和国（外蒙古）之政治独立与领土完整。"④ 苏联推翻了国际法上平等的《中俄解决悬案大纲协定》，取而代之的是不平等的《友好同盟条约》，从而也就使外蒙古真正成为了主权国家。

1945年10月20日，外蒙古进行了形式上的公民投票，全体"赞成"独立。11月12日，"蒙古人民共和国"小呼拉尔主席团根据投票结果决议外蒙古独立。⑤ 这种形式上的全民投票在国际法上彻底变更了外蒙古领土归属，因此，1946年1月5日，中国政府在无奈的情况下不得不声明承认外蒙古独立。⑥ 这样，对苏联来说，一个真正的"缓冲"国家出现了。苏联经过几十年的经营、谋划终于实现了自己多年的"梦想"——在边界上建立了一个缓冲地带，但这不仅使中国又丧失了150多万平方公里的土地，而且也影响到中国自身的区域安全。

① Ю. Гарушянц. Борьба за признание независимости монголии//Проблемы дальнего востока. 1997. №2. с. 118.
② Т. Лхагва. Что же думал Сталин о монголах? //Проблемы дальнего востока. 1991. №3. с. 85.
③ 秦孝仪主编《中华民国重要史料初编——对日抗战时期》第三编，战时外交（二），台北国民党中央委员会党史委员会，1981，第591~597页。
④ 李嘉谷编著《中苏国家关系史资料汇编（1933-1945）》，第644、645页；Советско-монгольские отношения. Документы и материалы. 1921-1974. Т. 2. 1941-1974. -М. : Международные отношения, 1979. с. 122、123.
⑤ Советско-монгольские отношения. Документы и материалы. 1921-1974. Т. 2. 1941-1974. -М. : Международные отношения, 1979. с. 133.
⑥ 国民政府发表公告承认外蒙古独立，见《中央日报》（上海版）1946年1月6日，第2版。

动态与资料

中国边疆研究的路径选择与话语构建

——2014年度中国边疆理论研究述评

冯建勇[*]

引　言

近些年来，边疆研究日益成为中国学术界研究的重要议题。2015年1月14日，由光明日报理论部、学术月刊编辑部、中国人民大学书报资料中心共同发布的《2014年度中国十大学术热点》一文中，更是将"边疆研究"列为其中之一。

大体而言，当前中国边疆研究在学术研究领域的异军突起，主要与两个方面背景紧密相连：一是随着"一带一路"战略的提出和实施，中国与周边国家的互动日益频繁，边疆地区因其特有的地缘属性，已成为中国对外开放的核心区域，吸引了众多研究者的目光；二是党的十八大以来将"推进国家治理体系和治理能力现代化"作为改革的总目标，与之相对应，边疆治理体系和治理能力现代化的研究也被提上日程，因此之故，开展边疆研究不仅可以从理论层面为国家解决边疆民族问题提供智力支持，还能从历史和现实两个维度为当前边疆地区存在的问题提供有益的借鉴与建议。可以预见，解读中国统一多民族国家的发展规律与历代治理边疆的成败得失，阐明中国统一多民族国家形成的必然性与合理性，为解决边疆社会经济发展过程中面临的问题提出针对性对策建议，凡此种种，均表明边疆理论研究亟须持续推进。

　冯建勇：中国社会科学院中国边疆研究所副研究员。

2014 年，本学科出现了一批较有影响力的边疆学理论研究成果，这既是对边疆现实情势的回应，也是对一些新的研究方法的深化及再开拓。[①] 在具体研究成果方面，主要呈现出以下四个研究维度：（1）得益于多年来中国边疆研究的持续繁荣，跨学科的中国边疆研究在本年度得以全方位呈现；（2）作为对既有的中原中心主义研究范式的回应，"从边疆观中国"的研究成果层出不穷；（3）因应时势，走出书斋，围绕国家提出的相关边疆治理战略构想，积极探讨中国边疆治理体系与治理能力的现代化；（4）因由中国的崛起，在藩属体系研究领域，一些研究者利用国际政治学理论对朝贡制度进行研究，试图通过关注古代东亚以中国为中心的朝贡体系之历史，进而期待着能够对当代国际秩序的构建提供某种启示。

以下，笔者拟就目前所掌握的难称全面的资料，对上面提到的研究状况予以简要梳理与评述。

一 跨学科的中国边疆研究

源自推动边疆研究的迫切需要，近年来，边疆研究者热衷于将他们从事的研究对象放在学术界乃至学科分类中更加尊崇的地位，于是中国边疆学学科构建问题开始被提出。毋庸讳言，"中国边疆学"作为一个有机的整体，其内涵十分丰富，亟须将其作为一个独立的客体进行全方位的研究，充分发挥哲学社会科学研究的社会功用。本年度，诸多学者从中国边疆研究的方法论视角对当前中国边疆研究进行了理论思考。

一方面，这些思考源自横向的观察，即通过考察西方学者的边疆研究，反思中国国内学术界的边疆研究现状。彭文斌《近年来西方对中国边疆与西南土司的研究》一文即对西方学者的中国边疆研究整体状况做了考察。该文指出，近年来西方学者对中国边疆研究出现了新的研究取向，于研究范式上，出现了从人类学的中国族群研究逐步向历史学的中国边疆社会与文化研究的纵深发展。该文还指出，在传统的西方边疆研究视野中，存在着南北地域上的视角选择差异。西南边疆研究惯常采用带有浓厚汉文化中心色彩的

---

① 需要予以说明的是，本文所言"2014 年度中国边疆理论研究成果"，从具体的时间维度来说，是跨年度的，大致为 2014 年 7 月至 2015 年 6 月国内公开发表的论著；当然，有时候为了行文的方便和评述的必要，亦会将时间的长度向前延伸。

"文明进化观"，如儒家文化体系的科举和朝贡制度对"边疆内地化"进程的影响；而西方学者对于西北边疆地区的研究常用的是拉铁摩尔的模式（农耕民族与游牧帝国的更替互动），强调跨区域的中亚因素和多种政治势力角逐的历史文化事实。①

另一方面，则有更多的研究成果从跨学科的层面探索中国边疆学的丰富内涵。20世纪初期以来，中外学界皆认识到边疆与人类学研究存在着重要关联，边疆为人类学的研究提供了较好的场域。20世纪90年代，西方人类学学界以唐南、威尔逊为代表的学者提出的"边疆人类学"产生了一定的影响力，学者们对此也多有讨论。鉴于此，有学者就边疆人类学的提出与发展线索进行了考察。该文章认为，边疆人类学是人类学界在对国际边疆的聚焦过程中被提出来的，侧重于对民族国家边疆所进行的系统的理论化研究，它主要关注边疆的地方化研究，注重边疆两侧的人们的越界互动活动。边疆人类学的提出，得到了学界的认可，对于中西方学界都具有一定的学术价值。如果说，最初边疆人类学是以国家边界及其相关活动为研究对象，那么，随着人类学者研究视野的开拓，边疆人类学的研究不再局限于这一地区，在全球化日益发展的背景下，人类学的发展过程充满了无限的张力，围绕边疆所开展的民族志研究，使得边疆人类学得到了更多的认可和发展。② 另有研究者强调了人类学非常重要的叙述和表达手段——民族志书写在边疆学研究中的重要性，认为通过民族志，可获得"真正具有原始价值和生命力的边疆社会与文化的相关信息"③。

除了前述"边疆人类学"以外，有学者考察了旅游学视域下的中国边疆研究，认为旅游学者介入边疆研究能够有效平衡经济学家与人类学者的两极观点——相对而言，前者重发展而轻传承，后者重文化却在道路探究上显得无力。旅游学者已在可持续旅游、基于社区的生态旅游、有利于贫困人口的旅游等领域积累了丰富的平衡发展经验，结合边疆旅游地的政治敏感性，未来仍可进行更为深入的探索。④ 另有学者以研究农耕游牧关系为个案，探讨了冲突经济学在中国边疆学研究领域的具体应用。文章认为，中国边疆学的构建需要综合多学科的方法，以演绎为主要特色的经济分析方法可以成为

---

① 彭文斌：《近年来西方对中国边疆与西南土司的研究》，《青海民族研究》2014年第2期。
② 张峰峰：《论边疆人类学的提出及其发展》，《国外社会科学》2014年第4期。
③ 袁剑：《边疆民族志与中国边疆学：理念、方法与可能》，《青海民族研究》2015年第3期。
④ 李燕琴、束晟：《聚焦旅游视域下的中国边疆研究》，《地理研究》2015年第3期。

其中的一个重要方法；当然，除冲突经济学外，交易成本经济学、产业组织理论、博弈分析、国家规模的经济理论等也可应用于分析中国古代农耕游牧关系，这些经济分析方法的应用范围、如何应用这些方法等问题是后续研究的重要方向。[①]

　　不言而喻，无论是对西方边疆研究成果的梳理和反思，还是在边疆人类学、边疆旅游学、边疆经济学等领域进行的跨学科思考，在此诸先行研究成果的背后，我们均能够观察到国外边疆理论建构的影子。应该说，在构建中国边疆学的理论框架过程中，对国外边疆理论的汲取，是我们应当乐于从事的一项基础性工作，但同时也不得不关注这样一个问题，即如何实现海外边疆理论话语的有效转译，以一种全球性的多元视角臻于中西会通，构建一种属于中国自己的边疆理论话语体系？对此问题，有论者认为，只有通过中国边疆与其他国家、社会边疆的比较研究，才能避免在同一种话语内部自说自话、缺少接受者与倾听者的局面，从而使中国之外的研究者能够了解并理解中国边疆自身所包含的共性及特殊性，从而使我们自身对边疆的情况有更深刻、更清晰的认识；除此之外，社会田野实践也是成功确立起中国边疆理论话语的关键所在。[②] 对于同一问题，有学者亦提出，中国的崛起与边疆理论的发展，离不开对西方边疆话语体系的接纳与运用；故而对于西方边疆理论不做本能的拒斥，而是理性地认可和接受，并从诸多方面对其进行脱胎换骨式的重铸，在很大程度上赋予其全新的内涵，使之呈现出与传统的西方边疆理论迥异的价值意蕴。[③]

　　如果说，前述研究成果大多是基于一种宏观视野而就边疆研究方法论进行考察的话，那么，本年度亦有一些研究成果就具体的边疆研究方法论问题进行了微观思考。有学者针对中国未来的边界研究问题，做了以下思考：就研究方向而言，应立足本国，着眼周边，放眼全球。陆地和海洋边界问题事关我国的国内稳定、周边和谐与和平发展大局，中国与周边国家间的边界和海洋问题自然应当是学界首要的研究方向，同时也应重视对其他国家和地区

①　董新兴、俞炜华：《冲突经济学与中国边疆学研究——以农耕游牧关系为例》，《制度经济学研究》2014 年第 2 期。
②　袁剑：《边疆理论话语的梳理与中国边疆学的可能路径》，《中国边疆史地研究》2014 年第 1 期。
③　朱碧波：《论我国边疆理论的言说困境与创制逻辑》，《云南师范大学学报》（哲学社会科学版）2015 年第 1 期。

的边界研究，以期在不远的将来实现国际边界问题的全覆盖；就研究思路而言，应努力做到以战略研究领航，以时政研究为重心，以基础研究为依托，从陆海兼顾、东海南海统筹、近海远洋联动的角度分析国家边界海洋政策，加强研究中国边界海洋政策与整体发展战略、总体外交布局、和谐周边建构、领土海洋维权的关系，构建中国边界政策的理论体系；就研究方法而言，要努力实现从单一学科的分散研究到多学科深度交叉研究的转变，在研究边界问题时注重各相关学科的交叉融合，这也是在某些关键问题研究上取得突破和学术创新的必要和有效的方法。①

二　"从边疆观中国"

长期以来，中国边疆研究深受两种历史观的影响。一方面，在中国学术界，中原中心史观大行其道，并构筑起"中心—边缘"的讨论范式，边疆被看作中原的附庸，处于可有可无的"边缘"地位；另一方面，受西学东渐之影响，发端于西方历史学界的西方中心史观强势植入，中国边疆的历史多被解读为"殖民的历史"。

然而，随着新的研讨范式的加入，越来越多的研究者开始认识到，边疆作为处于地理上"一个国家中央地带的边界地区"和处于"政治权力中心边缘的区域"，它与中心地区有着不尽相同的物质与精神形态，具有自身的独特性和自主性。为此，作为对前述中原中心与西方中心史观的一种批判性反思，一些研究者逐渐认识到，从古至今，中国多元文化存在着一种互动的过程，原有的"中国"对"四方"的同化、统一过程及"华夏、汉民族人文的扩张过程"的描述，并不能反映历史的原貌。受此理论观点与方法之影响，越来越多的学者主张边疆研究的范式应渐有更张，逐步冲破传统夷夏史观和殖民史观的束缚，从边缘学科走向独立学科，呈现出以边疆为本位或中心来考察问题的思维模式。于是，他们开始尝试以四方看中国、从边缘观中心的研究视角，考察中国边疆的历史地位与未来发展。

事实上，以边疆本位的视角来解释中国，颠覆中原中心论、重建边疆

---

① 孔令杰：《评〈国际边疆与边界〉——兼论边界问题的研究方法》，《中国边疆史地研究》2014 年第 3 期。

观念的尝试，最初来自内亚历史研究领域，拉铁摩尔即为其执牛耳者。他在《中国亚洲内陆边疆》一书中首先提出了所谓边疆风格及其如何生产与再生产，何为边疆的空间特质，以及边疆如何参与并对民族国家的构建产生作用的问题。近些年来，一些中国学者开始尝试从边疆的视角切入，探讨边疆在中国历史和现实中的地位。其中的佼佼者有杨国桢从海洋文明的视角探讨中国海洋文明的一支对传统中国的深刻影响；于逢春提出了"五大文明板块"理论，试图发掘中国统一多民族历史疆域形成的内在动力与机制；施展等则以"东北观天下"①"西北望长安"②为着眼点，从对历史中国东西横轴的历史疆域之拓展的考察中，雄心勃勃地声称要"重建中国历史哲学"。

本年度，依然有诸多研究成果尝试以边疆作为研究本位，站在边疆的立场体察边疆与感触全局，希冀将边疆作为边疆历史书写的主体。原来，古代中原士大夫、文人墨客往往基于"中原中心"思维定式，通过诗词等文学作品对西域、辽东等边疆地域进行丰富的想象和勾画。这种想象力被运用到西域，结果产生了"天山意象"，即西域被想象成异质的、荒蛮的乃至动荡的空间。鉴于此，有论者指出，唯有破除"天山意象"，以边疆地带为边疆研究本位，站在边疆的立场体察边疆，而非仅仅从中原的视角俯视边疆，才能将边疆地域破碎的事和人连缀成一幅相对完整的画面，进而勾勒出一幅包括边疆在内的比较完整的中国历史画卷。③那么，如果将西域作为一个相对完整的时空向度予以研究的话，将会呈现出一个怎样的情景呢？有论者通过研究指出，在天山地理的多样性基础上形成了不同的区域，这些区域的时空差异是明显的。这种地域差异多少与"民族"这个共时性的地域概念（如共同地域、共同心理素质等）是有冲突的。在民族史的叙事中，只强调民族的"共时性"特征，而忽略其区域差别、使许多历史的真相与边界被"共时性"的"规律"所切割，只见"民族"不见"区域"，同样是不完整的民族观。检讨过往的研究，空间的意义被长久地淹没在同质化的民族主义叙事当中，今天恢复空间和区域的视角，突破单线的民族主义叙事，必须兼顾来自海洋与内陆边疆板块的双向国家构建的历史进程，这对中国现代国家

---

① 施展、王利：《东北观天下——重塑中国历史哲学》，《领导者》2013 年第 4 期。
② 施展、尚观：《西北望长安——重塑中国历史哲学（二）》，《领导者》2015 年第 2、3 期。
③ 于逢春：《边疆研究视域下的"中原中心"与"天山意象"》，《新疆大学学报》（哲学人文社会科学版）2014 年第 1 期。

建设的自身经验的发掘，具有某种积极意义。①

关于以边疆为本位的研究成果，王铭铭提出的"三圈说"理论值得关注。在王铭铭看来，"三圈说"既是批判性的概念，又是建设性的概念。以言批判，乃是因为"三圈说"直面社会科学的西方中心论；以言建设，一个方面，这指以一个"其他文明"为中心的学术史架构；另一方面，"三圈说"是对文明差异之事实的表述。"三圈说"这一理论蕴含着这样一种思想：中心与边缘之关系是辩证的，即谓"无处非中"，各自有自己的中心、边缘与半边缘之分，各自有自己的"世界体系"；我者与他者的区分是相对的，两者经中间媒介，成为对方的一部分。换言之，三圈之分是相对的，三圈之中的任何一圈之任一地点，都有其核心、中间、外围之分，也都有自己的世界体系。以三圈说理论观照中国历史，王铭铭将"五服制度"视为"三圈说"的一种文明史的表达。如果说，五服制度可被视为一种"三圈说"的话，那也只能被视为"三圈说"的诸多体系与视野之中的一种。具体来说，五服制度所体现的"三圈说"只能是华夏中心主义观念中所要表达的一种"世界体系"；而在华夏中心主义看来，这种中心—边缘的关系是被想象为一种预设的恒定性表达，如此，显然不合乎"三圈说"的真谛，亦即中心与边缘之关系是辩证的，即谓"无处非中"，各自有自己的中心、边缘与半边缘之分，各自有自己的"世界体系"。② 借鉴"三圈说"的世界体系理论，或可这样认为，"边疆"与"中心"的定义因此而变得模糊，亦即"边疆"可以成为"中心"，"中心"亦可以成为"边疆"，关键在于参照物的选择。

与上述"三圈说"相呼应，纳日碧力戈从"地天通"式的"生存交互性"定义"边疆"，认为"处处是边疆，人人互为边疆，物物互为边疆"；从现代性的国家主权和文明中心定义"边疆"，则"化外"是边疆，他者是边疆。③ 正如有学者指出的那样，"边疆"并非纯客观的存在，它是在国家疆域的边缘性部分与核心区存在客观差异的基础上，国家从统治或治理的角度而界定的，因而渗透着相当多的主观因素。从这个意义上说，边疆的形成

---

① 黄达远：《多维视野下的西域——以 1759 - 1864 年的天山史为例》，《新疆师范大学学报》（哲学社会科学版）2014 年第 6 期。

② 相关研究可参酌王铭铭《三圈说：另一种世界观，另一种社会科学》，《西北民族研究》2013 年第 1 期；《谈 "作为世界体系的闽南"》，《西北民族研究》2014 年第 2 期。

③ 纳日碧力戈：《生存交互性：边疆中国的另一种解释》，《学术月刊》2014 年第 8 期。

和发展都具有突出的构建性，是客观基础上主观构建的产物。在国家疆域的范围内，如果边缘性部分与核心区之间存在着显著的区别，并且在国家发展或整体利益格局中的地位与核心区明显不同，国家需要采取专门的政策或措施加以统治或治理，这个边缘性的区域就往往被界定为"边疆"。① 关于这一问题，有研究者通过梳理文献即发现，在清乾隆朝君臣的思想中，"边疆"并非纯粹的地理概念，乃是客观因素与主观因素相结合的产物：在不同时期相异的语境下，边疆的定义、内涵呈现动态变化的特点。因此之故，有清一代，"边疆"与"内地"始终只具有相对意义，乾隆、嘉庆、道光及至晚近时期的同治、光绪诸帝，都在相对的意义上使用着"内地"与"边疆"概念：如与陕西相比，则甘肃为"边地"；而与新疆相比，则甘肃又为"腹内"。②

追溯历史，我们会发现，在民族国家出现之前，那些现在属于边疆的地区是无所谓处于边缘还是中心的，对于生活在那一地区的人来说，他们就是世界的中心。1378 年，受《声教广被图》影响创作出来的明朝《大明混一图》之中，即按照传统的方法将中华帝国描绘得异常庞大，还作为对比，则将印度半岛、印度洋、阿拉伯半岛、波斯湾及舌状的非洲大陆描绘得比实际更小。这个将传统的中国地图与伊斯兰的地理知识机械性地结合在一起的新类型的"世界地图"，就是那个时代的中国人对世界的崭新认识。与《大明混一图》相类似，京都龙谷大学收藏的 1402 年朝鲜王朝制作的《混一疆理历代国都之图》，则以朝鲜王朝为中心，将朝鲜半岛几乎描绘成和中国一样大，以此展现朝鲜王朝的正统性。③ 同样，古代波斯帝国的阿契美尼德王朝将其统辖的"文明区域"称为"伊朗"，而将阿姆河对岸的"蛮族之地"称为"图兰"。正如有学者评述的那样，这是以"文明观"为标准来区分己者与他者，其中内含了某种价值观，与中国自古存在的"华夷思想"颇有相似性。④

事实上，基于历史主义的研究视野观察，"边疆"的范围并非一成不变。有研究者通过梳理历史文献发现，自汉代开始在西域设立属国和都护，

---

① 周平：《全球化时代的疆域与边疆》，《中国边疆史地研究》2014 年第 3 期，第 2 页。
② 王希隆、杨代成：《论明清时期嘉峪关职能旳演变》，《青海民族大学学报》（社会科学版）2014 年第 4 期。
③ 〔日〕宫琦正胜：《航海图的世界史》，中信出版社，2014，第 51 页。
④ 〔日〕杉山正明：《游牧民的世界史》，中华工商联合出版社，2014，第 40 页。

以迄清代的西北治理，西北边疆地区经历了一个由被内地政权羁縻、争取的外围地域即"西域"，逐渐演变、被整合为中国国土即"西北"的过程。在这一历史进程中，即由"西域"到"西北"的变化，不仅意味着指称上的改变，其实质性的内容是"西北"边地内化为"中国"国土不可分割的一部分。换言之，"边疆"是一个历史性、流动性的概念，它随着历史上的中国国势的消长、疆域的膨胀或紧缩而有所伸缩，并且与文明的传播有莫大关联。① 另有研究者通过对明清时期嘉峪关职能演变的考察发现，明代嘉峪关作为边镇主要发挥其军事防御、控制西域、中亚的职能，但随着乾隆年间新疆的统一，嘉峪关渐成腹地，其军事职能得以减弱，而检查过往行人、管理进出口贸易的职能得以彰显。也就是说，随着清帝国在空间上的发展，西部边疆的延伸，嘉峪关所在的甘肃由康熙时代的边疆变成了乾隆时代的内地，完成了由"极边"到"内地"的转换。②

对于上述边疆研究学术思潮，只有将其置于具体的社会、政治、学术背景下，才能给予同情之理解。窃以为，此乃边疆研究者努力推动中国边疆研究主体性的一种因应，更是 21 世纪以来中国边疆研究蓬勃发展突进的一种必然。这种研究取向之初衷无疑是美好的，它旨在重建中国边疆的本体地位，发现边疆之于中国的重要性。但有一点不得不予提出，目前的这样一种学术研究趋向存有一种"只见树木，不见森林"的倾向，一言以蔽之，即在对"中原中心主义"的应激反应过后，过于强调边疆的历史主体地位，从而走向另一个极端。

回到前述施展"重建中国历史哲学"的雄心上来，其要义即在于从中国历史疆域东西横轴拓展的边疆动力源泉着手，阐述中国边疆的历史地位，构建一种有别于"中原中心主义"的历史哲学。面对这样一种研究方法，我们会觉得似曾相识。事实上，新清史的研究者们恰恰是循此路径展开研究的，由此以期重建东西横轴的历史观来取代或否认被视为传统经典的南北纵轴史观，其结果，正如杨念群指出的那样，边疆属性被置于一种无上的高度，以至于取消了传统中原社会的重要性。这样一种"历史哲学"在拉铁摩尔的研究中亦有所反映，他将中国历史约化为长城内外游牧力量与农耕力

---

① 杨斯童：《从"西域"到"西北"——西北边疆拓殖与开发的历史启示》，《东北师大学报》（哲学社会科学版）2014 年第 6 期。
② 王希隆、杨代成：《论明清时期嘉峪关职能的演变》，《青海民族大学学报》（社会科学版）2014 年第 4 期。

量的互动，认为两者互为边疆，以此推动中国历史社会的发展，并将中国贴上了"内亚边疆中国"的标签。有学者对此研究理路给予了批评："西方学者则有将边疆地区尤其是草原地区游牧行国和游牧族群凝聚的历史独立于农耕族群之外进行阐述的倾向"，"根源在于学者受到了单一民族国家理论的严重影响，从不同的视角将东亚众多政权的构建看成了单一民族国家的形成，而实际上这些族群凝聚形成的政权和我们现在所认为的民族国家并不是一回事，多数情况下是以某一族群为核心将其他更多族群凝聚在一起的政治体，而这些族群是否会被整合为一个我们现在所认为的民族，要取决于这个政治体存在的时间长短"①。此外，有研究者在将中国和西方学者关于中国边疆研究的理论或范式之异同做了比较之后，认为西方学者针对中国边疆游牧社会的研究而提出的"二元边疆论"，与西方后现代史学、"新清史"学派等研究取向相同，其目的在于"消解""解构"所谓"中国中心论"或质疑"中国同一性"。②

前近代中国时期，正统的叙事体系往往以政权的核心地带由近及远设定中心与边缘的角色，那么，在研究中国历史疆域的形成这一问题之际，该如何正确认知中心与边缘的地位及意义？如果说，传统以中原为中心的大一统叙事方式，被认为是"只见森林，不见树木"，以至于将中央与内地的地位被无限拔高，而将边疆视为受惠者的话；那么，过于夸张中国边疆在中国整体历史进程中的主导地位，则直可被视为"只见树木，不见森林"，是对前一种偏见的矫枉过正。石硕先生曾指出，当前中国学术界对于中国民族史的研究，片面强调单个民族或区域民族的研究，使得人们对于民族与国家关系的认识碎片化，以至于只有民族，没有国家。③ 鉴于此，我们需要反躬自省的是，当前中国边疆研究是否亦存在类似的危险性？应当认识到，从边疆看中国，重建中国边疆的本体地位，不应视作一种"历史哲学"，更应被视为一种"方法论"：以言"历史哲学"，似乎过于夸大中国边疆在中国整体历史进程中的主导地位；以言"方法论"，乃可从边疆的视角着手，重新发现一些被遮蔽了的边疆与中国互动的历史，思考中国属性的多源构造。

---

① 李大龙：《东亚"天下"传统政治格局的形成及演变趋势：以政权建构与族群凝聚为中心》，《中国边疆史地研究》2015 年第 2 期。

② 周伟洲：《论中国与西方之中国边疆研究》，《民族研究》2015 年第 1 期。

③ 石硕：《"藏彝走廊"：一个独具价值的民族区域》，载《藏彝走廊：历史与文化》，四川民族出版社，2005，第 13~31 页。

总体而言，我们提出从边疆看中国、从边疆理解中国，在边缘发现历史这样一种基于边疆本身的"在地化"视角，绝非要否定历史时期中原地区之于中国的重要意义；与之相反，我们尤应关注另一种不良倾向，即过于强调中国的"边疆国家"属性，从而忽视了中国历史疆域形成的整体性。

三 中国边疆治理体系与治理能力现代化

一般而言，相对于自然科学研究对象性质的稳定性，哲学社会科学研究的对象往往处于不断的变化和发展当中。这就给边疆研究者提出了一个要求，即必须置身于重大社会历史进程中来观察边疆、研究边疆。2014 年 10月，中共十八届四中全会通过了《关于全面推行依法治国若干重大问题的决定》，明确提出在当前中国国家治理体系中要坚持依法治国。这就要求，在推行边疆治理体系与治理能力现代化的进程中，国家对于边疆的治理亦应遵循法治的原则。边疆治理的法治化，意味着要善于运用制度和法律治理边疆，同时，也要不断完善、与时俱进，推进边疆民族地区法律制度的制度化、规范化与程序化，改革不合理的法律体系，完善比较模糊的法律概念。

随着经济市场化改革的深入推进，我国边疆民族地区社会结构和社会心理都发生了巨大变化，边疆民族地区政府的执行力经受着严重挑战。其中，我们应当给予重点关注的是，由于边疆多民族地区地理环境的特殊性、先天自然禀赋的差异以及资源开发过程中存在的不合理开发、补偿力度不够等问题，边疆多民族地区的利益分化逐渐加深，利益关系日益复杂化，利益冲突出现上升态势，造成边疆少数民族的民族认同与国家认同的张力不断扩大，给边疆治理带来了挑战，也对边疆治理机制的重构提出了要求。[①] 在此背景下，如何实现当代中国边疆地区治理体系和治理能力现代化？有研究者提出，构建体现民族问题治理思维的基本概念系统，是探究当代中国边疆地区治理体系和治理能力现代化的关键环节。当代边疆治理的核心在于确立族际平等合作的关系；至于边疆治理能力现代化的具体路径，则包括其所需要的观念基础、组织架构、法律制度、运行机制等基本要素的移入和配置。唯其如此，才能在政治上，持续推进少数民族的民族认同与国家认同双向发展；

---

① 尹学朋、王国宁：《利益分化进程中少数民族国家认同与边疆治理》，《广西民族研究》2014 年第 6 期。

在经济上，加快民族地区经济社会发展，实现共同进步共同繁荣；在社会建设上，社会治理的目标是让社会获得一种理想的、良好的、善的秩序状态。①

当前已经有越来越多的研究者意识到，随着国际地缘政治格局的变化和我国现代化发展新阶段的到来，以往的边疆治理观、治理模式和方法已有很大的局限性，迫切需要在准确把握边疆地区面临的新情况和新问题基础上，推进边疆治理体系和治理能力现代化。基于此，有研究者指出，应加强边疆治理战略创新研究。具体来说，包括研究边疆政治学基础理论及边疆治理理论与实践，典型国家边疆治理战略及其实施的经验教训，多民族发展中国家政治整合的路径选择，周边国家治边政策对我国边疆治理带来的挑战，国家边界安全空间演变与政策实践，边疆治理战略的基本框架与绩效评估，西部边疆治理战略创新的路径与实施的优先顺序选择等诸方面。② 对于该问题，有研究者提出，"我国历史上的边疆治理，从来都是通过国家的力量进行的，国家是边疆治理唯一的主体"，但如今"多元治理已经成为国家治理和社会治理的基本思路"，应更多地借助市场、社会的力量，有必要重构国家层面的边疆治理战略。③ 另有学者指出，"内敛型的陆疆治理理念、一元式的治理结构、碎片化的治理手段以及族际主义的治理模式已然不能适应时代形势"，而应当有所调整。④

应当认识到，边疆治理是一项运用多种治理维度和手段的系统性工程。由于中国边疆地区的历史、地理、民族、文化方面的原因，宗教信仰在这一区域影响较大。不管从正面功能还是从负面功能来看，宗教信仰在中国边疆治理过程中的功能不仅客观存在，而且影响至深。有学者提出，当代中国边疆治理可在屏蔽宗教信仰负面效应的基础上，适当发挥宗教信仰的积极治理功效。这种积极功能主要体现在整合族群、促进道德内化、规范边疆社会秩序、自然保护等诸方面。基于此，应正视边疆地区宗教的长期性和合理性存在，使其与社会主义发展相适应。不言而喻，这种以软权力约束为特征的治

① 贺金瑞：《当代中国边疆地区治理体系和治理能力现代化》，《中国民族报》2014 年 11 月 14 日。
② 罗中枢：《中国西部边疆研究若干重大问题思考》，《四川大学学报》（哲学社会科学版）2015 年第 1 期。
③ 周平：《论我国边疆治理的转型与重构》，《云南师范大学学报》（哲学社会科学版）2010 年第 2 期。
④ 孙保全：《论中国陆地边疆治理体系的转型与重构》，《昆明学院学报》，2015 年第 5 期。

理手段，对于整合边疆一定区域范围内的诸种族群力量，压缩不利于和谐治理的异己力量，凝聚利于和谐治理的向心力量，有着不可替代的作用。① 另有学者从民族区域自治制度的视角考察了当代中国的边疆治理。目前，我国的绝大部分陆地边疆是民族自治区、自治州或自治县，民族区域自治既已确定为"国家的基本政治制度"，边疆治理必须在此框架上开展。民族区域自治是民族因素与区域因素的结合，在研究边疆治理新思路之际，应依据现行的民族区域自治，充实民族区域自治制度，利用"自治权利"相关规定，积极地、变通地发展经济，提高边疆地区民众的生活水平，缩小甚至消除差距，实现共同富裕；加强边疆与内地的交流，化边区为内地，边疆才能长治久安。② 需要指出的是，在一些边疆地区坚持民族区域自治制度，并不等于要实施族际主义的边疆治理方式，对此问题，有论者提出，首先应该坚决摒弃的就是这种"将边疆问题或边疆治理置于民族问题的框架下研究和谋划的方式"，然后再谈边疆治理的方式。③

正所谓"不知来，视诸往"，本年度有诸多研究成果试图通过梳理历史时期中国边疆治理的一般情况，以为当下中国的边疆治理提供某种启示。有研究者对历史上中原王朝的边疆治理观念做了考察，认为历代的边疆治理行为渗透着以王朝利益为核心的"成本"与"收益"的功利主义考量。在这一视角下，中原王朝从王朝本位和核心区本位出发，以工具理性考察了边疆治理的"收益"问题，因为无法从中获得土地、人口和赋税上的收益，故而得出了"务在羁縻，不深治"的结论。然而，在今天的环境下，应以价值理性重新评估边疆治理的重大意义，既要发挥边疆区域在推动国家发展中的空间优势，又要将促进边疆自身发展视为国家整体发展的有机构成。④ 另有研究者考察了中国古代边疆治理中的"云南模式"，认为其有三个特点：始终以国家通用语言——汉语为官方通用语言；各民族互不排外，一直交流、交往、交融；历代中央政府在治理上与内地一体化的趋势明显。总体来说，"云南模式"是历代中央政府在云南地区各族群长久的交流、交往、交

① 方盛举、吕朝辉：《宗教信仰与中国陆地边疆治理》，《云南民族大学学报》（哲学社会科学版）2014年第1期。
② 秦和平：《关于民族区域自治与中国边疆治理的思考》，《民族学刊》2014年第3期。
③ 周平：《强化边疆治理补齐战略短板》，《光明日报》2015年第4期。
④ 孙保全：《历史上中原王朝边疆治理中的"成本—收益"观》，《中国民族报》2015年8月21日。

融的基础上，实施云南与内地一体化的施政思路的结果。文章指出，探讨"云南模式"的形成、特点，对今天的边疆治理具有一定的借鉴意义，并从一个方面反映了其对中华文化独特性的意义。① 还有学者对南京国民政府时期的边疆治理政治、法律实践进行了检讨。文章认为，较之于清朝末年民国初期的"五族共和"政治口号，南京国民政府在民族治理制度建构方面更多奉行一种淡化族裔观念、强调"中华民族是一个"的国族主义话语。但是从整体上来讲，南京国民政府缺乏动员群众改造边疆多民族地区旧有社会、经济制度的意识形态、动员能力和交往媒介，由于中央政府能力的羸弱而不得不在边疆治理中与地方军阀保持着一种委托与渗透的关系，其秉持的优礼边疆上层人士的做法虽然有利于中央与边疆地方的沟通，但是其做法过于实用主义也缺乏长远规划与通盘考虑，进而收效有限。②

四　国际政治学视域中的"朝贡体系"研究

当前，越来越多的国际政治研究领域的专家学者投身于历史中国的"朝贡体系"问题研究。他们声称，从事此一问题的研究，其目的乃是从中寻找灵感，以化解当下中国与周边国家政治关系紧张的现实；从更广阔的视野来观察，或是为当今乃至未来紧张的国际关系寻找一种具有较强亲和力的国际关系理论模型。如果说，在历史学研究领域，学者们对朝贡体系的研究限于对不同历史时期中国中央王朝与周边国家和地区关系的讨论，那么，在国际政治学、国际关系研究领域，研究者们关注朝贡体系的缘由则大多出于现实国际政治因素的考量，他们试图借鉴曾经作为世界大国的中国的历史经验，从"朝贡体系"所构成的前近代世界秩序中获得灵感，以期构筑面向未来的世界秩序的国际政治学理论。

当代中国学者研究朝贡体系，乃是因为他们坚信现代中国与中华帝国具有历史上的连续性，而且这一连续性会以帝国的形式在 21 世纪的世界秩序中发挥积极作用。在此需特别指出的是，尽管中国历史具有延续性，但这并不代表由"朝贡体系"构筑的"中华世界秩序"能够与近现代世界秩序做

---

① 吕文利：《论中国古代边疆治理中的"云南模式"》，《云南师范大学学报》（哲学社会科学版）2014 年第 4 期。

② 常安：《国族主义的话语建构与边疆整合（1928－1949）》，《法律和社会科学》2014 年第 13 卷第 2 辑，第 116～147 页。

到无缝对接。关于这一点，有学者撰文指出，前近代时期，规范"中华世界帝国"国际体系的国际秩序原理乃"中华世界秩序原理"，相对地，规范西方国际体系的国际秩序原理则是"国际法"。西力东渐以后，"中华世界秩序原理"与"国际法"开始接触，并发生国际秩序原理的冲突。1840年以降，伴随着"朝贡体系"的解体，中国不再是国际秩序的构建者，开始成为西方主导的国际秩序的被动参与者。基于历史文化价值的差异，强将西方的国际秩序原理片面加诸东方国家，势必造成东方国际体系的文化价值错乱，导致其国际秩序原理无所适从，造成其国际秩序的紊乱，最后演变成为东西国际体系的长期对抗。中华人民共和国成立以来，在逐步走向对外开放、实现国家现代化的道路上，中国对国际秩序的态度更为积极和主动，并努力成为国际新秩序的共同建构者之一。直至目前，中国已处于高速发展的现代化进程中，正由地区性大国向世界性大国过渡。在此背景下，建构以中国为中心的"中华世界秩序"正当其时。①

另据观察，当下的研究者不仅关注朝贡体系的"历史性"内涵，还特别重视它在"现代性"背景下的转换。亦正基于后者，本年度有论者通过对明清王朝与东亚邻国缔结朝贡关系的考察指出，要确保中国所在东亚区域安全和国际秩序稳定，不仅要有怀远以德、仁和邻邦、共享太平的良好理念和操守，也要有反应及时的双边以及多边关系事务处理机制，还应有厚实的军事力量以应对敌对力量的挑战与扩张。② 不言而喻，随着中国的崛起，中国如何看待现存的国际秩序，如何参与建构未来的国际秩序已经成为世界瞩目的重要问题，同时也成为世界各国看待中国崛起的一个标尺。针对此问题，有学者撰文指出，"天下和合""王道"作为中国传统国际秩序观的核心理念，为当代中国思考国际秩序问题提供了历史积淀、世界维度及理论基石；中国应以现代视角汲取传统观念的精髓，将之运用于当代国际秩序观的构建与完善。③

历史时期基于朝贡体系而构建的"中华世界秩序"，并非依赖于中国一方简单地运用道义与实力而维持，还应认识到，处于弱势的小国的认同感亦

---

① 张启雄：《超越朝贡体制：回归中华世界秩序原理》，《文明的和谐与共同繁荣——中国与世界：传统、现实与未来》论文集，2014。

② 陈尚胜：《朝贡制度与东亚地区传统国际秩序：以16–19世纪的明清王朝为中心》，《中国边疆史地研究》2015年第2期。

③ 肖晞、董贺：《中国传统国际秩序观及其当代启示》，《复旦国际关系评论》2014年第1期。

非常重要。有研究者通过对明清时期中朝关系的考察，认为朝鲜对于明朝的正统地位给予高度认可，而对于清朝的正统地位，朝鲜有一个从"强烈抵制"到"被动接受"再到"较为主动但依然有所保留的接受"的十分缓慢的变化过程。事实上，在处理与朝鲜的关系过程中，清朝比明朝从总体上更为照顾朝鲜的利益，但朝鲜从观念上却更接受明朝的正统性。可见，仅仅由于实力上的优势和物质利益上的照顾，对于更高程度的合法性观念的形成，其作用具有明显的局限性。这表明，在一国国际地位上升的过程中，他国对其正统地位认可的不易，特别是对一个原先被视为异类的大国所具有的正统地位在接受上的不易；一国的正统地位一旦从文化上被接受，这样的观念可以较容易地在长时期内得到维持，并表现出颇为强大的内在生命力。此外，从朝鲜心甘情愿地纳入清朝的朝贡体系的这一过程中，可以观察到，并不是清朝塑造和改变了朝鲜的正统观，而是清朝的做法在很大程度上顺应了朝鲜的正统观，如清朝把自身解释为明朝的继承者，提高自身儒化的程度等。基于前述考察，该论者认为，"这对于当前亚太地区的国际关系，包括中国如何更好地在这一地区实现和平的和被普遍接受的崛起，也具有一定的启发意义"①。

　　总体而言，从近些年来学者们对于朝贡体系、藩属体制等问题的关注程度来看，该研究领域大有成为一个前沿学术热点的发展趋势。当前学术界对此问题的关注，很大程度上乃是对现实政治的一种反应。不言而喻，这一现实大致包括因中国的强势崛起而引发的世界秩序重构、东亚区域社会秩序安排等问题。研究者尝试通过对历史上中国世界秩序、朝贡体系、天朝礼治体系等问题的梳理和思考，获得阐释、解决现实政治问题的源泉，这样一种研究趋向在国际政治学领域表现得更为明晰与迫切。

　　无论是历史学界宏观的纵向考察、微观的个案分析，抑或国际关系与国际政治学界的理论构想，皆表明朝贡话语和朝贡体系具有多样性的特征。至于理念与现实如何对接，能否重叠，因时而异，因势而异。关于这一点，美国学者马克·曼考尔早就指出："不能根据西方的习俗和实践解释朝贡制度。如果想在传统中国的制度或观念中发现与现代西方相同的东西，就会造成误解：它们也许在结构或功用方面比较相似，但是，如果放在传统的儒家

---

① 周方银、李源晋：《实力、观念与不对称关系的稳定性：以明清时期的中朝关系为例》，《当代亚太》2014年第4期。

社会和现代西方社会的语境中加以考察，就会看到它们可能有着迥然不同的意义。朝贡制度更适合从传统中国的语汇和制度出发从整体上加以理解。"①历史时期，"朝贡体系"引领下的东亚地区秩序确实具有一定的可参照性，然而，亦应指出的是，就"朝贡体系"本身来说，它的建立本身应具备以下几个基本要素：（1）主导者具有超乎周边国家的绝对力量；（2）主导者本身的制度、文化对于周边国家及可能的追随者具有强大的吸引力；（3）追随者自身具有主观上的需求性。基于此诸要素的分析，当下国际政治环境下的"朝贡体系"是否可行不无疑问，正如有学者指出的那样，不管中国是否曾为东亚中心的命题在多大程度上成立，但若一味使用"功利化的西方现代政治话语"解读朝贡体制，并一切以实力和政治为指归，则极易掩盖不同时空下朝贡关系的多样性、差异性，从而导致这一业已消失的东亚国际关系体制的失真。②但有一点毋庸置疑，研究这一体系至少可以提供一些处理周边关系的灵感，即历史上中国与周边国家制度、文化、心理曾经相互交织，这些均可作为维护当前中国与周边国家友好关系可供分享的"历史文化资源"。

---

① 〔美〕马克·曼考尔：《清代朝贡制度新解》，载费正清主编《中国的世界秩序：传统中国的对外关系》，杜继东译，中国社会科学出版社，2010，第58页。
② 李云泉：《话语、视角与方法：近年来明清朝贡体制研究的几个问题》，《中国边疆史地研究》2014年第2期。

30 多年来西藏治理研究综述

许建英[*]

西藏治理研究历来为我国学界和政府所重视，特别是新中国成立后，有关研究更是如此，取得了颇为丰硕的成果。下面就近 30 多年来西藏治理的研究做一初步梳理，试就其主要研究成绩、存在问题和需要加强的方面加以探讨，以更好地明确今后研究的重点，更好地吸收前人研究成果。

一　元代及明代西藏治理研究

（一）元代西藏治理研究

西藏在元朝正式纳入中央政府管辖，西藏治理极为重要，其各项政策对后世影响深远，也甚为学者所关注，关于西藏治理的研究较多。

最近 30 多年来出版了多本西藏治理方面的专著。邓锐龄《元明两代中央与西藏地方的关系》[②] 系统阐述了元明两代中央与西藏的关系，着重论述了中央政府对西藏的治理。张云《元朝中央政府治藏制度研究》[③] 是关于元代西藏治理的代表作，该书从治藏体制与政策、治藏宗教政策与制度、西藏地方用兵、西藏括户、西藏驿站、西藏征税以及西藏地方组织等方面，系统、深入地论述了元代治理西藏的各项政策，多有开创性见解。例如关于"政教合一"管理制度，作者并没有拘泥于前人成说，而是认为宗教既约束

---

[*]　许建英：中国社会科学院中国边疆研究所研究员。
[②]　邓锐龄：《元明两代中央与西藏地方的关系》，中国藏学出版社，1989。
[③]　张云：《元朝中央政府治藏制度研究》，黑龙江教育出版社，2003。

着世俗政治，也有赖于世俗的支持，二者相互支持与配合，行政服从于僧政，是元代治藏的基本特征。再如元朝中央政府是否在西藏征税，一直有争论。作者遍检文献，寻找到有力史料证据，证明元朝中央政府在西藏征税是"可以确定的客观事实"。① 该书被论者称为"西藏历史研究的一个重要发展"②。多杰才旦主编《元以来西藏地方与中央政府关系研究》③，详尽分析了元代治理西藏的帝师制度、宣政院、地方军政机构、萨迦地方政权等，较全面地论述了元代中央政府对西藏的治理。

关于元代治理西藏的论文较多。沈卫荣《元朝中央政府对西藏的统治》④ 较深入地研究了元代中央政府对西藏的治理。王献军《再论元朝中央政府对西藏的统治——兼与沈卫荣商榷》⑤ 研究了元朝中央政府对西藏的治理，并质疑沈卫荣关于萨斯迦本禅即是乌斯藏宣慰使以及元代乌斯藏不存在萨斯迦地方政权的观点。陈庆英撰写了多篇论文，诸如《元朝帝师制度述略》⑥《元代宣政院对藏族地区的管理》⑦《元朝在藏族地区设置的军政机构：简析元代藏族地区的三个宣慰司》⑧ 全面论述了元代西藏的治理以及元朝中央政府的治藏政策。黄颢《元朝中央政权与西藏地方关系的史实》⑨ 用丰富的史实证明西藏是中国不可分割的组成部分。彭建英《元朝治藏方略》⑩ 探讨了元代治藏的诸项政策，分析了政策顺利实施的原因。唐景福《谈元代中央政府对西藏地方的军事行政管理问题》⑪ 较系统地阐释了元代中央政府对西藏的军事行政管理。张永和《元朝治藏政策得失考》⑫ 一文，肯定元朝将西藏正式纳入管理的意义，但是也分析了迷恋喇嘛教导致的朝野

---

① 张云：《元朝中央政府治藏制度研究》，第 217 页。
② 卡索夫：《西藏历史研究的一个重要发展》，《中国边疆史地研究》2005 年第 1 期。
③ 多杰才旦主编《元以来西藏地方与中央政府关系研究》，中国藏学出版社，2005。
④ 沈卫荣：《元朝中央政府对西藏的统治》，《历史研究》1988 年第 3 期。
⑤ 王献军：《再论元朝中央政府对西藏的统治——兼与沈卫荣商榷》，《历史研究》1998 年第 3 期。
⑥ 陈庆英：《元朝帝师制度述略》，《西藏民族学院学报》1984 年第 1 期。
⑦ 陈庆英：《元代宣政院对藏族地区的管理》，《青海社会科学》1990 年第 4 期。
⑧ 陈庆英：《元朝在藏族地区设置的军政机构：简析元代藏族地区的三个宣慰司》，《西藏研究》1992 年第 3 期。
⑨ 黄颢：《元朝中央政权与西藏地方关系的史实》，《中国西藏》1990 年第 1 期。
⑩ 彭建英：《元朝治藏方略》，《西北史地》1999 年第 4 期。
⑪ 唐景福：《谈元代中央政府对西藏地方的军事行政管理问题》，《西北民族学院学报》2002 年第 5 期。
⑫ 张永和：《元朝治藏政策得失考》，《西南民族大学学报》2004 年第 7 期。

荒淫无度、挥霍财力和破坏中原法统传统的恶果，对研究的深入较有启发意义。

这一时期有不少专题论文，较深入地探讨了元代治理西藏的一些重要方面。诸如李干《元代西藏（吐蕃）土司制度探析——元朝中央政府管理西藏地方方略研究》① 和周志锋《元朝帝师制度对治理西藏的意义》②，分别从土司制度、帝师制度角度研究了元代治藏政策。赵改萍《元朝对藏传佛教的管理》③ 则从宗教管理角度，分析了元代管理西藏佛教的成功地方，同时也分析了其中存在的问题。还有研究者着重将元朝治藏与明、清两代治理西藏加以比较，如白燕《元清两朝藏传佛教政策之比较》④ 认为，元、清两朝都利用藏传佛教实施统治是其共同之处，但是两朝在宗教领袖权力、宗教信仰、寺庙经济和喇嘛的管理等方面差异甚大。泽勇《元明两朝治藏政策及其特点》⑤ 提出元、明两朝治藏政策既有共同方面，又各具特色，元代对宗教"独尊一派"，而明朝则"多封众建"，历史事实证明各代治藏的策略都是合乎时代特点的，有利于西藏及其与中央关系。陈柏萍《元明中央王朝治理藏族地区模式比较研究》⑥，从较为宏观的角度比较了元、明两朝治理西藏的模式，并分析了其治藏特点。

（二）明代西藏治理研究

索文清、雍继荣《多封众建 因俗以治——从历史文献文物看明代对西藏的治理》⑦ 选择富有代表性的历史文献文物，分析其在明代治理西藏中的历史内涵和明代治藏特点。刘忠《论明朝西藏归属与领主制的演变》⑧ 一文，论述了明朝入藏招抚、多封众建和僧王体制等治藏政策及其实施阶段，分析了明朝与以帕竹政权为中心的藏族地区大小封建领主的关系，探讨了西

---

① 李干：《元代西藏（吐蕃）土司制度探析——元朝中央政府管理西藏地方方略研究》，《中南民族大学学报》2002 年第 1 期。
② 周志锋：《元朝帝师制度对治理西藏的意义》，《重庆广播电视大学学报》2003 年第 1 期。
③ 赵改萍：《元朝对藏传佛教的管理》，《内蒙古社会科学》2009 年第 1 期。
④ 白燕：《元清两朝藏传佛教政策之比较》，《西藏研究》2004 年第 1 期。
⑤ 泽勇：《元明两朝治藏政策及其特点》，《西藏研究》2008 年第 6 期。
⑥ 陈柏萍：《元明中央王朝治理藏族地区模式比较研究》，《青海民族学院学报》2009 年第 3 期。
⑦ 索文清、雍继荣：《多封众建 因俗以治——从历史文献文物看明代对西藏的治理》，《中国西藏》2004 年第 1 期。
⑧ 刘忠：《论明朝西藏归属与领主制的演变》，《历史研究》1994 年第 5 期。

藏领主制经济在明朝统治期间的新变化与新特点。

二 清代西藏治理研究

研究清代西藏政策与治理的文章颇多,仅在 1998 年后就有 100 余篇。限于篇幅,兹就较为主要的论著简要叙述如下。

马林《雍正帝治藏思想初探》① 肯定了雍正在发展西藏与清朝隶属关系方面的业绩,探讨了学界较少注意的雍正的治藏思想,弥补了以往研究之不足,使人们了解到雍正本人的性格、意志及信念等对其治藏政策所产生的影响。焦新顺《论乾隆治理西藏》② 一文,论述了乾隆加强对西藏管理所采取的一系列措施,诸如因俗而治、尊崇并扶植喇嘛教、提高驻藏大臣的地位、整顿藏军、改革驻军制度、创立金瓶掣签制度、设立台站、改善交通、扶助与发展西藏地方经济等。陈柏萍《清朝对西藏地方的全面治理》③ 论述了乾隆以后清政府采取的一系列措施,特别是清朝全面治藏,取得了积极成效,诸如扼制世俗势力、积极扶持达赖喇嘛、实行政教合一制度、提高驻藏大臣地位、加强对西藏地方事务的监督和管理、实行摄政制度、解决因达赖喇嘛圆寂出现的西藏地方权力真空问题、制定法律与法规和依法治理西藏等。陈柏萍《班禅系统在清朝治理西藏中的作用》④ 论述了班禅系统在清朝治理西藏中发挥的重要作用,文章从捍卫国家主权、维护西藏稳定和维护中央权威等三个方面加以较全面考察。陈柏萍《达赖系统在清朝治理西藏中的作用》⑤ 认为达赖系统在清王朝治理西藏中发挥了积极的作用,诸如维护国家领土完整、促进蒙藏社会稳定和忠实履行中央决策等方面。索文清、雍继荣《从以蒙治藏到以藏治藏——由历史文物看清朝前期对西藏的治理》⑥ 一文,以历史文物为核心,较为系统地梳理了清朝治藏的历史过程,分析了清朝根据纷繁复杂的形势不断调整政策的

---

① 马林:《雍正帝治藏思想初探》,《中国藏学》1988 年第 3 期。
② 焦新顺:《论乾隆治理西藏》,《河南民族大学学报》2003 年第 3 期。
③ 陈柏萍:《清朝对西藏地方的全面治理》,《青海师专学报》2007 年第 6 期。
④ 陈柏萍:《班禅系统在清朝治理西藏中的作用》,《青海民族研究》2006 年第 4 期。
⑤ 陈柏萍:《达赖系统在清朝治理西藏中的作用》,《青海民族大学学报》(社会科学版)2010 年第 3 期。
⑥ 索文清、雍继荣:《从以蒙治藏到以藏治藏——由历史文物看清朝前期对西藏的治理》,《中国藏学研究》2004 年第 2 期。

过程。该文根据重要的历史文物，分析了清代从早期"以蒙治藏"逐步转变到直接治藏的历史演变过程以及有关政策的实施与效果。王力《康、雍时期清朝对西藏的治理》① 一文，论述了康、雍时期面对西藏卫拉特蒙古、格鲁派及清朝中央政府三种势力角逐的复杂局面，清朝在治理西藏过程中不断调整和改革，从而实现了清朝从间接统治西藏到直接统治的转变。陈崇凯《康熙时期治藏体制的调整和推进清代治藏政策研究系列之二》② 一文，较详细地论述了康熙时期对西藏地方管理体制的调整与加强过程，阐明了清朝中央政府成功逐出和硕特蒙古势力、确立对藏区直接管理的内在机制与外在原因，详细地分析了每个重大事件的前因后果、来龙去脉，有益于全面了解清初治藏政策及重大历史事件的背景和影响。周融冰、封加斌《论嘉庆帝治理西藏》③ 一文，论述了嘉庆时期治藏上整肃吏治、贯彻章程所取得的良好成效，但是也批评了此期单纯防御性思想所造成的隐患。余长安《论清朝中央政府对西藏地方的治理政策》④ 探讨了清代中后期治藏系列政策，分析了其实施情况，总结了其中一些历史经验教训。孙宏年《清朝末期达赖、班禅关系与治藏政策研究》⑤ 一文，分析了清朝末期达赖喇嘛与班禅额尔德尼关系恶化、两大活佛系统矛盾日益加剧的过程，论述了清朝中央政府和驻藏大臣介入其中，致使两大活佛系统矛盾不断激化，达赖系统与清政府、驻藏官员矛盾日益加深，这些矛盾在清朝灭亡前夕全面爆发，严重地影响了民国时期的西藏治理。王立艳《清代"从俗从宜"治理西藏的法律思想与实践》⑥ 一文，论述了清政府在治理西藏过程中制定了许多行之有效的法律制度，探讨了其中"从俗从宜"治理西藏的法律思想和法制建设。陈小强《清代对西藏的军事管理与支出》⑦ 一文，从清朝对西藏的军事管理以及军费支出角度，探讨了康熙、

---

① 王力：《康、雍时期清朝对西藏的治理》，《贵州民族研究》2006 年第 3 期。

② 陈崇凯：《康熙时期治藏体制的调整和推进清代治藏政策研究系列之二》，《西北民族学院学报》2008 年第 2 期。

③ 周融冰、封加斌：《论嘉庆帝治理西藏》，《西藏民族学院学报》2006 年第 6 期。

④ 余长安：《论清朝中央政府对西藏地方的治理政策》，《中国藏学》1992 年第 3 期。

⑤ 孙宏年：《清朝末期达赖、班禅关系与治藏政策研究》，《中国边疆史地研究》2009 年第 3 期。

⑥ 王立艳：《清代"从俗从宜"治理西藏的法律思想与实践》，《中央政法管理干部学院学报》2000 年第 4 期。

⑦ 陈小强：《清代对西藏的军事管理与支出》，《中国藏学》2003 年第 4 期。

雍正和乾隆对西藏的经营。赵云田《略谈清代理藩院对西藏的治理》① 一文，探讨了清代理藩院在西藏治理上的作用，梳理了理藩院对西藏有关事务的管理。杨恕、曹伟《评清朝的西藏政策》② 一文，从反分裂主义角度重新审视清朝的治藏政策，认为清朝重政治、军事，而轻经济、文化，致使西藏与内地经济文化交流与民族融合滞后，为近代西藏分裂主义产生埋下隐患。

除了上述论文外，这一时期还出版了研究清代治藏的一些著作。苏发祥《清代治藏政策研究》③ 较全面地论述了清代中央政府的治藏政策，内容包括 17 世纪前期西藏的形势及其对清朝治藏政策的影响，清朝政教分离、以蒙治藏政策的确立及结束，从扶持世俗统治到政教合一制度的最终确立，摄政制度的设立及其推行，清末西藏地方的新政实施经过及其主要内容。郭卫平《张荫棠治藏政策失败的原因初探》④ 一书，认为张荫棠治藏政策中不乏进步、文明之思想，虽然限于当时历史条件等原因，以失败而告终，但是张荫棠推行新政本身就值得肯定，尤其是他所推行的"改革"政策及其意义。该书认为张荫棠是清朝驻藏官员中的佼佼者，在西藏近代史上占有一定地位。

国庆《论清代驻藏大臣的历史作用》⑤ 综述历任驻藏大臣治藏活动，对其在清王朝治藏中的作用做了较客观和全面的分析，综论了驻藏大臣在清代西藏治理中的重要作用和历史意义。彭建英《试论清朝的治藏方略》⑥ 从确立对西藏治理、强化西藏治理以及制度设置等方面，较全面地分析了清朝治理西藏的方略。星全成《从五世班禅受封及六世班禅进京看清朝对西藏的治理》⑦ 认为，利用藏传佛教高僧加强对西藏的统治是清朝治藏的一个重要方略，在清朝治理西藏中发挥了重要作用。该文以五世班禅受封和六世班禅进京为切入点，考察了清政府对西藏的治理方略；认为五世班禅受封和六世班禅入贡，对促进汉藏民族交流和统一

① 赵云田：《略谈清代理藩院对西藏的治理》，《西藏研究》1984 年第 3 期。
② 杨恕、曹伟：《评清朝的西藏政策》，《清史研究》2012 年第 1 期。
③ 苏发祥：《清代治藏政策研究》，民族出版社，2001。
④ 郭卫平：《张荫棠治藏政策失败的原因初探》，《青海民族学院学报》1988 年第 1 期。
⑤ 国庆：《论清代驻藏大臣的历史作用》，《西藏研究》1998 年第 2 期。
⑥ 彭建英：《试论清朝的治藏方略》，《西北史地》1997 年第 2 期。
⑦ 星全成：《从五世班禅受封及六世班禅进京看清朝对西藏的治理》，《青海民族学院学报》（社会科学版）2006 年第 2 期。

具有重要的影响。

三 民国时期西藏治理研究

张彦夫《国民政府对西藏的治理》① 通过作者亲身经历，论述民国时期中央政府对西藏的有效管理，反映出民国时期治藏的一些重要侧面。郎维伟《国民政府在第三次康藏纠纷中的治藏之策》② 一文，较全面地探讨了民国时期第三次康藏纠纷，认为国民政府主持调解康藏纠纷实际上反映出国民政府对康区和西藏的统辖关系。由于康藏纠纷的复杂性，国民政府在处理过程中所采取的措施和原则，实际上是当时国民政府的治藏政策的综合反映。孙宏年《蒙藏院与民国时期的西藏治理述论（1914－1928）》③ 较为全面地梳理了蒙藏院在 1914－1928 年间治理西藏的努力，诸如组织西藏调查，参与解决玉树争端，积极管理喇嘛教事务，接待九世班禅，办理西藏驻京堪布、内地活佛转世等相关事宜，组织和监督全国性政治会议中西藏代表选举与选派，转达西藏地方意见，协助和联络进藏事宜，妥善处理西藏商人赴京贸易问题等。

此外，喜饶尼玛《论民国时期十三世达赖喇嘛的心理嬗变》④ 从达赖喇嘛的心理嬗变角度，分析了达赖喇嘛在民国时期的种种行为，从另一个角度折射出此期西藏治理问题和面临的挑战。喜饶尼玛《民国时期西藏驻京总代表贡觉仲尼评述》⑤ 较为系统地梳理了贡觉仲尼的活动，认为在 1924～1938 年极其困难和复杂的情况下，贡觉仲尼作为西藏驻京总代表辗转于拉萨、南京、北京等各地，为民国时期西藏治理做出了贡献。田苗、喜饶尼玛《止步于"屡现曙光"缘由之探析——试析国民政府时期影响中央与西藏地方关系的若干因素》⑥ 认为，国民政府成立后，由于西藏地方、国民政府和外国势力等多方面的因素综合作用，中央与西藏地方关系虽然多次出现

---

① 张彦夫：《国民政府对西藏的治理》，《贵州文史丛刊》2008 年第 4 期。
② 郎维伟：《国民政府在第三次康藏纠纷中的治藏之策》，《民族研究》2005 年第 4 期。
③ 孙宏年：《蒙藏院与民国时期的西藏治理述论（1914－1928）》，《中国边疆史地研究》2008 年第 4 期。
④ 喜饶尼玛：《论民国时期十三世达赖喇嘛的心理嬗变》，《中国藏学》1998 年第 3 期。
⑤ 喜饶尼玛：《民国时期西藏驻京总代表贡觉仲尼评述》，《中国藏学》2000 年第 1 期。
⑥ 田苗、喜饶尼玛：《止步于"屡现曙光"缘由之探析——试析国民政府时期影响中央与西藏地方关系的若干因素》，《阿坝师范高等专科学校学报》2009 年第 1 期。

"曙光"，但是却并未实现根本改善。张子新、喜饶尼玛《南京国民政府蒙藏委员会治藏措施评述》① 分析了蒙藏委员会治藏措施，对这些措施的成功经验和不足之处分别加以评价。徐中林、王希隆《吴忠信与西藏》② 综述了吴忠信担任南京国民政府蒙藏委员会委员长八年间的活动，诸如制定治藏法规、主持十四世达赖喇嘛坐床仪式、设置蒙藏委员会驻藏办事处、办理九世班禅喇嘛返藏事宜和九世班禅灵童转世等多项重要活动，为国民政府治理西藏做出巨大贡献。这些研究成果从不同侧面论述民国时期治理西藏的机构、措施或者有关人物，对人们全面认识这一时期西藏治理富有帮助。

四　当代西藏治理的研究

关于当代西藏治理的研究近些年逐渐增多，内容丰富，涉及政治、经济、文化、宗教和社会稳定等多个方面。其中王小彬《经略西藏——新中国西藏工作 60 年》③ 和宋月红《当代中国的西藏政策与治理》④ 是较重要的研究成果。其中，《经略西藏——新中国西藏工作 60 年》梳理了新中国从 1949 年至 2009 年间对西藏治理的背景、政策和实施情况，内容涵盖较全面，包括政治、经济和各项社会事业方面的政策，对历次西藏会议加以专门叙述和评价，总结了治藏的历史经验和教训，并汇集多种重要文件，是当代研究西藏治理的重要著作。此外，还有些综合性著作也涉及当代西藏治理，如钟世禄等著《中国共产党在边疆少数民族地区执政方略研究》⑤ 以中国边疆地区为对象，探讨中国共产党对边疆少数民族地区的治理方略，而西藏治理也是其中重要的研究内容。

除了上述对各个时期中央政府治藏政策论述外，还有些著述则是综合性研究，有些综合性历史著作也涉及各个历史时期中央政府对西藏的治理情况，如陈庆英与高淑芬所著《西藏通史》⑥、谢铁群编著的《历代中央政府

① 张子新、喜饶尼玛：《南京国民政府蒙藏委员会治藏措施评述》，《云南民族大学学报》（哲学社会科学版）2010 年第 4 期。
② 徐中林、王希隆：《吴忠信与西藏》，《兰州大学学报》（社会科学版）2005 年第 5 期。
③ 王小彬：《经略西藏——新中国西藏工作 60 年》，人民出版社，2009。
④ 宋月红：《当代中国的西藏政策与治理》，人民出版社，2011。
⑤ 钟世禄等：《中国共产党在边疆少数民族地区执政方略研究》，云南出版集团公司、云南人民出版社，2010。
⑥ 陈庆英、高淑芬：《西藏通史》，中州古籍出版社，2003。

的治藏方略》①，此外还有张江华所撰写的《历代中央王朝治理西藏政策的演变和发展》② 一文。当然，还有些论文也涉及西藏治理或者政策，由于不是主要论述治理问题，在此就不一一赘述。

纵观元、明、清、民国和新中国诸历史时期对西藏的治理，总的看来各个时期的大政方针皆有其重点和特点。从主流方面看，这些治理都是成功的，治理效果是显著的，有利于中国国家统一和民族团结进步。具体说来，在元代，皇帝采取恩威并施基本政策，尊奉藏传佛教，设立专门机构弘扬佛法，并委任藏族上层僧人代表朝廷统治西藏诸地区，正是元朝将西藏正式纳入中国版图，成为中央王朝管辖的行政区域和治理对象。在明代，中央政府对西藏实行多封众建，广开贡市，进行羁縻怀柔，从而基本不用武力而达到统治西藏的目标。在清代，中央政府委派官员直接管理西藏，设置驻藏大臣，相继制定一整套管理西藏政教事务的制度、章程，抵御外侮，改革藏事，加强对西藏的统治。在民国时期，虽然内忧外患，国民政府治理西藏艰难曲折，但是也以不懈的努力维持对西藏的管理。新中国成立后，中央政府治理西藏力度空前，从制度建设和治理成效都达到崭新的高度，实现与全国治理的一体化。纵览元代以来各个历史时期，中央政府治理西藏的政策不断发展，日臻完善，西藏地方与祖国关系随着时间推移，得到不断发展，成为祖国领土神圣不可分割的一部分，这是中国历史发展的必然结果，也体现出历代中央王朝治理西藏的重大成就。

---

① 谢铁群、周炜：《历代中央政府的治藏方略》，中国藏学出版社，2005。
② 张江华：《历代中央王朝治理西藏政策的演变和发展》，《西藏研究》1994 年第 2 期。

图书在版编目（CIP）数据

中国边疆学 . 第 4 辑 / 邢广程主编 . —北京：社会
科学文献出版社，2015.12
ISBN 978 - 7 - 5097 - 8673 - 4

Ⅰ . ①中… Ⅱ . ①邢… Ⅲ . ①疆界 - 中国 - 文集
Ⅳ . ①K928.1 - 53

中国版本图书馆 CIP 数据核字（2015）第 312528 号

中国边疆学（第四辑）

主　　编 / 邢广程

副 主 编 / 李国强　李大龙

出 版 人 / 谢寿光
项目统筹 / 宋月华　周志静
责任编辑 / 袁卫华　孙美子

出　　版 / 社会科学文献出版社 · 人文分社（010）59367215
　　　　　　地址：北京市北三环中路甲 29 号院华龙大厦　邮编：100029
　　　　　　网址：www.ssap.com.cn
发　　行 / 市场营销中心（010）59367081　59367018
印　　装 / 北京季蜂印刷有限公司

规　　格 / 开 本：787mm × 1092mm　1/16
　　　　　　印 张：17.75　字 数：297 千字
版　　次 / 2015 年 12 月第 1 版　2015 年 12 月第 1 次印刷
书　　号 / ISBN 978 - 7 - 5097 - 8673 - 4
定　　价 / 98.00 元

本书如有印装质量问题，请与读者服务中心（010 - 59367028）联系